현대 교회를 향한
예수님의
마지막 경고
: 교회여, 회개하라!

CHRIST'S CALL TO REFORM THE CHURCH
by John MacArthur

This book was first published in the United States by Moody Publishers,
820 N. LaSalle Blvd., Chicago, IL, 60610,
with the title *Christ's Call to Reform the Church*
Copyright ⓒ 2018 by John MacArthur
All rights reserved.

Korean Edition published by Word of Life Press, Seoul 2018
Translated by permission.
Printed in Korea.

현대 교회를 향한
예수님의 마지막 경고
: 교회여, 회개하라!

ⓒ 생명의말씀사 2019

2019년 1월 28일 1판 1쇄 발행
2019년 3월 22일   2쇄 발행

펴낸이 | 김재권
펴낸곳 | 생명의말씀사

등록 | 1962. 1. 10. No.300-1962-1
주소 | 서울시 종로구 경희궁1길 5-9(03176)
전화 | 02)738-6555(본사)・02)3159-7979(영업)
팩스 | 02)739-3824(본사)・080-022-8585(영업)

기획편집 | 구자섭, 이은정
디자인 | 조현진, 김혜진
인쇄 | 영진문원
제본 | 정문바인텍

ISBN 978-89-04-16656-5 (03230)

저작권자의 허락없이 이 책의 일부 또는 전체를
무단 복제, 전재, 발췌하면 저작권법에 의해 처벌을 받습니다.

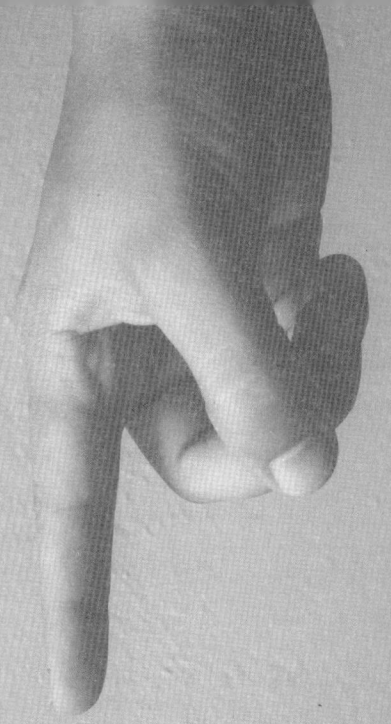

CHRIST'S CALL
TO REFORM
THE CHURCH

대부분의 사람들은
하나님의 심판이 이루어질 때,
교회가 가장 안전한
장소가 될 것이라고 믿는다.
그러나 사실은 그렇지 않다.

존 맥아더
조계광 옮김

존 맥아더 최신간

현대 교회를 향한
예수님의 마지막 경고

교회여,
회개하라!

생명의말씀사

머리글

교회를 향한 예수님의 마지막 명령

예수님은 요한계시록에서 소아시아의 도시들에게 일곱 통의 편지를 보내셨다. 편지의 수신자는 도시의 관청이 아닌 교회들이었다.

이 점을 잠시 생각해 보자. 성경의 마지막 책인 이 책에서, 주님은 '문화를 새롭게 하라.'는 사명을 교회에게 요구하지 않으셨다. 주님은 자기 백성에게 정치적인 영향력을 발휘해 도덕성을 확립하라거나 부도덕한 사람들의 통치에 저항하라고 명령하시지도 않으셨다. 그분은 사회 혁명을 시도하거나 정치 전략을 고안하지 않으셨다.

오늘날의 교회는 하나님이 단지 세상과 문화 전쟁을 벌이게 하려고 자기 백성을 부르지 않으셨다는 사실을 올바로 이해해야 할 필요가 있다. 우리의 의무는 피상적인 차원에서 '세상 나라를 하나님께로 돌이키게 만들려고' 애쓰는 일종의 침략군처럼 일시적인 승리를 구현하는 데 있지 않다. 우리는 우리 조상들의 도덕성이 한때 미국을 '기독교 국가'로 만들었다는 환상에서 벗어나야 할 필요가 있다.

그 어느 때에도 기독교 국가는 없었다. 오직 그리스도인들만이 존재했을 뿐이다.

한 국가 내에서 정치사회적으로 일어나는 일들은 하나님 나라의 발전이나 권세와는 아무런 관계가 없다. 문화적인 변화 때문에 하나님 나라의 성장이 가속화되거나 저해되는 법은 없다(마 16:18 참조). 본질적으로 그리스도의 나라는 '이 세상에 속하지 않는다'(요 18:36).

이런 말을 하는 이유는 민주적인 발전을 무시하려거나 투표권을 갖게 된 것이 고맙지 않아서가 결코 아니다. 투표권을 가지고 성경이 가르치는 도덕적인 기준을 지지할 수 있는 것은 진정 크나큰 특권이 아닐 수 없다. 교회 역사상 수많은 그리스도인들이 개선을 위한 법적 수단이 전무한 상태에서 우리보다 훨씬 더 열악한 상황을 견디며 살아야 했다.

그러나 사회적인 운동이나 정치적인 영향력으로 세상에서 중요한 영적 변화를 일으킬 수 있다는 생각은 죄를 크게 잘못 이해하고 있다는 증거다. 신자들은 법이 아닌 삶을 변화시키는 일에 모든 힘과 노력을 쏟아 부어야 한다. 하나님 나라의 사역은 정부를 개혁하거나 법률을 고치거나 기독교적 유토피아가 구현된 사회를 건설하는 것을 목표로 하지 않는다. 정치사회적인 정의를 실현하려는 노력은 사회의 도덕적인 타락에 대한 단기적이고 피상적인 해결책에 지나지 않는다.

그런 노력으로는 하나님을 미워하는 인간의 부패한 마음에 아무런 영향도 미칠 수 없다(롬 8:7 참조). 죄인인 인간을 영원한 죽음에서 구원할 수 있는 것은 오직 주 예수 그리스도를 믿는 믿음뿐이다.

도덕은 무능하다

도덕은 그 자체로는 해결책이 못된다. 도덕은 돌 같은 마음을 부드러운 마음으로 바꿀 수도 없고, 죄의 사슬을 깨뜨릴 수도 없으며, 하나님과 우리를 화목하게 만들 수도 없다. 그런 점에서 도덕은 사이비 종교만큼이나 구원에 무능하다.

예수님은 겉으로 볼 때 가장 종교적이고 도덕적인 사람들, 특히 제사장, 서기관, 율법학자들과 정면으로 맞서셨다. 그분은 "나는 의인을 부르러 온 것이 아니요 죄인을 부르러 왔노라"(막 2:17)라고 말씀하셨고, 마태복음 23장에서는 당시의 종교적인 우파 세력이었던 바리새파 사람들을 혹독하게 꾸짖으셨다. 그들은 이스라엘 민족 가운데서 하나님의 율법을 꼼꼼하게 지키고, 랍비의 전통을 충실하게 따랐던 가장 경건한 사람들이었다. 예수님은 그런 그들에게 "화 있을진저 외식하는 서기관들과 바리새인들이여"(13절)라고 말씀하셨다. '화 있을진저'는 '저주가 있을진저'라는 말과 똑같다. 그분은 이 말을 거듭 되풀이하셨다. 그들은 자신들의 공허하고 형식적인 도덕으로 이스라엘 백성을 그릇 인도했기 때문에 예수님은 그들을 "눈 먼 인도자"(16절)라고 일컬으셨다.

사회적인 변화나 도덕주의는 구약 시대 선지자들의 메시지가 아니었다. 그런 것들은 메시아나 신약 성경 저자들의 메시지도 아니었다. 세상을 향한 하나님의 메시지는 그런 것들과는 전혀 무관하다. 이사야는 "우리의 의는 다 더러운 옷 같으며"(사 64:6)라고 말했다. 인간의 도덕은 제아무리 훌륭해도 더럽고 추한 누더기와 같을 뿐이다.

더욱이 로마서는 "의인은 없나니 하나도 없으며…선을 행하는 자는 없나니 하나도 없도다"(3:10-12)라고 말씀한다. 인간이 지닌 형식적인 의나 피상적인 도덕성은 한갓 가식에 지나지 않는다. 겉으로 아무리 경건한 것처럼 보여도 의로운 사람은 아무도 없다.

물론 사람들은 나름대로 삶의 변화를 꾀할 능력이 있다. 사람들은 위기의 순간이 닥치면 부도덕한 행위나 그릇된 중독에서 돌이켜 좀 더 나은 삶을 살기 시작한다. 인간의 특별한 노력과 결심으로 어느 정도는 개과천선이 가능하다. 그렇게 하는 사람들이 충분히 많으면 인간 사회의 도덕성은 약간 상승할 수 있다. 그러나 그런 행동의 변화만으로는 하나님과의 관계를 회복할 수 없다. 그것은 죄의 속박에서 벗어나 그리스도의 왕국으로 들어가게 만드는 수단이 아니다. 도덕적으로 아무리 뛰어나다 해도 고작 단죄당한 바리새인들처럼 될 뿐이다. 도덕은 그 누구도 죄에서 구원할 수 없고, 참된 경건에 이르게 하지도 못한다. 바리새인들이나 창기들이나 지옥에 가기는 마찬가지다.

　문화적인 도덕성이나 사회적인 정의를 추구하는 것은 교회 본연의 사역에서 벗어나는 것이다. 그런 노력은 시간과 물질과 노력과 같은 귀한 자원을 크게 낭비하는 것밖에 되지 않는다. 에베소서 5장 16, 17절은 "세월을 아끼라 때가 악하니라 그러므로 어리석은 자가 되지 말고 오직 주의 뜻이 무엇인가 이해하라"고 권고한다. 주의 뜻은 사회적 형평성이나 제도화된 바리새주의가 지배하는 문화와는 아무런 상관이 없다.

'복음주의자(evangelical)'라는 용어는 '복음'을 뜻하는 헬라어에서 유래했다. 이 용어는 본래 복음이 기독교 교리의 핵심이자 본질이기 때문에 어떤 희생을 치르더라도 굳게 지켜야 한다고 믿는 그리스도인들을 가리키는 의미로 사용되었다. 그러나 지금은 정치사회적인 의미가 부과된 정치 용어로 변질된 탓에 대다수 그리스도인들은 물론 일반인들에게까지도 거부감을 불러일으키고 있다.

교회의 참된 소명

우리가 정치화되어 우리의 선교 현장을 원수의 손에 내어주는 것은 하나님의 뜻이 아니다. 그리스도인들은 마땅히 죄를 거부하고, 죄가 거룩하신 하나님을 대적하는 것이라고 분명하게 선언해야 한다. 낙태, 동성애, 난교 행위 등, 오늘날의 부패한 문화가 우리에게 요구하는 모든 것이 죄에 포함된다. 그런 죄에 온통 물든 문화는 격렬한 항의나 정치적 해법만으로는 옳게 바로 잡기가 불가능하다. 도덕적으로 파산한 문화를 법을 바꿔 새롭게 혁신할 수 있다는 생각은 헛된 망상이다. 타락한 죄인들을 의롭게 만들 수 있는 법은 존재하지 않는다(갈 2:21 참조).

디모데는 오늘날의 문화만큼 부패한 문화 속에서 사역했다. 바울이 제자 디모데에게 가르친 교훈 가운데 문화를 변혁하라고 말한 내용은 어디에도 없다. 오히려 그는 디모데에게 상황이 더욱 나빠질 것이라고 말했다(딤후 3:13). 타락한 세상 사람들에게 필요한 것은 오직 복음뿐이다. 그들은 죄를 용서받을 수 있고, 죄의 사슬과 세상의 속박으로부터 자유롭게 될 수 있는 길이 있다는 복음을 들어야 한다. 신자들은 타락한 죄인들을 멸시하거나 혐오해서는 안 된다. 우리는 세상 사람들의 정치나 도덕성을 질타하기보다 그들을 향한 그리스도의 사랑을 나타내야 한다. 우리는 요나가 니느웨 백성들에게 했던 것처럼 세상 사람들에게 구원의 복음을 전하지 않을 권리가 없다. 우리는 우리가 하나님의 사랑을 기꺼이 전할 만큼 그들을 뜨겁게 사랑하고 있다는 것을 보여주어야 한다. 죄는 거룩한 분노로 증오해야 마땅하지만 죄인들은 깊이 동정해야 한다. 심지어 그리스도께서도 죄인들을 위해 눈물을 흘리셨다.

세상은 세상이기 때문에 항상 부패할 수밖에 없다. 교회는 온전한 진리로 세상과 맞서야 한다. 많은 교회가 속된 오락과 저급한 여흥거리로 진정한 문제를 의식하지 못하게 하거나 인간의 노력으로 세상을 구원할 수 있다는 생각으로 불신자들의 행위를 정당화하고 있는 상황에서, 그리스도인들이 세속 사회를 향해 비난을 퍼붓는 것은 명백한 위선이다. 이제는 교회가 화목의 사역을 시작해야 할 때가 이르렀다. 이제 하나님의 백성들은 담대하고 충실하게 복음을 전하고, 교회는 어둡고 절망적인 세상에서 빛과 소금이 되어야 한다(마 5:13-16).

　이것이 요한계시록에서 교회들에게 주어진 주님의 메시지였다. 주님은 교회들을 향해 죄와 부패를 척결하고, 다시금 자기를 뜨겁게 사랑하며, 복음과 교회의 순결성을 수호하라고 명령하셨다. 요한계시록에 주어진 주님의 권고와 책망과 경고와 회개의 요구가 가장 유명하고 가장 영향력 있는 복음주의 교회들을 비롯해 21세기의 모든 교회들에게 고스란히 적용된다. 지금은 요한계시록의 교회들에게 보낸 편지와 교회를 개혁하라는 그리스도의 마지막 종말론적 명령에 각별히 주의를 기울여야 할 때이다.

목차

머리글 교회를 향한 예수님의 마지막 명령   4
도덕은 무능하다 | 교회의 참된 소명

1장 교회여, 회개하라   17
영국의 대(大)추방령 | 배교한 교회의 병리적 징후 | 초대 교회는 순결한 교회인가? | 유배당한 사도 | 하나님의 집으로부터 시작되는 심판

2장 교회의 참 주인이신 예수님   49
나팔 소리 같은 큰 음성 | 교회 안에 계시는 주님 | 정결케 하시는 주권자 | 권위의 음성 | 하나님의 돌보심과 보호 | 교회를 통해 드러난 하나님의 영광 | 두려움이 위로로 바뀌다

3장 처음 사랑을 버린 교회에 대한 예수님의 경고
: 에베소 교회　　　　　　　　　75

이교주의의 한복판에 세워진 에베소 교회 | 인사말과 칭찬 | 칭찬에서 책망으로 | 회개의 촉구

4장 박해받는 교회에 대한 예수님의 메시지
: 서머나 교회　　　　　　　　　101

박해의 열매 | 서머나와 서머나 교회 | 사탄의 회당 | 박해의 유산 | 인내의 상급

5장 타협하는 교회에 대한 예수님의 경고
: 버가모 교회　　　　　　　　　123

죄인들에게 우호적인 교회 | 절체절명의 기로에 선 교회 | 세상의 벗 | 하나님의 원수 | 세상을 버리라는 격려의 말씀

6장   부패한 교회에 대한 예수님의 경고
: 두아디라 교회   149

두아디라 | 재판관이신 주님의 말씀 | 이세벨로 인한 폐해 | 심판의 선언 | 부패하지 않은 신자들을 위한 위로

7장   죽은 교회에 대한 예수님의 경고
: 사데 교회   175

희미해져 가는 영광 | 사데 교회에 가장 절실히 필요했던 것 | 죽은 자들의 행위 | 거의 다 죽은 상태 | 더럽혀지지 않은 옷을 입은 자들에게 | 하나님의 생명책과 영원한 안전

8장   충성스런 교회에 대한 예수님의 메시지
: 빌라델비아 교회   201

빌라델비아와 빌라델비아 교회 | 모든 권위를 지니신 그리스도 | 충실한 교회의 네 가지 특징 | 주님의 약속 | 온 교회를 위한 구원 | 면류관과 기둥

9장	미온적인 교회에 대한 예수님의 경고
	: 라오디게아 교회　　　　　　　　　　229

그 물을 마시지 말라 | 이단적인 기독론 | "내 입에서 너를 토하여 버리리라" | 믿음을 저버린 교회를 위한 은혜의 권고 | 불신자들을 향한 하나님의 사랑

10장	교회여, 새롭게 되라　　　　　　　　　259

오직 성경으로(Sola Scriptura)! | 오직 믿음으로(Sola Fide)! | 오직 은혜로(Sola Gratia)! | 오직 하나님의 영광을 위하여(Soli Deo Gloria)! | 오직 그리스도를 위하여(Solus Christus)!

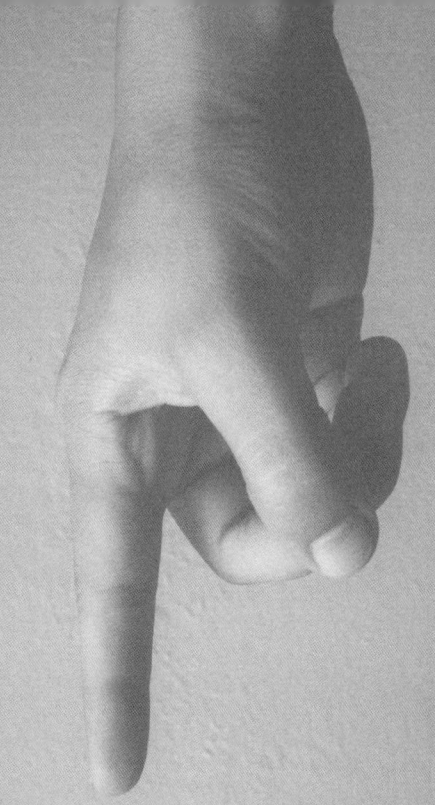

1장

교회여, 회개하라

교회가 회개했다는 소리를 들어본 적이 있는가? 개인들이 아니라 교회 전체가 집단적으로 회중의 허물을 공개적으로 인정하며, 슬프고 애통한 심령으로 죄를 뉘우쳤다는 소리를 들어본 적이 있는가?

안타깝지만, 그래 본 적이 별로 없을 것이다.

그렇다면 목회자가 교회 전체를 향해 회개를 촉구하고, 회개하지 않으면 하나님의 심판을 받을 것이라고 회중에게 경고했다는 소리를 들어본 적은 있는가?

아마도 그것 역시 별로 없을 것이다. 오늘날의 목회자들은 온 교회를 향해 집단적인 차원에서 죄를 회개하라고 외치는 것은 고사하고, 교인들 개개인을 향해 회개를 촉구하는 일조차도 어려워하는 것처럼 보인다. 사실 목회자가 온 교회를 향해 회개를 촉구할 만큼 담대하다면 목사직을 오랫동안 유지하기가 어려울 것이 틀림없다. 그런 목회자는 교회 내에서 저항에 직면하거나 비난을 받게 될 소지가 높다. 대다수 교회 지도자들은 교인들이 강하게 반발할 것이라는 생각에 미리 겁부터 집어 먹고, 집단적인 차원의 회개를 촉구할 엄두조차 내지 못할 것이 분명하다.

혹시나 어떤 목회자가 조금 무모한 용기를 부려 자기 교회가 아닌 다른 교회를 향해 회개를 촉구할 것 같으면, 필경 비판적이고 분열을 책동하는 월권행위를 저질렀다는 비난을 사게 될 가능성이 높다. 책망을 받은 교회는 회개를 권고하는 말을 회피하기 위해 도리어 상대방을 비난할 것이고, 그는 결국 "당신이나 잘해라."는 고함소리를 듣게 될 것이다.

사실, 교회가 집단적으로 회개하는 일은 극히 드물다. 부패와 불순종과 배교의 길로 치우치기 시작한 교회는 시간이 흐를수록 정통 신앙으로부터 더욱더 멀리 벗어난다. 그런 교회는 본래의 건전성을 회복하기가 거의 불가능하다. 그런 교회는 스스로 집단적인 차원에서 주님을 거역했다는 사실을 깨닫고 뉘우치기가 매우 어렵기 때문에 부패와 부도덕과 거짓 교리를 버리지도 않고, 마음 깊은 곳에서 용서와 속죄와 회복을 부르짖지도 않는다. 그들은 자신의 현재 상태에 만족하기 때문에 그런 것이 필요하다는 생각조차 하지 못한다.

교회를 향해 회개와 개혁을 촉구하는 것은 현실적으로 매우 위험하다. 교회의 역사를 돌아보면, 그런 사례들을 많이 찾아볼 수 있다.

영국의 대(大)추방령

'청교도'는 본래 조소와 멸시가 담긴 용어였다. 이것은 16, 17세기 영국 국교회 소속 목회자들 가운데 일부(로마가톨릭 교회의 관습과 영향의 잔재를 교회에서 온전히 없애기를 원했던 목회자들)를 지칭하는 용어였다. 청교도 목회자들은 영국 국교회를 향해 회개를 촉구하며, 이단 사상과 성직자들의 부패와 만연된 세속주의를 청산하라고 요구했다. 그러나 영국 국교회는 회개를 거부했다. 그들은 개혁의 필요성은 인정했지만, 온전한 개혁이 아닌 '중간 입장'에 머물기를 원했다.

국교회의 지도부는 회개하지도 않았고, 수동적인 태도를 취하지도 않았다. 그들은 회개를 촉구하는 목소리를 억압하기로 결정했다. 그 결과, 청교도들은 수십 년 동안 교회 지도자들과 국가의 통치자들로부터 온갖 핍박과 박해를 당해야 했다. 믿음을 위해 고난과 죽임을 당한 사람들이 많았고, 그리스도를 위해 옥살이와 고문에 시달린 사람들도 허다했다.

1662년, 영국 국회가 '통일령'을 공포하면서 박해는 절정에 달했다. 이 법령은 국교회의 교리와 관습에서 벗어나는 것은 모조리 불법으로 간주했다. '대추방령'으로 알려진 1662년 8월 24일은 영국 교회의 역사상 전대미문의 비극적인 날로 기록되었다. 그날, 2,000명에 달하는 청교도 목회자들이 면직되어 국교회로부터 영원히 추방당했다.

그 충실한 청교도들은 영국 국교회 안에서 먼저 회개와 개혁이 이루어져야만 민족이 그리스도께로 돌아올 것이라고 믿었다. 그러나 영국 국교회의 강퍅한 지도자들은 스스로의 죄악과 부패를 청산하는 대신 회개와 개혁을 촉구하는 사람들을 억압하려고 시도했다.

나중의 역사를 보면, 대추방령이 일시적으로만 의미가 있는 단독적인 사건이 아니었던 것을 알 수 있다. 당시의 영적 혼란은 청교도들이 출교되어 교회와 분리된 것으로 일단락되지 않았다. 대추방령은 영국의 역사에 어둡고 선명한 분열의 궤적을 남긴 영적 재앙으로, 그 여파가 오늘날에까지 미치고 있다.

매튜 미드는 추방당한 목회자 가운데 한 사람이었다. 그는 대추방령에 관해 "이 운명의 날은 영국 역사에 검정 글씨로 기록되어야 마땅하다."라고 말했다.[1] 이안 머레이는 그 암울한 사건이 초래한 영적 황폐를 이렇게 묘사했다. "2,000명의 목회자가 추방되고 나자 합리주의의 시대가 시작되어 강단과 교인석은 온통 냉랭하고 싸늘하게 식어 버렸고, 회의주의와 세속주의가 기승을 부려 국가 종교가 한갓 신약 성경의 기독교를 서투르게 모방한 형태로 변질되는 결과가 나타났다."[2]

마스덴은 이 사건이 주님의 심판을 초래했다고 말했다. "특정한 사건을 하나님의 진노를 나타내는 증거로 간주하는 것은 언뜻 억지처럼 들릴 수도 있겠지만, 한 민족이나 교회에 재난이 오랫동안 끊이지 않고 일어났다면 그것을 하나님이 은혜를 거두신 것으로 이해해도 크게 무리는 아닐 것이라 생각된다. 2,000명의 비국교도 목회자들이 추방되고 난 후 불과 5년 만에 런던은 두 차례나 초토화되었다."[3]

---

1) Matthew Meade, "Remedying the Sin of Ejecting God's Ministers", C. Matthew McMahon, ed., *Discovering the Wickedness of our Heart* (Crossville, TN: Puritan Publications, 2016), 174.
2) Iain Murray, ed., *Sermons of the Great Ejection* (London: Banner of Truth Trust, 1962), 8.
3) John Buxton Marsden, *The History of the Later Puritans: From the Opening of the Civil War in 1642, to the Ejection of the Non-Conforming Clergy in 1662* (London: Hamilton, Adams, &

그의 말은 틀리지 않았다. 대추방령은 1662년 여름에 공포되었다. 1665년에 페스트가 런던을 강타해 10만 명 이상의 목숨을 앗아갔다. 그것은 대략 런던 시민의 4분의 1에 달하는 숫자였다. 그 이듬해에는 대형 화재가 발생해 '성 바울 대성당'을 포함한 100여 개의 교회와 13,000여 개의 가구를 불태웠고, 도시의 대부분을 황폐하게 만들었다. 마스덴처럼 당시의 재난을 영국이 회개하지 않은 것에 대한 하나님의 심판으로 이해하는 역사가들이 많다.

그러나 그런 재난은 영국 교회의 배교로 인해 초래된 영적 재앙에 비하면 그야말로 아무것도 아니다. 마스덴은 전염병과 화재를 언급하고 나서 "더욱 영구적이고 훨씬 더 끔찍한 재난들이 잇따랐다. 영국 국교회의 종교는 생명력을 거의 상실했고, 수많은 교구에서 하나님의 등불이 꺼졌다."라고 덧붙였다.[4]

1800년대 말에 더햄의 주교로 일했던 J. C. 라일은 국교회가 회개하지 않은 탓에 치러야 했던 영적인 대가를 이렇게 요약했다. "대추방령은 영국 내에서 참된 종교의 대의를 크게 훼손했다. 그로 인한 해악은 결코 만회되지 않을 것이다."[5] 영국은 실제로 그 후 수세기 동안 자유주의 문화에 굴복했고, 배교와 영적 어둠으로 인해 차갑게 죽어버린 교회들이 도처에 즐비했다.

Co., 1854), 469–70.

4) Ibid., 480.

5) J. C. Ryle, "Baxter and His Times", *Lectures Delivered Before the Young Men's Christian Association*, vol. 8 (London: James Nisbet and Co., 1853), 379.

통일령과 대추방령으로 인해 초래된 해악이 수세기 동안 계속되었는데도 영국 국교회는 소기의 목적을 이루지 못했다. 청교도들은 흩어졌을 뿐 침묵하지 않았다. 교회에서 추방된 사람들의 영향력은 오늘날까지도 계속되고 있다.

리처드 백스터, 존 플라벨, 토머스 브룩스, 토머스 왓슨과 같은 영적 거장들도 1662년에 면직되었지만 법적 권리를 박탈당한 상태에서도 설교자의 임무를 충실히 이행했다. 그들은 다른 많은 사람들과 더불어 영국 국교회의 부패를 지적하며 회개를 촉구했다. 그런 점에서 그들은 1세기 이전에 활동했던 종교개혁자들의 뒤를 계승했다고 말할 수 있다.

중세 유럽에서는 로마가톨릭 교회가 영적 생활과 관련된 모든 문제를 통제했다. 당시에는 성경이 귀했고, 성직자들만이 성경을 읽을 수 있었던 시대였다. 로마가톨릭 교회는 마치 문지기처럼 사람들이 성경과 하나님께 접근하는 것을 통제했다. 사제들이 용서와 축복을 베풀고, 영원한 상급의 중재자로 처신했다.

1400년대가 되자, 교회에는 온갖 제도적인 부패가 만연했다. 경건으로 위장된 부도덕과 사악함이 교회를 온통 지배했다. 기독교 세계에 살고 있던 교구민들은 대부분 생존을 위해 몸부림치며 어려운 삶을 근근이 이어가고 있는 상태였지만, 고위 성직자들은 사람들의 무지를 이용해 잇속을 차리고 권위를 휘둘렀다. 교황과 주교들은 사치와 방탕과 타락을 일삼았다. 교회는 철권을 휘두르며 심지어는 국가

권력까지 감독하면서 중세 시대의 모든 삶의 측면에 영향을 미쳤다.

중세 로마가톨릭 교회는 이단 사상과 영적 속임수의 온상이었다. 그러나 부패가 만연된 그런 와중에서도 주님은 여전히 자기 백성을 구원하고, 참된 교회를 세우는 일을 멈추지 않으셨다. 일부 교회는 로마가톨릭 교회의 권위 밖에 머무르면서 왕성한 영적 생명력을 발휘하기까지 했다.

주님은 존 위클리프와 요한 후스와 같은 충실하고 담대한 사람들을 도구로 사용해 가톨릭 교회의 비성경적인 교리를 논박하고, 그 거짓된 경건의 가면을 벗기고, 내부의 부패를 폭로하게 하셨다. 수세기 뒤에 영국에서 나타난 청교도들처럼 그들도 교회를 전복시키려고 하지 않고, 회개를 촉구하며 성경적인 정통성을 회복하라고 요구했다. 그들은 결국 그런 노력을 기울인 까닭에 출교되어 이단으로 화형에 처해졌다 (위클리프는 죽고 나서 몇 십 년이 지난 뒤에 출교되었다. 사람들은 그의 유해를 무덤에서 파헤쳐 불태웠고, 뼈를 산산이 으깨었다. 그리고 그 뼈와 재를 스위프트 강에 뿌렸다).

로마가톨릭 교회는 위클리프와 후스를 비롯한 개혁자들의 입을 막기 위해 계속해서 극단적인 조처를 취했지만, 그들이 전한 진리는 살아남아 그들의 정신을 계승한 한 충실한 독일인 수도사를 통해 교황의 성채에 결정적인 타격을 입히기에 이르렀다. 마르틴 루터도 그 이전의 개혁자들처럼 노골적으로 교회를 전복하거나 파괴하려고 시도하지 않았다. 그는 단지 성경에 대한 진지한 연구와 성령의 조명에 힘입어 주 예수 그리스도에 대한 구원의 지식에 도달했고, 로마가톨릭 교회가 복음의 진리에서 이탈했다는 사실을 분명하게 지적했을 뿐이다.

역사가들은 루터가 비텐베르크 교회당의 문에 '95개조 격문'을 내걸었던 1517년 10월 31일을 종교개혁의 시발점으로 인정한다. 루터는 아직 회심하기 이전에 쓴 그 중요한 격문에서 로마가톨릭 교회의 부패한 전통, 특히 면죄부 판매를 강력하게 규탄했다.

가톨릭 신자들은 고행과 연옥의 징벌을 모면하기 위한 수단으로 돈을 주고 면죄부를 구입했다. 그들은 사별한 사람들을 대신해 면죄부를 구입하기도 했다. 당시의 사람들은 치사율도 높고 기대 수명도 매우 짧은 상황에서, 연옥에서의 오랜 징벌이 기다리고 있다는 교회의 위협까지 더해지자 사후에 곧바로 천국에 가지 못한 채 징벌을 받게 될 것을 두려워해 앞 다퉈 면죄부를 구입했다.

중세 교회는 교황 레오 10세의 치세 아래 면죄부를 팔아 로마에 있는 성 베드로 대성당과 같은 정교한 건축물을 건축하는 데 드는 비용을 충당했다.[6] 요한 테첼이라는 교활한 수도사가 면죄부 판매의 일등공신 가운데 하나였다. 테첼은 책략이 매우 뛰어나 순진하고 단순한 가톨릭 교구민들에게 능숙하게 면죄부를 팔았다. 그는 그들에게 "동전이 헌금함에 짤랑하고 떨어지는 순간 영혼이 연옥에서 빠져 나온다."라고 말한 것으로 유명하다. 미신적이고 글자를 모르는 농민들에게 그보다 더 큰 희망을 주는 말은 없었을 것이 분명하다.

---

[6] 가톨릭 교회는 면죄부를 더 이상 과거처럼 엄청난 기금 마련의 수단으로 이용하고 있지는 않지만 아직도 여전히 면죄부를 제공하고 있다. 가톨릭 신자들은 트위터에서 교황을 지지하는 것과 같은 간단한 '경건과 헌신의 행위'를 하면 면죄부를 받을 수 있다.

루터는 교회를 등에 업고 그런 식으로 면죄부를 파는 테첼에게 크게 분노했다. 그는 '95개조 격문'으로 면죄부 판매를 공개적으로 거부했고, 가톨릭 교회의 탐욕을 정면으로 공격했다. 그 가운데 86조에는 교황 레오 10세를 노골적으로 비난하는 내용("왜 교황은 가장 부유했던 크라수스보다 더 큰 부를 소유하고 있으면서도 자기 돈이 아닌 가난한 신자들의 돈으로 성 베드로 주교좌 성당을 지으려고 하는 것인가?")이 담겨 있었다.

'95개조 격문'은 종교개혁의 불길을 당겼지만 아직은 전면적인 싸움이 일어나지는 않았다. 사실, 루터는 격문을 쓸 무렵 아직 참 회개와 참 신앙에 도달하지 못한 상태였다. 그가 구원받기까지는 그 후에도 약간의 시간이 더 필요했다. 이신칭의의 교리는 면죄부 판매의 부당성을 백일하에 드러냈지만 '95개조 격문'에는 그 교리를 언급한 내용이 발견되지 않는다. 루터의 '가장 큰 경험'은 격문을 내걸고 나서 얼마 지나지 않아 믿음으로 의롭다 함을 받는 것의 의미를 마침내 깨닫게 되었을 때 비로소 이루어졌다. 학자들과 역사가들은 루터가 처음 각성한 날짜를 정확히 알지 못하지만 루터는 그 일을 종종 언급했다. 그는 그것을 자신의 참된 회심이 이루어진 순간으로 알고, 그때의 일을 아래와 같이 묘사했다.

'의롭다.'와 '하나님의 의'라는 말들이 번갯불처럼 내 양심을 강타했다. 그런 말들을 들을 때면 극도의 공포감이 느껴졌다. 만일 하나님이 의로우시다면 그분은 징벌을 가하셔야 한다. 그러나 이 건물 옥탑의 뜨끈

한 방에서 하나님의 은혜로 "오직 의인은 믿음으로 말미암아 살리라"(롬 1:17)와 "하나님의 한 의"(롬 3:21)와 같은 말씀을 곰곰이 생각해 본 결과, 우리가 의로운 사람으로서 믿음으로 살아야 하고, 하나님의 의가 믿는 모든 자의 구원을 이루는 것이라면 구원은 우리의 공로가 아닌 하나님의 긍휼에 의한 것이라고 결론짓지 않을 수 없다. 그로써 나의 심령에는 큰 기쁨이 생겨났다. 우리가 의롭다 함을 받고 그리스도를 통해 구원을 얻게 된 것은 순전히 하나님의 의 때문이다. (전에 나를 두렵게 만든) 이 말씀들이 이제는 나를 기쁘게 한다. 성령께서 이 옥탑에서 내게 성경의 베일을 벗겨주셨다.[7]

신자들이 오직 믿음으로 의롭다 함을 받는다는 진리는 종교개혁을 둘러싼 모든 논쟁의 초점이 되었다. '오직 믿음으로!'라는 원리는 종교개혁의 '내용적 원리'로 알려졌다. 그러나 루터가 '95개조 격문'을 작성해 게재하게 된 동기는 종교개혁의 '형식적 원리'인 '오직 성경으로!'에서 비롯되었다. 이 원리에 대한 그의 충실성은 회심하기 이전에 쓴 초창기 글에서도 분명하게 드러나 있다.

존 칼빈, 울리히 츠빙글리, 필립 멜란히톤, 테오도르 베자, 존 녹스를 비롯한 많은 사람들이 그와 동일한 신념을 가지고, 각자의 위치에서 교황의 폭정과 가톨릭 교회의 이단 사상에 맞서 성경의 권위를 지

---

[7] Helmut T. Lehmann, ed., Theodore G. Tappert, ed. and trans. *Luther's Works* (vol. 54): *Table Talk* (Philadelphia: Fortress, 1967), 193–94.

키고 보존하기 위해 힘을 다해 싸웠다. 성경의 지고한 권위는 종교개혁의 원동력이었다. 다른 모든 핵심 원리가 거기에서 비롯했다.

루터는 보름스 의회에서 자신이 쓴 글들을 옹호하면서 다음과 같은 말로 성경에 대한 충실성을 천명한 것으로 유명하다.

> 성경의 증거나 확실한 논리로 나를 설득하지 못하면(나는 교황이나 공의회만을 신뢰하지 않는다. 왜냐하면 그들은 실수를 저지르거나 자가당착에 빠질 때가 많기 때문이다) 나는 내가 인용한 성경 말씀과 나의 양심을 따라 하나님의 말씀만을 굳게 의지할 것이다. 양심에 어긋나는 일을 하는 것은 안전하지도 않고, 옳지도 않기 때문에 나는 아무것도 철회할 수 없고, 또 철회하지도 않을 것이다. 하나님이여, 나를 도우소서. 아멘.[8]

그로부터 500년이 지난 지금까지도 충실한 사람들이 하나님의 위대한 용사들의 뒤를 이어 그들이 남긴 성경적인 충실함과 복음의 진리의 유산을 굳게 지켜나가고 있다.

오늘날 우리는 그들의 저항 정신을 이어받아 로마가톨릭 교회만이 아니라 하나님의 말씀에서 벗어난 모든 체제와 교회와 목자를 자처하는 사람들에게 맞서고 있다. 불행히도 21세기의 교회는 로마가톨릭 교회의 지배를 받던 당시보다 더 큰 위협에 직면하고 있다.

---

8) Martin Brecht in Helmut T. Lehmann, ed., James L. Schaaf trans., *Luther's Works (vol. 1): Martin Luther* (Philadelphia: Fortress, 1985), 460.

배교한 교회의 병리적 징후

교회가 성경의 권위를 포기하면 무너지게 될 영적 토대가 무엇인지 한 번 생각해 보라. 성경이 무오하고 절대적인 권위를 지니지 못하면 오직 믿음으로 말미암아 은혜로 의롭다 함을 받는다는 진리를 절망에 처한 죄인들에게 전하기가 불가능해진다. 또한 속죄를 위한 그리스도의 희생의 충족성이나 교회의 머리이신 그분의 통치권을 주장하기가 어렵게 될 뿐 아니라, 의의 전가("하나님이 죄를 알지도 못하신 이를 우리를 대신하여 죄로 삼으신 것은 우리로 하여금 그 안에서 하나님의 의가 되게 하려 하심이라"-고후 5:21)라는 영광스러운 진리를 믿을 수도 없게 된다. 그런 진리가 성립되지 않으면 하나님의 진노가 만족되었다는 확신을 가질 수 없고, 믿음의 확신이나 천국의 소망이나 하나님의 약속을 믿는 믿음도 모두 허사가 되고 만다.

또한 성경의 권위를 무시하거나 그것을 인간의 권위에 예속시키면, 하나님의 양떼 안에 거짓 교리와 거짓 교사들이 침투할 수 있는 여지가 생겨난다. 신학적인 혼란이 발생하고, 무오한 하나님의 말씀보다 유오한 인간의 말이 더 높이 격상될 뿐 아니라, 은혜의 복음을 행위로 의롭게 된다는 인간 중심적인 체계와 맞바꾸는 결과가 초래되며, 하나님의 순결한 진리가 오염되고, 미신과 전통과 비성경적인 계시와 마귀적인 속임수에 의해 성경적인 교리가 불투명해진다.

루터 시대 이전부터 로마가톨릭 교회는 그런 다양한 오류에 의해 지배되었다. 그러나 오늘날의 개신교 교회도 그와 똑같은 오류를 저지르고 있다. 이 말이 너무 과장된 것처럼 들린다면, 다음과 같은 질문들을 한 번 생각해 보라.

"은사주의를 표방하는 협잡꾼들이 많은 청중들에게 성수와 기름을 부은 천 조각을 판매하는 것이 테첼이 면죄부를 판매한 것과 무슨 차이가 있는가? '성좌 선언(ex cathedra)'을 하는 교황과 주님으로부터 새로운 계시를 받았다면서 자기 자신의 꿈이나 마음속에 떠오른 생각을 전하는 목회자가 무슨 차이가 있는가? 마리아를 숭배하는 것과 사도를 자칭하는 사람들이 조상들의 묘지에서 죽은 자들을 위한 도유식(塗油式)을 거행하며 성인을 숭배하는 것이 무슨 차이가 있는가?"

이보다 더 심각한 것은 한때 로마가톨릭 교회가 은폐하려고 애썼던 부패와 부도덕을 많은 개신교 교회가 그대로 답습하는 현실이다. 많은 교회들이 순결함을 잃고, 방탕한 세속 문화를 수용하거나 모방하고 있다. 목회자들은 성경보다는 할리우드 영화를 해설하기를 좋아하고, 대형 교회들의 구도자 중심적인 모임은 예배라기보다는 록 콘서트나 우스꽝스러운 쇼에 더 가깝다. 유명인을 꿈꾸는 교회 지도자들은 건전하고 성경적인 것보다는 대중에게 잘 먹히는 것과 유행을 따르는 것에 관심이 더 많다.

더욱이 교회 지도자들이 겉으로는 복음주의를 표방하면서도 자신의 교회가 불륜을 상습적으로 저지르는 사람들, 강퍅한 마음으로 음행을 일삼는 사람들, 회개하지 않은 동성애자들, 부도덕한 우상 숭배자들은 물론 심지어는 이교주의를 신봉하는 사람들까지도 열린 마음으로 너그럽게 환영하고 관대하게 받아주는 것을 자랑스럽게 여기는 것은 참으로 충격적이 아닐 수 없다. 그들은 그런 것을 자랑스러워한다.

그런 방향으로 천천히 치닫는 교회들이 많다. 그들은 비록 부도덕한 행위를 공개적으로 지지하지는 않지만 그런 행위를 내부로부터 제거하려는 노력을 전혀 기울이지 않는다. 죄를 견책하지 않고, 교회의 권징을 충실하게 실행하지 않는 탓에 개인과 집단의 차원에서 양심이 차츰 무뎌지고, 고백하지 않은 죄가 정상으로 간주되며, 교회와 세상의 차이가 흐릿해진다.

이 모든 것은 하나님의 말씀에 복종하려는 마음이 없고, 또 교리적인 진리와 그 진리로 인한 보호와 순결에 대한 관심이 쇠퇴하고 있다는 증거다. 참 신자들은 배교한 교회로부터 분리되어야 한다는 신념에 의해 탄생한 개신교가 그 나름의 배교 세력을 키우기까지는 5백 년이 채 걸리지 않았다. 개신교 교회는 사사기에 나오는 이스라엘 백성들처럼 과거로부터 배우기보다는 과거의 실수를 재현하기로 작심한 듯 보인다. 갈라디아 교회에 대한 바울의 질책은 오늘날의 복음주의 교회들에게도 똑같이 적용된다. 그는 "어리석도다 갈라디아 사람들아 예수 그리스도께서 십자가에 못 박히신 것이 너희 눈 앞에 밝히 보이거늘 누가 너희를 꾀더냐"(갈 3:1)라고 말했다.

전국적으로 실시된 최근의 설문 조사에 따르면, 복음주의 개신교 신자들 가운데 구원을 받으려면 믿음과 행위가 모두 필요하다고 믿는 사람들이 52퍼센트에 달하는 것으로 나타났다. '오직 믿음으로!'와 '오직 성경으로!'를 믿는 신자들은 고작 30퍼센트에 불과했다.9) 종교개혁이 '혼을 빼앗긴' 복음주의 개신교 신자들에 의해 와해되고 있다. 프로테스탄트(항의자)의 후예에게서 더 이상 '저항 정신'을 찾아보기 어렵게 되었다.

배교에 이르는 추락은 하루아침에 일어나지 않는다. 그 과정은 서서히 꾸준하게 진행된다. 성경의 우선권과 권위를 거부하는 것이 첫 단계이고, 그 뒤부터는 "이 성경 구절이나 이 죄를 진지하게 받아들이지 않으면 세상 사람들의 호감과 관심을 좀 더 끌 수 있을 텐데."라는 식의 타협이 뒤따른다. 교회가 성도를 훈련하고 굳세게 하는 것이 아니라, 세상에 참여하고 세상의 관심을 끄는 것을 목표로 삼기로 결정하면 그 순간부터 세속주의와 배교의 길로 기울기 시작한다.

얼마 전, 미국에서 가장 큰 교회 가운데 한 곳을 담임하고 있는 한 목회자는 교회 지도자들에게 교리가 사람들을 교회로 인도하는 것을 방해하는 걸림돌이 되지 않게 하라고 당부했다. 그의 의견에 동조하는 한 저술가는 "신학을 사역의 우위에 두지 말라."는 말로 그의 주장을 간명하게 요약했다.10)

---

9) Pew Research Center, "U.S. Protestants Are Not Defined by Reformation-Era Controversies 500 Years Later" (August 31, 2017), http://www.pewforum.org/2017/08/31/u-s-protestants-are-not-defined-by-reformation-era-controversies-500-years-later/.

10) Kevin Porter, "Any Stanley at Catalyst Cincinnati: Don't Put Theology Above Ministry, Let Cultural Issues Bump People Out", *The Christian Post* (April 23, 2016), https://www.christianpost.com/news/andy-standley-at-catalyst-cincinnati-dont-put-theology-above-ministry-let-cultural-issues-bump-people-out-162414/.

오늘날의 교회는 사람들의 관심을 끄는 데만 지나치게 열중한 나머지 신학을 '환영'의 도어 매트 아래 파묻는 우를 범하고 있다.

이 비성경적인 전도 방식 때문에 복음을 세상에 전하는 교회들의 능력이 크게 저하되고 있다. 예배당을 안일하고 무감각한 불신자들로 가득 채우는 것이야말로 교회의 사역을 오염시키고 혼란하게 만드는 가장 빠른 지름길이다. 하나님이 자기 백성을 세상에서 부르신 목적은 적절성이라는 미명 아래 속된 유행을 좇게 하기 위해서가 아니다. 교회가 속된 사람들과 구별되지 않으면 이 타락한 세상에서 빛과 소금이 될 수 없다(마 5:13-16).

초대 교회는 순결한 교회인가?

오늘날 어떤 그리스도인들은 그런 세속적인 경향을 차단하고, 교회의 사역을 단순화하려면 초대 교회로 되돌아가야 한다고 주장한다. 그들은 교회의 사역을 훼손하고 가로막는 원인이 교회의 구조 자체에 있다고 생각한다. 거대한 시설과 규모, 많은 지도자들, 끊임없는 세분화가 필요할 정도로 많은 교인들을 거느린 초대형 교회들이 최근에 교회를 오염시키고 혼란스럽게 만드는 주범이라는 것이 그들의 지론이다.

그런 주장은 그리스도인들이 큰 교회의 환경 안에서는 그 잠재력을 충분히 발휘할 수 없으며, 오직 작은 가정 교회라는 신약 성경의 모델만이 하나님의 백성에게 가장 중요한 것에 집중할 수 있는 능력을 부여한다고 제안한다. 유지해야 할 건물이나 지지하거나 복종해야 할 교단이나 제도적인 감독 기관이 없어야만 교회가 자유롭게 주님을 섬기며, 지역사회에 마음껏 복음을 전할 수 있다는 논리다.

그들은 이런 논리에 근거해, 사도행전 2장 42절("그들이 사도의 가르침을 받아 서로 교제하고 떡을 떼며 오로지 기도하기를 힘쓰니라")의 단순함을 되찾아야 한다고 강조한다. 그러나 신약 성경을 조금만 읽어보아도 1세기 교회의 삶이 그렇게 이상적이지 않았다는 것을 금방 알 수 있다. 작은 규모, 단순한 조직, 사도들과의 접촉이 초대 교회에 우리가 생각하는 영적인 이점과 보호막을 제공한 것은 아니었다. 사실, 가장 초창기의 교회들 안에서도 오늘날의 교회들이 안고 있는 문제점들이 많이 발견된다. 간단히 말해 초대 교회가 순결하다는 것은 과장이다. 이런 사실을 가장 분명하게 드러내고 있는 곳이 바로 요한계시록이다.

유배당한 사도

우리는 예수님의 재림에 대한 예언이 요한계시록의 전부라고 생각하는 경향이 있다. 우리는 "볼지어다 그가 구름을 타고 오시리라 각 사람의 눈이 그를 보겠고 그를 찌른 자들도 볼 것이요 땅에 있는 모든 족속이 그로 말미암아 애곡하리니 그러하리라"(계 1:7)라는 말씀 때문에 장차 세상에 임할 심판을 종종 생각한다. 우리는 하나님의 진노에 대한 경고를 두렵게 생각하면서도 그것이 우리에게는 임하지 않을 것으로 판단하고 쉽게 안심한다.

그러나 요한계시록의 환상들은 회개하지 않은 죄인들에게 임할 하나님의 심판과 예수님의 재림이라는 주제를 다루기 전에, 처음 세 장을 교회들에게 주어진 메시지를 다루는 데 할애했다. 특히 그리스도께서는 요한 사도를 통해 소아시아 일곱 교회에게 말씀하셨다. "네가 보는 것을 두루마리에 써서 에베소, 서머나, 버가모, 두아디라, 사데, 빌라델비아, 라오디게아 등 일곱 교회에 보내라"(계 1:11).

일곱 교회는 오늘날 터키로 알려진 지방에 있던 교회들로서 고대의 우편 경로에 따른 순서대로 나열되었다. 이 교회들은 모두 사도들(주로 바울)의 사역의 결과로 설립되었다. 에베소 교회가 그 지역의 다른 모든 교회의 모교회 역할을 했다. 요한은 생애 말년에 에베소 교회에서 사역하면서 그 모든 교회들과 친밀한 관계를 맺었다.

그러나 주님이 요한계시록의 계시를 허락하셨을 때, 그는 밧모라는 바위섬에 유배되어 살고 있었다.

그리스도께서 체포되시던 날 밤, 그분은 제자들에게 곧 박해가 닥칠 것이라고 경고하셨다. "세상이 너희를 미워하면 너희보다 먼저 나를 미워한 줄을 알라…사람들이 나를 박해하였은즉 너희도 박해할 것이요"(요 15:18, 20).

전면적인 박해가 일어나기까지는 그리 오랜 시간이 걸리지 않았다. 교회는 이스라엘의 종교 지도자들을 시작으로 처음부터 반대에 직면했다. 교회는 로마 제국의 적대적인 의심의 눈초리를 견뎌야 했다. 로마 제국은 이교도와 타락한 종교에 의해 지배되었다. 당시의 악한 사회에서 이루어졌던 일상생활 가운데는 그리스도인들에게 적합하지 않거나 그들이 동참하기 어려운 일들이 많았다.

더욱이 기독교는 로마 문화에 깊이 물든 사람들로서는 도무지 이해하기 힘든 종교였다. 로마인들은 초대 교회의 교리와 의식을 크게 오해한 탓에 그리스도인들이 인육을 먹고, 근친상간을 비롯한 그릇된 성적 행위를 저지르고 있다고 비난했다. 또한 그리스도인들이 로마 황제를 신으로 숭배하지 않았기 때문에 그들이 무신론자요 반란 세력이라는 소문이 파다하게 퍼졌다.

로마 황제 네로는 64년에 오랫동안 제기되어 온 이런 의심들을 자신의 비행을 은폐하는 수단으로 이용했다. 그 해에 큰 화재가 발생해 로마의 많은 곳이 황폐해지자 사람들은 네로가 불을 지른 것으로 의심했다. 그러자 네로는 그런 의심의 화살을 그리스도인들에게 돌려 로마는 물론 다른 지역에까지 그리스도인들을 대대적으로 박해하기 시작했다. 박해는 그의 통치 기간 내내 계속되었다. 첫 번째 박해가 로마 제국 전역을 휩쓸고 지나갔을 때 베드로와 바울이 처형되었고, 수많은 그리스도인들이 마치 사냥감처럼 도처에서 살해당했다.

네로의 통치 기간에 로마 제국은 이스라엘의 독립 의지를 꺾어놓기 위해 피의 전쟁을 벌였다. 이스라엘 전역에서 거의 천 개에 달하는 마을과 부락과 거주지가 잿더미로 변했고, 백성들은 살육당하거나 뿔뿔

이 흩어졌다. 70년에는 예루살렘이 함락되고, 성전이 완전히 파괴되었다. 한때 세상에서 하나님 나라의 수도로 알려진 곳이 이교도의 지배를 받기에 이르렀다.

그로부터 10년 뒤인 도미티아누스 황제의 통치 기간에 로마 제국은 또 한 차례의 박해를 가하기 시작했다. 교회에 대한 이 두 번째 박해는 첫 번째 박해보다 더 오래 지속되었고(81-96년), 제국 전역에까지 널리 확대되었다. 교회에 대한 로마 제국의 공격은 군대에 의해 조직적으로 이루어졌다. 목숨을 잃는 그리스도인들이 부지기수였고, 도망치거나 추방당한 그리스도인들도 많았다. 역사가들은 이 시기에 디모데가 두들겨 맞아 죽었다고 한다. 요한 사도가 죽고 나서 약 60년 뒤에 태어난 테르툴리아누스는 "요한 사도는 처음에는 펄펄 끓는 기름 속에 던져졌지만 조금도 해를 입지 않았기 때문에 섬으로 유배되었다."고 말했다.[11]

직접 목격한 증언이 아니기 때문에 이 말의 진실성을 주장할 필요는 없지만 그리스도인들에 대한 로마 제국의 박해가 얼마나 극심했는지를 우회적으로 짐작할 수는 있다. 네로는 그리스도인들에게 송진을 바르고, 파피루스나 나무 다발에 묶어 불태웠다고 한다. 어쩌면 그는 목재 방부용 기름을 먹인 십자가에 그리스도인들을 못 박고, 비명을 지르지 못하게 목을 찌르고 나서 산 채로 불을 붙여 자신의 정원 파티

---

11) Tertullian, *On Prescription Against Heretics*. 다음 책에서 인용했다. Alexander Roberts and James Donaldson, trans., *Ante-Nicene Fathers*, 10 vols. (New York: Christian Literature Publishing Co., 1885) 3:260.

를 밝히는 횃불로 사용했는지도 모른다.[12]

요한은 요한계시록 1장 9절에서 "하나님의 말씀과 예수를 증언했다는" 이유로 자신이 밧모 섬에 유배되었다고 말했다. 복음을 전하는 것은 사형에 해당하는 범죄로 간주되었다.

밧모 섬은 낙원과도 같은 휴양지가 아니었다. 그것은 에게 해에 있는 초승달 모양의 섬으로 길이는 약 16킬로미터, 너비는 약 8킬로미터의 크기였다. 그 섬은 요한 당시에 소아시아와 아덴 사이에 위치한 밀레도 해안에서 약 60킬로미터 떨어져 있는 황량한 장소였다.

요한은 유배를 당하면서 재산과 소유를 모두 몰수당했다. 그는 열악한 환경에서 변변치 않은 음식으로 배를 채우며 채석장에서 중노동을 하면서 남은 생애를 보냈다. 당시 그는 이미 90세가 넘었기 때문에 밧모 섬에서 오랫동안 생존할 가능성이 매우 희박했다.

그러나 고린도후서 11장 23-29절의 바울처럼 요한이 감당했던 물리적인 고통은 소아시아의 교회들이 하나님의 말씀의 권위를 거부한 것으로 인해 그가 느꼈던 정신적 고통에 비하면 그야말로 아무것도 아니었다. 예수님께서 그 교회들에 보내라고 구술하신 편지들을 읽어 보면(앞으로 이 점을 각 장에 걸쳐 자세하게 살펴볼 예정이다) 그들이 성적 부도덕, 우상 숭배, 위선 등과 같은 여러 가지 죄를 저질렀다는 것을 알 수 있다. 그들은 죄를 관용하고, 주변의 이교 문화와 타협했다. 그들은 거

---

12) John Granger Cook, *Roman Attitudes Toward the Christians: From Claudius to Hadrian* (Tübingen: Mohr Siebeck, 2010), 77-78. Cf. Tacitus, *Annals*, 15:44.

짓 교사들을 용인했을 뿐 아니라 심지어는 그들의 이단 사상을 퍼뜨리는 데 일조하기까지 했다. 그들은 많은 점에서 후세대의 교회들이 되밟게 될 전철을 세웠다. 여기에는 오늘날 서구 사회에 존재하는 복음주의 교회들도 포함된다.

바울 사도는 요한이 밧모 섬에서 환상을 보았던 때보다 25년이나 앞서 초대 교회가 직면하게 될 위험에 대해 경고했다. 그는 디모데에게 "너는 내가 우리 주를 증언함과 또는 주를 위하여 갇힌 자 된 나를 부끄러워하지 말고 오직 하나님의 능력을 따라 복음과 함께 고난을 받으라"(딤후 1:8)고 당부했다. 또한 13, 14절에서는 "너는…내게 들은 바 바른 말을 본받아 지키고 우리 안에 거하시는 성령으로 말미암아 네게 부탁한 아름다운 것을 지키라"고 명령했다.

바울은 디모데가 곧 박해와 고난을 당하게 될 것을 알았다. 그는 투옥과 고문과 죽음의 위협을 당하면 쉽게 무너져 타협할 가능성이 높다는 것을 직감했다. 따라서 그는 자신의 마지막 서신에서 미래의 시련에 잘 대비하도록 젊은 제자를 훈육했다. 그는 2장에서도 계속해서 다음과 같은 가르침을 베풀었다.

"너는 그리스도 예수 안에 있는 은혜 가운데서 강하고…너는 그리스도 예수의 좋은 병사로 나와 함께 고난을 받으라"(1, 3절).

"너는 진리의 말씀을 옳게 분별하며 부끄러울 것이 없는 일꾼으로 인정된 자로 자신을 하나님 앞에 드리기를 힘쓰라 망령되고 헛된 말을 버리라 그들은 경건하지 아니함에 점점 나아가나니 그들의 말은 악성 종양이 퍼져나감과 같은데"(15-17절).

"너는 청년의 정욕을 피하고…의와 믿음과 사랑과 화평을 따르라 어리석고 무식한 변론을 버리라"(22, 23절).

바울의 관심은 단지 디모데만이 아니라 온 교회에 있었다. 그는 하나님의 백성이 곧 영적 위협을 당하게 될 것을 알았다.

"너는 이것을 알라 말세에 고통하는 때가 이르러 사람들이 자기를 사랑하며 돈을 사랑하며 자랑하며 교만하며 비방하며 부모를 거역하며 감사하지 아니하며 거룩하지 아니하며 무정하며 원통함을 풀지 아니하며 모함하며 절제하지 못하며 사나우며 선한 것을 좋아하지 아니하며 배신하며 조급하며 자만하며 쾌락을 사랑하기를 하나님 사랑하는 것보다 더하며 경건의 모양은 있으나 경건의 능력은 부인하니 이 같은 자들에게서 네가 돌아서라…악한 사람들과 속이는 자들은 더욱 악하여져서 속이기도 하고 속기도 하나니"(3:1-5, 13).

바울 사도는 사역을 하는 동안 내내 거짓 교사들에게 속아 넘어갈 위험과 위협에 직면해 부지런히 깨어 경계해야 할 필요성을 강조했다. "형제들아 내가 너희를 권하노니 너희가 배운 교훈을 거슬러 분쟁을 일으키거나 거치게 하는 자들을 살피고 그들에게서 떠나라 이 같은 자들은 우리 주 그리스도를 섬기지 아니하고 다만 자기들의 배만 섬기나니 교활한 말과 아첨하는 말로 순진한 자들의 마음을 미혹하느니라"(롬 16:17, 18).

아울러 바울은 교회의 도덕적, 교리적 순결성을 지키기 위한 싸움이 전적으로 외적인 차원에만 국한되지 않고, 내부에서도 많은 위협이 있을 것을 예상했다.

"때가 이르리니 사람이 바른 교훈을 받지 아니하며 귀가 가려워서 자기의 사욕을 따를 스승을 많이 두고 또 그 귀를 진리에서 돌이켜 허탄한 이야기를 따르리라"(딤후 4:3, 4).

그는 에베소 교회를 떠날 채비를 하면서 장로들에게 하나님이 그들에게 맡기신 양떼를 잘 보호하라고 간곡히 당부했다. "내가 떠난 후에 사나운 이리가 여러분에게 들어와서 그 양떼를 아끼지 아니하며 또한 여러분 중에서도 제자들을 끌어 자기를 따르게 하려고 어그러진 말을 하는 사람들이 일어날 줄을 내가 아노라 그러므로 여러분이 일깨어…각 사람을 훈계하던 것을 기억하라"(행 20:29-31).

에베소 교회는 그로부터 30년 뒤에 그리스도에 대한 사랑을 저버리고 형식적인 경건에 치우쳤으며, 주변에 있는 여러 교회들도 바울이 경고했던 부패에 빠져들고 말았다.

하나님의 집으로부터 시작되는 심판

요한도 "무릇 그리스도 예수 안에서 경건하게 살고자 하는 자는 박해를 받을 것"(딤후 3:12)이라는 사실을 잘 알고 있었다. 그는 신자들에게 "형제들아 세상이 너희를 미워하여도 이상히 여기지 말라"(요일 3:13)라고 말했다. 그러나 그가 밧모 섬에서 힘든 중노동을 하며 살아가는 처지가 되었을 때는 자신의 상황이 예수님을 처음 따르기 시작했을 때 기대했던 삶과는 너무나도 다른 것을 알고는 크게 놀라워했을 것이 분명하다.

이스라엘 백성은 메시아와 그가 세울 왕국을 크게 기대했다. 그들은 다윗의 보좌를 계승할 후계자가 나타나 정복국가인 로마 제국의 세력과 이스라엘의 원수들을 모조리 물리치고, 아브라함과 다윗과 선지자들에게 주어진 하나님의 약속을 성취하기를 간절히 고대했다. 그들이 기다렸던 것은 영원한 구원이 아닌 일시적인 구원이었다.

예수님의 제자들도 그런 희망을 품었었다. 그리스도께서 사역하시는 동안, 그들은 종종 약속된 하늘나라에서 가장 높은 자리를 차지하기 위해 서로 다투었다(마 18:1-5; 눅 9:46-48). 요한과 그의 형제 야고보의 경우는 심지어 그들의 어머니까지 나서서 예수님께 높은 자리를 구했다(마 20:20, 21). 그리스도께서 하늘로 승천하시는 순간까지도 제자들은 그분이 주권적인 권능으로 세상에 자신의 왕국을 세우실 것이라고 기대했다(행 1:6).

그 후 교회가 탄생하고, 성령께서 기적적인 은사들로 사도들의 사역을 강하게 뒷받침하시자 주님의 재림이 금방이라도 있을 것처럼 보였다. 그러나 교회에는 거짓 교사들이 넘쳐나기 시작했고, 요한이 밧모 섬에 유배될 즈음에는 그의 동료 사도들이 모두 로마인들의 손에 죽임을 당한 상태였다. 그때까지 생존한 사도는 그가 유일했다.

신자들은 무자비한 박해를 당하고 있고, 교회는 영적으로 크게 쇠퇴해진 상황에서 요한은 크게 실망하고 낙담하지 않을 수 없었을 것이 분명하다. 교회를 위한 주님의 계획이 실패한 것일까? 아마도 그는 주님이 교회 안에서 어떤 일을 하고 계시는지를 보여 달라고 부르짖으며 사도로서의 사역을 마감해야 할 때가 닥치기 전에 용기와 위로를 받을 수 있는 영적 통찰력을 간절히 원했을 것이다.

경험 많고, 영적으로 완숙의 단계에 이른 그에게도 희망과 위로가 절실한 상황이었다.

그러나 그가 본 것은 참으로 두려운 것이었다. 그는 그로 인해 자신이 "엎드려져 죽은 자같이 되매"라고 말했다(계 1:17). 그가 본 것은 통치자요 재판관이요 집행자로 나타나신 영광스런 그리스도셨다. 요한은 교회의 머리이신 주님이 영광 중에 나타나 세상이 아닌 교회를 향해 의로운 심판을 베풀려고 하시는 광경을 목격했다.

요한을 통해 교회에게 전달된 예수님의 메시지는 분명했다. 그것은 '회개하라.'는 것이었다. 예수님께서는 부패한 교회들을 향해 회개하고, 개혁하라고 거듭 촉구하셨다. 그분은 에베소 교회를 향해 "그러므로 어디서 떨어졌는지를 생각하고 회개하여 처음 행위를 가지라"(계 2:5)고 명령하셨다. 버가모 교회에게도 그와 비슷한 명령이 주어졌다. "그러므로 회개하라 그리하지 아니하면 내가 네게 속히 가서 내 입의 검으로 그들과 싸우리라"(계 2:16). 그리스도께서는 두아디라 교회에게도 '회개하지 아니하면' 가혹한 심판을 받게 될 것이라고 경고하셨고(계 2:22), 사데 교회에게도 "네가 어떻게 받았으며 어떻게 들었는지 생각하고 지켜 회개하라"(계 3:3)고 명령하셨으며, 마지막으로 라오디게아 교회에게도 "무릇 내가 사랑하는 자를 책망하여 징계하노니 그러므로 네가 열심을 내라 회개하라"(계 3:19)고 말씀하셨다.

이것은 단지 노파심에서 주의를 당부하는 말씀이 아니었다. 회개하라는 명령과 함께 교회가 개혁하지 않으면 혹독한 심판이 뒤따를 것이라는 말씀이 주어졌다. 그런 점에서 요한이 보고 들은 것은 베드로가 몇 십 년 전에 그의 첫 번째 서신에 남겼던 말("하나님의 집에서 심판을 시작할 때가 되었나니"-벧전 4:17)이 이루어진 것으로 이해할 수 있다.

베드로도 바울처럼 교회를 위협하는 위험한 일들이 교회 내부에서 나타나게 될 것을 알았다. 그는 교회가 유혹과 거짓 교리와 세상의 매력과 마귀의 공격에 굴복할 것을 감지했다. 따라서 그는 박해를 받더라도 끝까지 인내하라고 당부했다. 그는 박해를 불충실한 교회들에 대한 하나님의 심판으로 간주했다. 그는 하나님이 자기 백성의 죄를 결코 간과하지 않으신다는 것을 분명하게 이해했다.

구약 성경에 익숙했던 베드로는 하나님의 두려운 심판을 묘사한 에스겔서 9장의 환상과 예언을 잘 알고 있었을 것이 틀림없다. "또 그가 큰 소리로 내 귀에 외쳐 이르시되 이 성읍을 관할하는 자들이 각기 죽이는 무기를 손에 들고 나아오게 하라 하시더라"(겔 9:1). 바벨론 포로기에 에스겔서를 기록한 에스겔은 하나님이 외국 군대를 일으켜 자기 백성을 심판하게 하시는 환상을 보았다. 그의 환상을 좀 더 인용하면 다음과 같다.

"내가 보니 여섯 사람이 북향한 윗문 길로부터 오는데 각 사람의 손에 죽이는 무기를 잡았고 그 중의 한 사람은 가는 베 옷을 입고 허리에 서기관의 먹 그릇을 찼더라 그들이 들어와서 놋 제단 곁에 서더라 그룹에 머물러 있던 이스라엘 하나님의 영광이 성전 문지방에 이르더니 여호와께서 그 가는 베 옷을 입고 서기관의 먹 그릇을 찬 사람을 불러 여호와께서 이르시되 너는 예루살렘 성읍 중에 순행하여 그 가운데에서 행하는 모든 가증한 일로 말미암아 탄식하며 우는 자의 이마에 표를 그리라 하시고 그들에 대하여 내 귀에 이르시되 너희는 그를 따라 성읍 중에 다니며 불쌍히 여기지 말며 긍휼을 베풀지 말고 쳐서 늙은 자와 젊은 자와 처녀와 어린이와 여자를 다 죽이되 이마에 표 있는 자에게는 가까이 하지 말라 내 성소에서 시작할지니라 하시매 그들이 성전 앞에 있는 늙은 자들로부터 시작하더라"(2-6절).

배교한 이스라엘에 대한 하나님의 진노가 극에 달했다. 하나님은 소수의 충실한 사람들에게만 표시를 하게 하셨고, 다른 모든 사람에게는 심판을 남김없이 쏟아부을 생각이셨다. 더욱이 심판은 하나님의 권위가 머무는 곳이자 예배의 중심지였던 성소에서 이스라엘의 배교에 가장 큰 책임이 있는 사람들을 처단하는 것에서부터 시작될 예정이었다.

요한도 그와 똑같은 환상을 보았다. 의로운 재판관이신 주님이 충실하지 못한 교회들을 향해 회개를 촉구하셨다.

교회에 다니는 사람들은 대부분 하나님의 심판이 이루어질 때 교회가 가장 안전한 장소가 될 것이라고 믿는다. 그들은 그것이 방주에 들어가는 것과 같기 때문에 일단 그 안에 들어가기만 하면 심판으로부터 안전할 것이라고 생각한다.

그러나 사실은 그렇지가 않다. 그것은 어리석고 위험한 생각이다. 교회(즉 교회로 일컫는 장소)에서 예수님의 이름을 부르고, 그분을 찬양한다고 해서 하나님의 심판으로부터 안전할 수 있는 것은 아니다. 주님은 요한계시록의 서두에서부터 교회들을 향해 강력하고 직접적인 경고의 말씀을 전하셨다. 그런 점에서 교회는 세상보다 더 안전하지 않다. 교회의 타락은 종종 더 신속한 심판을 초래하는 결과를 낳는다.

이것이 이 대목의 말씀이 잘 논의되지 않고 자주 간과되는 이유다. 하나님은 이스라엘 백성에게 회개하고 자기와의 관계를 올바로 회복하라고 요구하셨던 것처럼, 요한계시록의 서두에서도 그와 비슷한 표현을 사용해 교회의 죄와 실패를 지적하셨다. 하나님이 교회의 회개와 개혁을 촉구하셨고, 회개하지 않으면 심판하겠다고 경고하신 사실을 생각하면 마음이 불편할 수밖에 없다. 그러나 그리스도께서 요한계시록에서 요한을 통해 전하신 경고의 말씀에 주의를 기울이는 것은 너무나 중요한 일이 아닐 수 없다.

요한계시록의 편지들은 특별한 문제를 지니고 있던 특정한 교회들에게 보내진 것이지만 그 내용은 역사상의 모든 교회에게 주어진 경고의 말씀으로 간주되어야 마땅하다. 앞으로 살펴보겠지만, 소아시아의 교회들에게 주어진 책망은 현대의 교회들에게도 똑같이 적용된다.

1세기의 교회들을 부패하게 만든 문제들(우상 숭배, 성적 부도덕, 세상과 이교 문화와의 타협, 영적 생명력 상실, 위선)은 오늘날의 교회들에게도 똑같은 위협을 가하고 있다. 그동안 교회는 이런 함정들을 잘 피하지 못했다. 하나님은 자신의 의로운 기준을 낮추거나 완화하지 않으셨다. 언제, 어디서나 하나님은 항상 순결한 교회를 요구하신다.

이것이 요한계시록의 교회들에게 주어진 주님의 마지막 메시지였다. 그로부터 약 2천 년이 지난 지금도 예수님께서는 여전히 교회의 회개를 촉구하시고, 회개하지 않으면 혹독한 결과가 초래될 것이라고 경고하신다.

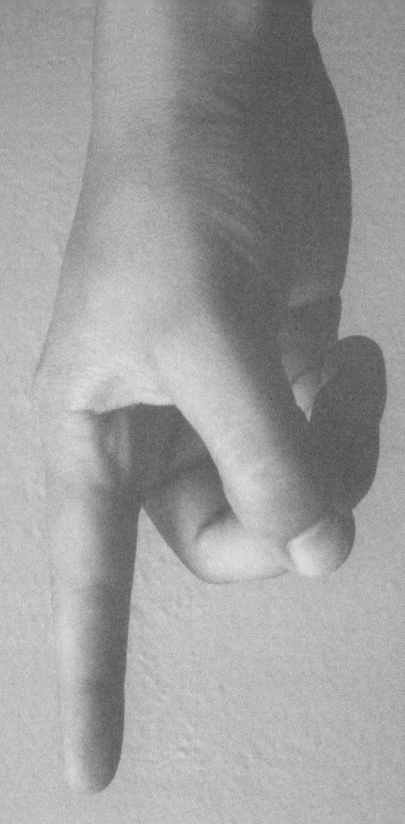

2장

교회의 참 주인이신 예수님

주님이 소아시아의 교회들에게 보낸 편지들을 하나씩 살펴보기 전에 요한이 환상으로 본 영광스런 그리스도의 모습에 잠시 주의를 기울여야 할 필요가 있다. 주님이 자신의 영광을 드러내고, 교회 안에서 계속 사역을 하는 모습을 보여주신 사실에 담겨 있는 의미를 간과해서는 곤란하다. 여기에 포함된 세세한 내용 가운데 의미가 없는 것은 아무것도 없다.

요한이 목격한 모든 것은 그리스도께서 교회의 회개를 촉구하신 사실을 더욱더 선명하게 부각시킨다.

요한은 요한계시록 1장 9절에서부터 자기가 본 환상을 묘사하기 시작했다. 그는 사도의 권위를 주장하지 않고, "너희 형제요 예수의 환난과 나라와 참음에 동참하는 자라"고 스스로를 겸손히 낮추었다. 그는 예수님의 나라에 속한 구원받은 신자였고, 항상 믿음으로 굳게 견디며 뛰어난 인내심을 발휘했다.

그러던 중, 그는 '하나님의 말씀과 예수를 증언한' 이유로 박해 중에 유배를 당하는 처지가 되었다. 당시에 복음을 전하는 것은 중대한 범죄였다. 그 무렵 다른 사도들은 모두 세상을 떠났고, 신자들은 곳곳에서 사냥감처럼 살육되었다. 설상가상으로 교회는 진리에서 멀어졌고, 요한과 사도들의 충실한 가르침을 저버렸다.

교회의 삶에 짙은 암운이 드리운 시기였다. 그런 상황에서 요한의 환상이 지니는 의미는 더더욱 충격적이었을 것이 틀림없다.

요한은 계속 말을 이어갔다.

"주의 날에 내가 성령에 감동되어 내 뒤에서 나는 나팔 소리 같은 큰 음성을 들으니 이르되 네가 보는 것을 두루마리에 써서 에베소, 서머나, 버가모, 두아디라, 사데, 빌라델비아, 라오디게아 등 일곱 교회에 보내라 하시기로 몸을 돌이켜 나에게 말한 음성을 알아보려고 돌이킬 때에 일곱 금 촛대를 보았는데 촛대 사이에 인자 같은 이가 발에 끌리는 옷을 입고 가슴에 금띠를 띠고 그의 머리와 털의 희기가 흰 양털 같고 눈 같으며 그의 눈은 불꽃 같고 그의 발은 풀무불에 단련한 빛난 주석 같고 그의 음성은 많은 물 소리와 같으며 그의 오른손에 일곱 별이 있고 그의 입에서 좌우에 날 선 검이 나오고 그 얼굴은 해가 힘 있게 비치는 것 같더라 내가 볼 때에 그의 발 앞에 엎드러져 죽은 자같이 되매 그가 오른손을 내게 얹고 이르시되 두려워하지 말라 나는 처음이요 마지막이니 곧 살아 있는 자라 내가 전에 죽었었노라 볼지어다 이제 세세토록 살아 있어 사망과 음부의 열쇠를 가졌노니 그러므로 네가 본 것과 지금 있는 일과 장차 될 일을 기록하라 네가 본 것은 내 오른손의 일곱 별의 비밀과 또 일곱 금 촛대라 일곱 별은 일곱 교회의 사자요 일곱 촛대는 일곱 교회니라"(10-20).

요한의 환상에 언급된 세세한 내용은 모두 교회의 머리이신 그리스도와 교회와의 관계에 관한 중요한 교리적인 의미를 전달하고 있다. 주님이 교회(곧 소아시아의 교회들만이 아니라 역사상의 모든 교회) 안에서 하시는 일을 이처럼 생생하고 포괄적으로 묘사한 성경 본문은 어디에도 없다.

나팔 소리 같은 큰 음성

요한은 환상의 배경을 설명하는 데 많은 지면을 할애하지 않았다. 그는 간단하게 두 가지 사실만 언급했다. "주의 날에 내가 성령에 감동되어"(1:10). '성령에 감동되어'라는 문구는 요한의 환상이 정상적인 인간의 경험이 아니라는 의미를 담고 있다.

요한은 성령에 이끌려 자신의 감각과 물리적인 영역을 초월하는 것을 경험했다. 요한의 환상은 피조 세계의 현상으로는 설명될 수 없는 것이었다. 그는 잠을 자고 있거나 꿈을 꾸고 있지 않았다. 그의 의식은 멀쩡했다. 요한은 온전한 정신을 가진 상태로 성령에 이끌려 인간이 이해할 수 있는 한계를 뛰어넘어 하나님과 직접 교통할 수 있는 신령한 상태로 나아갔다.

이것은 사도들에게조차도 극히 드문 일이었지만, 성경에는 이와 비슷한 초자연적인 경험이 이루어진 사례들이 더러 나타난다.

예를 들어 이사야는 "내가 본즉 주께서 높이 들린 의자에 앉으셨는데 그의 옷자락은 성전에 가득하였고"(사 6:1)라고 말했고, 에스겔은 "그 영이 내게 임하사 나를 일으켜 내 발로 세우시기로 내가 그 말씀하시는 자의 소리를 들으니"(겔 2:2)라고 말했다.

베드로와 바울도 주님이 허락하신 환상을 목격했다(행 10:9-16, 22:17-21). 바울은 고린도 신자들에게 "내가 이런 사람을 아노니(그가 몸 안에 있었는지 몸 밖에 있었는지 나는 모르거니와 하나님은 아시느니라) 그가 낙원으로 이끌려 가서 말로 표현할 수 없는 말을 들었으니 사람이 가히 이르지 못할 말이로다"(고후 12:3-4)라는 말로 자신의 초자연적인 경험을 설명했다.

바울과 마찬가지로, 요한의 경우에도 그런 현상이 그에게 어떻게 일어났는지를 정확히 알기는 어렵다. 우리가 아는 것은 주님이 친히 요한으로하여금 초자연적으로 신적 영역을 의식할 수 있게 만들어 자기와 분명하고 생생하게 교통하게 하셨으며, 그를 통해 우리에게 말씀하셨다는 사실뿐이다.

요한이 환상의 배경으로 언급한 또 하나의 세부 내용은 '주의 날에'라는 문구다. 이것은 종말론적인 날, 곧 그리스도의 재림과 더불어 시작될 심판의 날을 가리키지 않는다(벧후 3:10 참조). 1세기 말, '주의 날'은 이미 한 주간의 첫째 날, 곧 주님이 무덤에서 부활하신 것을 기념하는 날을 가리키는 의미로 정착되었다. 요한의 말은 일요일에 밧모 섬에서 환상을 보았다는 뜻이다.

그 특별한 주일에 요한은 "내 뒤에서 나는 나팔 소리 같은 큰 음성을 들으니"(1:10)라고 말했다. 구약 성경에도 하나님이 시내 산에서 이스라엘 백성에게 율법을 베푸시기 전에 그와 비슷한 소리가 났다는 내용이 발견된다. "셋째 날 아침에 우레와 번개와 빽빽한 구름이 산 위에 있고 나팔 소리가 매우 크게 들리니 진중에 있는 모든 백성이 다 떨더라"(출 19:16).

요한계시록에는 큰 소리나 큰 음성으로 엄숙한 선언이나 하늘의 찬양을 묘사한 경우가 종종 나타난다(계 8:13, 14:2 참조). 그것은 크고 예리한 소리였다. 나팔 소리처럼 들렸지만 악기에서 나는 소리는 아니었다. 요한의 환상에서 그것은 그의 의식을 온전히 일깨우고, 다른 모든 소리를 잠재우는 주님의 음성, 곧 부활하신 영광스런 주 예수 그리스도께서 말씀하시는 소리였다.

그렇다면 주님은 뭐라고 말씀하셨을까? 그분은 "네가 보는 것을 두루마리에 써서 에베소, 서머나, 버가모, 두아디라, 사데, 빌라델비아, 라오디게아 등 일곱 교회에 보내라"(계 1:11)고 말씀하셨다.

유배지에서 모진 고난을 당하던 요한은 주님이 자신을 살려두시는 이유를 궁금하게 여겼을 것이 분명하다. 그가 다른 사도들처럼 죽지 않은 이유는 무엇일까? 그가 교회가 영적으로 쇠락하는 현실을 목격할 만큼 오랫동안 살아 있어야 할 이유는 무엇일까? 과연 교회에 무슨 미래가 존재하기나 하는 것일까?

주님은 11절에서 그의 의문에 대답하셨다. 주님은 요한이 아직 해야 할 일이 남아 있다고 말씀하셨다. 그는 한 권의 성경을 더 기록해야 했다. 그는 말세, 곧 죄에 대해 마지막 승리를 거두고, 교회가 영화롭게 될 미래를 미리 보는 특권을 부여받았다.

바위투성이의 유배지에 갇힌 요한은 마치 새의 날개를 단 듯 예언적인 계시를 통해 세상을 벗어나 하나님의 보좌와 그리스도의 영광을 향해 높이 날아올랐다. 세상은 오간 데 없이 사라지고, 그는 천국을 거닐고 있었다.

주님은 그에게 본 것을 기록하라고 명령하셨다. 그가 본 것은 참으로 놀라웠다.

교회 안에 계시는 주님

요한은 "몸을 돌이켜 나에게 말한 음성을 알아보려고 돌이킬 때에 일곱 금 촛대를 보았는데"(1:12)라고 기록했다.

고대 사회에서 등불은 점토나 금속으로 만들어졌다. 거기에 기름을 채우고, 심지를 띄운 형태였다. 등불을 낮은 곳에 두면 빛이 많이 나지 않았다. 방안을 밝히려면 그 등불을 높이 떠받칠 수 있는 대가 필요했다. 요한의 글을 읽는 1세기의 독자들은 그런 촛대에 친숙했을 것이다.

그러나 요한이 본 촛대는 그들이 경험한 촛대와는 달랐다. 그것은 순금으로 만든 촛대였다. 그런 값비싼 금속은 이 촛대의 가치가 엄청나다는 사실을 보여준다.

예수님은 20절에서 "네가 본 것은…일곱 금 촛대라…일곱 촛대는 일곱 교회니라"라는 말씀으로 이 값진 촛대의 의미를 설명하셨다. 촛대가 방안을 밝히는 데 사용된 것처럼 하나님은 교회를 세상의 빛이 되게 하셨다(빌 2:15).

촛대가 금으로 만들어졌다는 사실은 하나님이 교회를 그만큼 귀하게 여기신다는 증거다. 세상에서 교회보다 더 귀한 것도 없고, 그보다 더 값비싼 대가를 치르고 산 것도 없다(행 20:28).

11절에 언급된 대로 요한은 일곱 교회의 이름을 밝혔다. 그러나 이 비유들은 본문의 일곱 교회에만 국한되지 않는다. 성경에서 일곱이라는 숫자는 종종 완전을 의미한다. 따라서 본문의 일곱 교회들에게 각각 하나님의 구체적인 메시지가 주어졌지만 그분의 말씀은 온 교회에 적용된다. 요한의 환상에서 그들은 각자 개별적인 교회로 나타나지만 실상은 역사상의 모든 교회를 상징한다.

이것이 전부가 아니다. 요한은 또한 "촛대 사이에 인자 같은 이가 발에 끌리는 옷을 입고"(계 1:13)라고 말했다. '인자 같은 이'는 다름 아닌 그리스도이시다. 그러나 그분은 승천하기 직전에 요한이 보았던 그리스도의 모습과는 달랐다. 그리스도의 사역이 끝났을 때 그분의 온전한 영광은 여전히 부활하신 육체 안에 감추어져 있었다. 그와는 달리 요한의 환상 중에 나타난 것은 그분의 온전한 영광이었다.

그리스도께서 교회 사이에 계신다는 사실은 참으로 엄청난 위로와 격려를 불러일으킨다. 요한은 주님이 체포되던 날 밤에 제자들에게 하신 약속을 기억했을 것이다. 당시 그분은 "내가 너희를 고아와 같이 버려두지 아니하고 너희에게로 오리라"(요 14:18)고 말씀하셨다. 그리스도께서는 세상을 떠나실 때도 "내가 세상 끝날까지 너희와 항상 함께 있으리라"(마 28:20)라고 약속하셨다.

히브리서 저자는 신약 시대의 교회를 위해 하나님이 이스라엘 민족에게 거듭 되풀이하신 약속의 말씀("내가 결코 너희를 버리지 아니하고 너희를 떠나지 아니하리라"-히 13:5)을 상기시켰다. 요한은 주님이 자기나 교회를 버리지 않으실 것을 잘 알고 있었지만, 환상을 통해 주님이 자기 교회들과 항상 교통을 나누시는 모습을 직접 목격하자 더 할 나위 없는 확신과 위로를 느꼈을 것이 틀림없다.

이런 사실은 우리에게도 무한한 위로를 안겨준다. 우리는 멀리 있는 신이나 고대의 순교자를 섬기지 않는다. 교회의 주님은 항상 살아서 자기 백성 가운데서 일하신다. 요한이 본 환상의 나머지 내용은 그리스도께서 정확히 자기 교회 안에서 어떤 일을 하고 계시는지를 분명하게 보여준다.

요한은 "촛대 사이에 인자 같은 이가 발에 끌리는 옷을 입고 가슴에 금띠를 띠고"(계 1:13)라고 그리스도의 겉모습을 묘사했다. 요한이 언급한 옷은 공식적인 권위를 상징하는 의미를 지녔다. 즉 그리스도께서는 교회의 지존이시다. 요한은 요한계시록 서문에서도 그리스도를 "땅의 임금들의 머리"(1:5)로 소개했다.

특히 요한이 그리스도의 옷과 금띠를 묘사하면서 사용한 표현은 이스라엘의 대제사장이 입었던 옷과 직접적인 관련이 있다(레 16:4 참조). 그가 본 것은 대제사장으로서 교회를 위해 중보 사역을 행하시는 그리스도의 역할이었다.

히브리서 저자는 우리의 대제사장이신 그리스도의 사역을 종종 높이 찬양했다. 그 중에 몇 곳을 인용하면 다음과 같다.

"그러므로 자기를 힘입어 하나님께 나아가는 자들을 온전히 구원하실 수 있으니 이는 그가 항상 살아 계셔서 그들을 위하여 간구하심이라"(히 7:25).

"그리스도께서는 장래 좋은 일의 대제사장으로 오사 손으로 짓지 아니한 것 곧 이 창조에 속하지 아니한 더 크고 온전한 장막으로 말미암아 염소와 송아지의 피로 하지 아니하고 오직 자기의 피로 영원한 속죄를 이루사 단번에 성소에 들어가셨느니라"(히 9:11, 12).

"이는 하나님의 일에 자비하고 신실한 대제사장이 되어 백성의 죄를 속량하려 하심이라"(히 2:17).

"우리에게 있는 대제사장은 우리의 연약함을 동정하지 못하실 이가 아니요"(히 4:15).

"그가 시험을 받아 고난을 당하셨은즉 시험받는 자들을 능히 도우실 수 있느니라"(히 2:18).

바울도 로마서 8장에서 그리스도의 제사장 사역을 높이 찬양했다.

"누가 능히 하나님께서 택하신 자들을 고발하리요 의롭다 하신 이는 하나님이시니 누가 정죄하리요 죽으실 뿐 아니라 다시 살아나신 이는 그리스도 예수시니 그는 하나님 우편에 계신 자요 우리를 위하여 간구하시는 자시니라"(33, 34절).

그는 하나님과 우리의 관계는 그 어떤 공격에 의해서도 단절되지 않는다고 말했다. 그리스도의 중보 사역 덕분에 그 무엇도 우리를 그분의 사랑에서 끊을 수 없다(38, 39절).
다시 말하지만 이런 사실은 신자들에게 무한한 위로를 가져다준다. 우리 주님은 살아 계시고, 자기 교회 안에서 항상 일하시며, 자신의 영광과 우리의 유익을 위해 우리를 대신해 늘 중보 기도를 드리신다.

정결케 하시는 주권자

교회 안에서 이루어지는 그리스도의 사역을 입증하는 증거는 그분이 입으신 제사장의 의복만이 아니다. 요한은 계속해서 "그의 머리와 털의 희기가 흰 양털 같고 눈 같으며 그의 눈은 불꽃 같고"(1:14)라고 말했다. 그리스도의 머리와 머리털은 단순히 하얗지 않고, 마치 가장 정결한 양털과 흰 눈처럼 하얗고, 찬란한 광채를 뿜어냈다.

요한이 선택한 표현은 다니엘서 7장 9절("옛적부터 항상 계신 이가 좌정하셨는데…그의 머리털은 깨끗한 양의 털 같고")을 암시한다. 이 표현은 그리스도의 신성과 그분의 순결함을 나타낸다. 그리스도께서는 지극히 거룩하시고 완전무결하시다.

그분은 자기 백성도 거룩하기를 원하신다.

바울은 에베소 신자들에게 그것이 주님이 그들을 구원하신 목적이라고 설명했다. "그리스도께서 교회를 사랑하시고 그 교회를 위하여 자신을 주심같이 하라 이는 곧 물로 씻어 말씀으로 깨끗하게 하사 거룩하게 하시고 자기 앞에 영광스러운 교회로 세우사 티나 주름 잡힌 것이나 이런 것들이 없이 거룩하고 흠이 없게 하려 하심이라"(엡 5:25-27).

또한 그는 골로새 신자들에게 "이제는 그의 육체의 죽음으로 말미암아 화목하게 하사 너희를 거룩하고 흠 없고 책망할 것이 없는 자로 그 앞에 세우고자 하셨으니"(골 1:22)라고 말했다.

베드로도 자신의 첫 번째 서신에서 이 점을 분명하게 언급했다. 그는 "오직 너희를 부르신 거룩한 이처럼 너희도 모든 행실에 거룩한 자가 되라 기록되었으되 내가 거룩하니 너희도 거룩할지어다 하셨느니라"(벧전 1:15, 16)라고 말했다.

그리스도께서는 친히 산상설교에서 "하늘에 계신 너희 아버지의 온전하심과 같이 너희도 온전하라"(마 5:48)라고 가르치셨다.

성경은 그리스도의 거룩하심과 순결하심을 이토록 강조하고 있는데 오늘날 신자를 자처하는 사람들이 왜 지금처럼 살아가고 있고, 교회들이 왜 지금과 같은 식으로 거듭 죄를 지으며 회개하지 않은 죄인들의 비위를 맞추려고 애쓰고 있는지 참으로 안타깝기 그지없다.

야고보 사도는 "간음한 여인들아 세상과 벗된 것이 하나님과 원수 됨을 알지 못하느냐 그런즉 누구든지 세상과 벗이 되고자 하는 자는 스스로 하나님과 원수 되는 것이니라"(약 4:4)라고 엄중히 경고했지만, 오늘날의 교회 안에는 그의 경고를 노골적으로 무시하며 살아가는 사람들이 너무나도 많다.

더 나아야 할 신자들이 그리스도의 거룩하심을 계속해서 욕되게 만드는 것은 참으로 가슴 아픈 일이 아닐 수 없다. 요한도 소아시아의 교회들에 대해 그런 심정을 느꼈을 것이 틀림없다.

요한의 환상은 주님이 교회 안에서 일어나는 일을 모두 알고 계신다는 것을 보여준다. 그는 "그의 눈은 불꽃 같고"(계 1:14)라고 말했다. 이 말씀은 그리스도의 전지하심을 나타낸다. 주님의 눈은 예리한 광선처럼 모든 것을 살피신다. 그분의 눈길을 피할 수 있는 것은 아무것도 없고, 그분 앞에서는 그 어떤 비밀도 숨길 수 없다. 주님의 예리한 눈은 교회와 모든 신자의 마음을 깊이 꿰뚫는다.

마태복음 10장 26절은 "감추인 것이 드러나지 않을 것이 없고 숨은 것이 알려지지 않을 것이 없느니라"라고 말씀한다. 히브리서 저자도

"지으신 것이 하나도 그 앞에 나타나지 않음이 없고 우리의 결산을 받으실 이의 눈 앞에 만물이 벌거벗은 것같이 드러나느니라"(히 4:13)라는 말로 주님의 전지하신 능력을 묘사했다. 따라서 주님이 자기 교회의 죄를 모르실 가능성은 절대 없다.

주님은 또한 죄를 반드시 징치하신다. 요한의 환상은 계속해서 요한계시록 1장 15절로 이어진다. 그는 "그의 발은 풀무 불에 단련한 빛난 주석 같고"라고 말했다. 고대 사회의 왕과 통치자들은 높이 들린 보좌에 앉았고, 그의 권위 아래 있는 자들은 그의 발 아래 위치했다. 왕의 발은 그의 권위와 심판을 상징했다. 그러나 주님의 발은 살로 된 인간 왕의 발과는 달리 불에 단련한 주석과 같았다. 그것은 모든 것을 녹여 버릴 불 같은 심판의 발이었다. 요한은 그리스도께서 교회 안에서 단지 대제사장으로서만이 아니라 왕과 재판관으로서 역사하신다는 것을 보여주었다.

이것은 죄에 대한 마지막 심판이 아니라 교회를 정화하고 정결하게 하는 주님의 사역을 가리킨다. 주님은 교회를 순결하게 하기 위해 자기 백성을 징계하실 것이다. 주님은 요한복음에서 그런 사실을 분명하게 밝히셨다. "무릇 내게 붙어 있어 열매를 맺지 아니하는 가지는 아버지께서 그것을 제거해 버리시고 무릇 열매를 맺는 가지는 더 열매를 맺게 하려 하여 그것을 깨끗하게 하시느니라"(요 15:2).

히브리서 저자의 설명은 좀 더 자세하다.

"또 아들들에게 권하는 것같이 너희에게 권면하신 말씀도 잊었도다 일렀으되 내 아들아 주의 징계하심을 경히 여기지 말며 그에게 꾸지람을 받을 때에 낙심하지 말라 주께서 그 사랑하시는 자를 징계하시고 그가 받아들이시는 아들마다 채찍질하심이라 하였으니 너희가 참음은 징계를 받기 위함이라 하나님이 아들과 같이 너희를 대우하시나니 어찌 아버지가 징계하지 않는 아들이 있으리요 징계는 다 받는 것이거늘 너희에게 없으면 사생자요 친아들이 아니니라 또 우리 육신의 아버지가 우리를 징계하여도 공경하였거든 하물며 모든 영의 아버지께 더욱 복종하며 살려 하지 않겠느냐 그들은 잠시 자기의 뜻대로 우리를 징계하였거니와 오직 하나님은 우리의 유익을 위하여 그의 거룩하심에 참여하게 하시느니라"(히 12:5-10).

주님은 자기 교회를 사랑하기 때문에 교회의 순결을 보호하기 위해 필요할 때는 징계를 베풀며 훈육하신다. 주님은 우리에게 말씀으로 교회의 순결을 보호할 수 있는 방법을 가르치셨다. 마태복음 18장에는 교회 안에서 죄를 처리하는 방법이 잘 묘사되어 있다. 요즘 교회들은 대개 이 방법을 무시하는 탓에 스스로 해를 자초한다. 성경은 교회의 순결을 보호하지 못하면 심각한 결과에 직면할 것이라고 경고한다. 사도행전 5장의 아나니아와 삽비라는 성령과 교회를 속인 죄 때문에 회중이 모인 자리에서 갑작스레 절명했다. 바울은 고린도전서 11장에서 고린도 교회의 일부 신자들이 죽거나 병든 이유가 성만찬을 더럽히는 죄를 지었기 때문이라고 말했다.

　죄 때문에 신자의 삶이 불행해지거나 은밀한 부정행위 때문에 교회 지도자가 면직되는 것을 보면 주님이 교회 안에서 일하고 계신다는 것을 알 수 있다. 주님은 중보 사역을 통해 자기 백성을 보호하실 뿐 아니라 그들을 징계해 교회를 정결하게 하신다.

권위의 음성

　요한의 환상은 이번에는 그가 본 것이 아닌 들은 것을 묘사한다. 요한은 요한계시록 1장 15절에서 "그의 음성은 많은 물 소리와 같으며"라고 말했다. 밧모 섬에는 부드러운 모래사장도 없고, 잔잔하게 출렁이는 파도도 없다. 폭풍우가 불면 파도가 바위를 때리는 소리가 귀를 아프게 할 정도로 크다. 요한은 그런 격렬하고 인상적인 소리로 주님의 음성을 묘사했다. 이것은 에스겔서 43장 2절을 연상시킨다. 그리스도와 성부 하나님은 우레와 같은 권위의 음성으로 교회를 향해 말씀하신다.

　요한은 전에도 이 음성을 들은 적이 있다. 그리스도께서 변화하신 산에서 "이는 나의 아들 곧 택함을 받은 자니"(눅 9:35)라는 하나님의 음성이 크게 울려 퍼졌다. 신자의 특징 가운데 하나는 "내 양은 내 음성을 들으며 나는 그들을 알며 그들은 나를 따르느니라"(요 10:27)라는 말씀대로 그리스도의 권위를 인정하고, 그분의 말씀에 복종하는 것이다. 그리스도의 권위에 대한 복종은 신앙생활의 근본 요소에 해당한다. 예수님은 "너희가 나를 사랑하면 나의 계명을 지키리라"(요 14:15)라고 말씀하셨다.

목회자들은 종종 "하나님의 음성을 듣는 법을 배워야 할 필요가 있다. 마음을 기울여 그분의 작고 세미한 음성을 들을 수 있어야 한다."라고 말한다. 나는 그런 말이 무슨 의미인지 잘 모르겠다. 하나님은 작은 소리로 중얼거리지 않으신다. 그분은 자기 백성의 귀에 부드럽고 달콤한 말을 속삭이지 않으신다. 하나님이 교회를 향해 말씀하실 때는 확실하고 분명하게 말씀하신다. 그분의 음성은 성경의 거룩한 권위를 통해 교회 위에 우레처럼 울려 퍼진다.

하나님의 돌보심과 보호

주님은 교회를 향해 권위 있게 말씀하실 뿐 아니라 교회를 주권적으로 다스리신다. 요한은 그리스도께서 손에 무엇인가를 들고 계시는 것을 보았다. "그의 오른손에 일곱 별이 있고"(계 1:16). 예수님은 20절에서 "일곱 별은 일곱 교회의 사자요"라는 말씀으로 그 의미를 설명하셨다.

이 말씀을 둘러싸고 학자들과 주석가들 사이에서 많은 혼란이 빚어진다. '사자'로 번역된 헬라어 '앙겔로이'는 '천사들'을 의미할 수 있다. 그러나 그렇게 번역하면 말씀의 의미가 조금 이상해진다. 다시 말해

'천사들에게 주어 교회에 전하게 하실 메시지를 왜 굳이 요한에게 주신 것일까?'라는 의문이 생겨난다. 천사들과 의사소통을 하기가 어려워서 그렇게 하신 것일까? 그렇지 않다. 성경은 천사들에게 교회를 주관할 수 있는 권위를 부여하지 않는다. 오히려 성경은 천사들을 지도자가 아닌 섬기는 영으로 묘사한다(히 1:14).

'앙겔로이'를 성경의 다른 곳에서 번역한 대로(눅 7:24, 9:52; 약 2:25 참조) 천사가 아닌 '사자'로 번역하면 20절의 설명이 훨씬 더 간단하고 명료하게 이해된다. 이 말은 일곱 교회의 지도자, 곧 목회자를 가리킬 가능성이 매우 높다. 즉 당시의 교회 지도자들이 요한을 방문해 그가 받은 계시에 관해 듣고 나서 다시 교회로 돌아가서 그것을 신자들에게 전했을 가능성이 충분하다(누군가가 그런 역할을 했을 것이 틀림없다. 만일 그렇지 않았다면 오늘날 우리가 어떻게 요한계시록을 읽을 수 있겠는가?).

성경은 그들이 누구인지 구체적으로 밝히지 않는다. 그러나 요한이 본 환상의 메시지만은 너무나도 분명하다. 주님은 항상 목자들을 선택해 세우신다. 그분이 그들을 손에 붙들고 계신다는 것은 참으로 크나큰 위안을 느끼게 한다.

앞으로 살펴보겠지만, 당시의 소아시아는 몹시 암울한 상황이었다. 그곳의 교회들에서 영적 배교가 이루어지고 있었다. 박해가 일어나자 일부는 도망쳤고, 일부는 세상과 타협했다. 그러나 주님은 그런 와중에서도 교회 안에 충실한 사람들을 세워 일하게 하셨다.

이런 사실은 모든 시대의 교회에 똑같이 적용된다. 어리석고 무기력한 목회자들이 교회를 그릇 인도하거나 경건한 지도자들이 턱없이 부족할 경우에는 낙심할 수밖에 없고, 불충실한 목자들이 불경건하고 부도덕한 행위로 믿음을 저버리는 것보다 더 가슴 아픈 일은 없다. 삯꾼들과 거짓 교사들이 복음을 조롱하는 것을 보면 크게 탄식할 수밖에 없다. 그러나 그런 상황에서도 그리스도께서 항상 주권적으로 교회를 돌보신다는 사실을 잊어서는 안 된다. 주님은 항상 충실한 목자들을 불러 세우시고, 그들에게 은사를 주어 자기 양떼를 보살피게 하신다.

더욱이 주님은 사악한 행위와 그릇된 가르침으로 교회를 해친 사람들을 좌시하지 않으신다. 요한의 환상은 주님이 교회를 주권적으로 보호하신다는 것을 분명하게 보여준다. 요한은 계속해서 "그의 입에서 좌우에 날 선 검이 나오고"(계 1:16)라고 말했다. "날 선 검"은 장식용 칼이 아니다. 그것은 모든 것을 가차 없이 베어버리는 날이 넓은 칼, 곧 하나님의 진리의 칼을 가리킨다. 하나님은 장차 그 칼로 경건하지 않은 자들을 베어버리실 것이다(계 19:15, 21).

그러나 그 칼은 또한 교회 안에 있는 원수들을 처단하는 데에도 똑같이 사용된다. 그리스도께서는 이단과 거짓 교사들이 가득한 버가모 교회에게 보낸 편지에서 "내가 네게 속히 가서 내 입의 검으로 그들과 싸우리라"(계 2:16)라고 말씀하셨다. 주님은 진리의 검으로 교회의 순결을 위협하는 세력을 처단하신다.

히브리서 4장 12절은 하나님의 진리가 지닌 엄청난 힘을 생생하게 묘사한다. "하나님의 말씀은 살아 있고 활력이 있어 좌우에 날 선 어떤 검보다도 예리하여 혼과 영과 및 관절과 골수를 찔러 쪼개기까지 하며 또 마음의 생각과 뜻을 판단하나니." 진리의 검은 복음을 조롱하거나 잇속을 차리는 수단으로 삼는 거짓 교사들과 사기꾼들과 거짓말쟁이들을 처단하는 데 사용되는 주님의 가장 뛰어난 무기다. 그분은 자기 백성의 원수들에게 그 검을 휘둘러 그 누구도 교회를 해치지 못하게 하신다(마 16:18).

교회를 통해 드러난 하나님의 영광

그리스도의 외모를 묘사한 요한의 마지막 표현은 "그 얼굴은 해가 힘 있게 비치는 것 같더라"(계 1:16)는 말씀이다. 주님의 얼굴을 보는 것은 마치 맑은 날 정오의 태양을 정면으로 바라보는 것과 같았다. 이 찬란한 광채는 과연 무엇일까? 그것은 다름 아닌 '셰키나', 곧 성자 하나님의 얼굴에서 빛나는 하나님의 찬란한 영광을 가리킨다.

요한은 이 표현을 사사기 5장 31절("주를 사랑하는 자들은 해가 힘 있게 돋음 같게 하시옵소서")에서 빌려온 것으로 보인다. "그때에 의인들은 자기 아버지 나라에서 해와 같이 빛나리라"(마 13:43)라는 말씀에도 동일한 개념이 나타난다. 예수 그리스도의 인격을 통해 나타난 하나님의 영광이 교회를 통해 빛난다.

하나님의 백성들은 세상 앞에 그분의 영광을 드러낸다. 바울도 "어두운 데에 빛이 비치라 말씀하셨던 그 하나님께서 예수 그리스도의 얼굴에 있는 하나님의 영광을 아는 빛을 우리 마음에 비추셨느니라"(고후 4:6)라는 말씀으로 이 점을 분명하게 언급했다.

주님은 신자들의 변화된 삶을 통해 회개하지 않은 사람들이 복음에 관심을 기울이게 만드신다. 그분은 교회의 경건한 삶을 통해 사람들을 자기에게로 이끄신다. 그리스도께서는 "이같이 너희 빛이 사람 앞에 비치게 하여 그들로 너희 착한 행실을 보고 하늘에 계신 너희 아버지께 영광을 돌리게 하라"(마 5:16)라는 말씀으로 이 점을 분명하게 가르치셨다.

하나님이 죄인들을 구원해 교회를 세우시고, 그들의 변화된 삶을 통해 자신의 거룩한 영광을 나타내심으로써 더 많은 죄인들을 자기에게로 이끄신다는 것이 곧 교회의 궁극적인 존재 목적이다. 주님의 영광이 교회를 통해 찬란하게 빛나 어둡고 부패한 세상을 환하게 밝힌다.

두려움이 위로로 바뀌다

교회 안에서 이루어지는 그리스도의 사역을 생생하게 묘사한 말씀 앞에서 우리가 취할 수 있는 가장 적절한 반응은 무엇일까? 요한은 그리스도의 발 앞에 "죽은 자"(계 1:17)처럼 엎드렸다. 성경을 살펴보면 천상의 존재와 마주치거나 환상을 본 사람들은 모두 한결같이 강렬하고 압도적인 두려움에 사로잡혔던 것을 알 수 있다.

여호와의 사자가 나타나 삼손의 출생을 고지했을 때, 마노아는 자신의 아내에게 "우리가 하나님을 보았으니 반드시 죽으리로다"라고 말했다(삿 13:22).

이사야도 성전에서 환상 중에 하나님을 보자 크게 놀라며 "화로다 나여 망하게 되었도다 나는 입술이 부정한 사람이요 나는 입술이 부정한 백성 중에 거주하면서 만군의 여호와이신 왕을 뵈었음이로다"(사 6:5)라고 부르짖었다.

다니엘은 천사의 현현을 목격하고 나서 "나의 아름다운 빛이 변하여 썩은 듯하였고 나의 힘이 다 없어졌으나"(단 10:8)라고 말했다.

다소의 사울과 그의 일행들은 다메섹으로 가는 도중에 하늘에서 밝은 광채가 빛나자 모두 땅에 엎드렸다(행 26:13, 14).

변화산에서 하나님의 음성이 울려나자, 요한은 베드로와 야고보와 함께 땅에 엎드렸다(마 17:6).

회개하지 않은 사람들은 "산들과 바위에게 말하되 우리 위에 떨어져 보좌에 앉으신 이의 얼굴에서와 그 어린 양의 진노에서 우리를 가리라 그들의 진노의 큰 날이 이르렀으니 누가 능히 서리요"(계 6:16, 17)라는 말씀대로 장차 하나님의 심판 앞에서 크게 두려워 떨게 될 것이다.

오늘날 하나님을 보았다고 거짓으로 주장하는 사람들의 거만하고 경박한 태도와는 달리 실제로 그분을 본 사람들은 그 순간에 즉시 극심한 두려움을 느꼈다. 죄인들, 심지어는 구원받은 죄인들까지도 실제로 환상 중에 그리스도를 보면 크게 두려워하지 않을 수 없다. 그 이유는 그분의 영광 앞에 우리의 죄가 여지없이 드러나기 때문이다.

요한은 환상의 충격으로 인해 큰 두려움을 느꼈다. 주님의 임재 앞에서 주석 같은 심판의 발을 보고, 좌우에 날 선 검과 같은 말씀을 대한다면 우리도 생명을 잃은 시체처럼 엎드리지 않을 수 없을 것이다.

그러나 그런 두려움은 이내 확신과 위로로 바뀌었다. "그가 오른손을 내게 얹고 이르시되 두려워하지 말라 나는 처음이요 마지막이니 곧 살아 있는 자라 내가 전에 죽었었노라 볼지어다 이제 세세토록 살아 있어 사망과 음부의 열쇠를 가졌노니"(17, 18절).

이 간단한 말씀이 요한은 물론 모든 신자에게 엄청난 위로를 가져다 준다. 주님은 우리를 처단하는 분이 아니시다. 주님은 교회를 심판하고 정화하시지만 우리의 죗값은 이미 다 지불된 상태다. 주님은 한때는 죽음을 맛보셨지만 지금은 '세세토록 살아계신다.'

이 단순한 진리에서 비롯한 구원의 확신이 감사의 마음을 일깨워 우리를 크게 고무한다. 요한은 이 위대한 확신을 서두에서 분명하게 드러냈다. 그는 "우리를 사랑하사 그의 피로 우리 죄에서 우리를 해방하시고"(계 1:5)라고 말했다. 오직 그리스도만이 '사망과 음부의 열쇠'를 쥐고 계신다.

구원받은 사람들은 아무것도 두려워할 것이 없다. 예수님은 "나는 부활이요 생명이니 나를 믿는 자는 죽어도 살겠고 무릇 살아서 나를 믿는 자는 영원히 죽지 아니하리니"(요 11:25, 26)라고 말씀하셨다. 주님은 두려워하는 요한에게 그런 확신과 위로("네 죗값은 이미 다 지불되었다. 너는 나의 소유다. 그 무엇도, 심지어 네 자신의 죄도 이 사실을 변화시킬 수 없다")를 허락하셨다.

요한은 자신의 환상을 그릇 이해하지 않았다. 그는 그리스도께서 자기 교회를 심판하고자 하신다는 것을 알았다. 의로우신 재판관이 요한을 심판하기 위해 나타나지 않으셨다. 그분이 사랑하는 사도 앞에 나타나신 이유는 그에게 한 가지 임무를 맡기시기 위해서였다. 주님은 그에게 "네가 본 것과 지금 있는 일과 장차 될 일을 기록하라"(계 1:19)고 명령하셨다.

요한의 사명은 아직 다 끝나지 않았다. 그에게는 자신이 이미 본 것과 주님이 앞으로 소아시아 교회들에게 하실 말씀과 요한계시록의 나머지 부분에 나오는 예언적인 환상들을 기록해야 할 의무가 있었다. 주님의 말씀은 "일어나서 먼지를 털고, 네가 해야 할 일을 하라."는 뜻이었다.

이 확신과 격려는 모든 신자에게 똑같이 주어진다. 처음에는 교회를 심판하시려는 그리스도를 보고 두려움을 느끼지만 그분이 우리를 위해 행하신 일을 생각하는 순간 그 두려움은 이내 위로로 바뀐다. 그리스도께서 우리를 위해 죽으시고, 부활하셨기 때문에 우리는 아무것도 두려워할 필요가 없다.

그분은 우리를 구속하셨고, 우리를 위해 항상 중보 기도를 드리시며, 우리의 순결을 보호하시고, 충실한 목자들을 세워 자기 양떼를 돌보게 하신다. 우리는 아무런 자격이 없지만 주님은 우리에게 임무를 맡기신다. 우리의 임무는 또 한 권의 성경을 기록하는 것이 아니라 복음의 영광을 땅 끝까지 전하는 것이다.

이제는 힘써 일해야 할 때가 되었다.

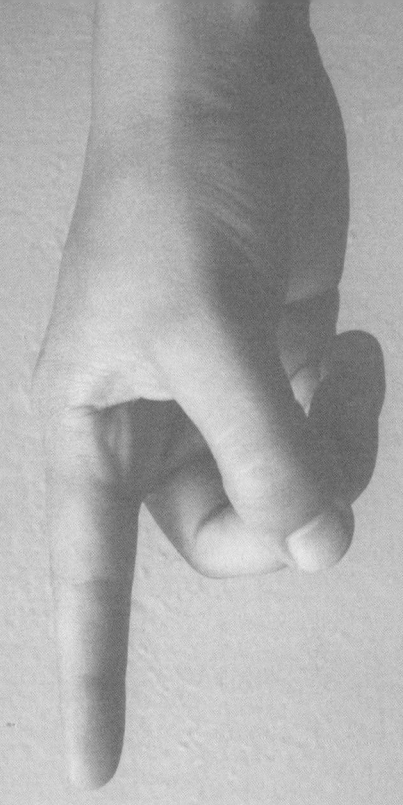

3장

처음 사랑을 버린 교회에 대한 예수님의 경고

: 에베소 교회

바리새인들은 예수님을 궁지에 몰아넣을 의도로 율법 가운데서 가장 중요한 계명이 무엇이냐고 물었다(마 22:36).

예수님은 그 물음에 "네 마음을 다하고 목숨을 다하고 뜻을 다하여 주 너의 하나님을 사랑하라 하셨으니 이것이 크고 첫째 되는 계명이요"(37, 38절)라고 대답하셨다(눅 10:27 참조).

하나님께 대한 사랑은 그분에 대한 헌신의 정도를 판단하는 가장 확실한 척도다. 예수님은 제자들에게 "나의 계명을 지키는 자라야 나를 사랑하는 자니 나를 사랑하는 자는 내 아버지께 사랑을 받을 것이요 나도 그를 사랑하여 그에게 나를 나타내리라…사람이 나를 사랑하면 내 말을 지키리니 내 아버지께서 그를 사랑하실 것이요 우리가 그에게 가서 거처를 그와 함께 하리라"(요 14:21, 23)라고 말씀하셨다. 예수님은 베드로의 진정한 속마음을 드러내기 위해 "네가 나를 사랑하느냐"라고 세 차례나 물으셨다(요 21:15-17).

"아버지나 어머니를 나보다 더 사랑하는 자는 내게 합당하지 아니하고 아들이나 딸을 나보다 더 사랑하는 자도 내게 합당하지 아니하며"(마 10:37)라는 말씀대로 그리스도께서는 우리의 온전한 사랑을 요구하신다.

하나님의 아들을 사랑하는 것이 곧 하나님의 참된 자녀라는 표징이다(요 8:42). 바울은 그리스도의 사랑이 신자들을 강권한다고 말했다(고후 5:14).

그리스도를 사랑하는 것이 참 신자의 특징이다. 참 신자는 항상 그리스도를 사랑한다. 그러나 그 사랑의 강도는 때에 따라 달라질 수 있다. 신자는 그리스도를 사랑하는 마음을 더욱 신장시키고, 주의를 기울여 잘 지켜야 한다. 그렇지 않으면 시간이 지나면서 그런 마음이 차츰 줄어들 수 있다.

사실 우리 중에 주님을 온전히 사랑한다고 장담할 수 있는 사람은 아무도 없다. 크고 첫째 되는 계명(마음과 목숨과 힘과 뜻을 다해 하나님을 사랑하는 것)은 불가능할 정도의 높은 기준을 제시한다. 육신의 연약함과 죄의 저주와 끈질긴 유혹을 비롯해 세상의 많은 일들이 우리의 관심과 사랑을 빼앗으려고 하기 때문에 온전한 마음으로 오로지 주님만을 사랑하기는 너무나도 어렵다.

우리도 바울 사도처럼 율법의 기준에 미치지 못하는 우리 자신을 한탄하지 않을 수 없다. 그는 "내가 한 법을 깨달았노니 곧 선을 행하기 원하는 나에게 악이 함께 있는 것이로다 내 속사람으로는 하나님의 법을 즐거워하되 내 지체 속에서 한 다른 법이 내 마음의 법과 싸워 내 지체 속에 있는 죄의 법으로 나를 사로잡는 것을 보는도다"(롬 7:21-23)라고 탄식했고, "원함은 내게 있으나 선을 행하는 것은 없노라"(18절)

라고 고백했다.

간단히 말해, 우리 가운데 크고 첫째 되는 계명을 단 한 시간도 온전히 지킬 수 있는 사람은 아무도 없다. 우리는 그런 우리의 부족함을 죄로 인정하고, 그것이 더 큰 죄를 짓는 계기가 될 수 있다는 점을 명심해야 할 필요가 있다.

하나님의 계명을 온전히 지킬 수 있는 능력이 없다고 해서 그 기준에 도달하려고 노력해야 할 의무가 사라지는 것은 결코 아니다. 그리스도를 더 많이 사랑하려고 노력하는 것이 모든 신자의 목표다. 우리의 마음을 여러 갈래로 나누고, 그리스도에 대한 사랑을 줄어들게 만드는 갖가지 유혹을 물리치기 위해 힘써 노력해야 한다. 이 의무를 소홀히 하는 것은 영적 재난을 자초하는 것이다.

에베소 교회에 보낸 그리스도의 편지보다 그분에 대한 사랑이 식어지는 데서 비롯하는 심각한 위험을 더욱 생생하게 묘사하고 있는 성경 본문은 없다.

이교주의의 한복판에 세워진 에베소 교회

소아시아는 이교 문화가 만연한 지역이었다. 로마 제국의 박해가 있기 전에도 그곳에서 복음을 전하기는 극도로 어려웠다. 그곳의 문화는 세속주의, 퇴폐와 방탕, 신비주의, 우상 숭배가 지배했다. 에베소는 그 지역의 중심지였다. 그곳의 수도는 버가모였지만 실질적인 중심지는 에베소였다. 50만 명에 달하는 시민이 거주했던 에베소는 '아시아의 등불'로 일컬어졌고, 그 지역의 패권 도시로 군림했다.

에베소는 소아시아의 주요 항구로서 그 지역으로 가는 사람들과 물건들은 모두 그곳을 거쳐야 했다. 항구는 도시에서 약 5킬로미터 떨어진 카이스트로스 강 입구에 위치했다. 항구는 지금은 사라지고 없다. 카이스트로스 강의 침적토에 의해 항구가 파묻히고 말았다(아마도 이것이 에베소가 오늘날 폐허로 변하게 된 이유일 것이다). 에베소는 항구로서의 가치만이 아니라 로마 제국의 주요 통상로 네 곳이 교차하는 지점이기도 했다. 에베소는 아시아의 등불은 물론, 거대한 시장이었다. 당시의 세계를 여행할 것 같으면 에베소는 반드시 거쳐 가야 할 도시였다.

따라서 에베소는 문화와 오락의 중심지일 수밖에 없었다. 그곳에는 25,000명을 수용할 수 있는 극장이 있었다. 매년 봄이면 고대 올림픽 경기와 쌍벽을 이루는 스포츠 행사가 개최되었다. 운동과 연극과 행렬과 이교 의식이 거창하고 화려하게 펼쳐졌다.

바울이 에베소의 경기를 염두에 두고 "내가 오순절까지 에베소에 머물려 함은 내게 광대하고 유효한 문이 열렸으나 대적하는 자가 많음이라"(고전 16:8, 9)라고 말했을 가능성이 높다. 순례자들과 구경꾼들이 지중해 지역 전역에서 모여든 상황은 복음을 전할 수 있는 좋은 기회가 되었을 것이 틀림없다.

다른 무엇보다도 에베소를 가장 돋보이게 만든 것은 아데미 신전이었다. 고대 세계의 7대 불가사의 가운데 하나인 아데미 신전은 번쩍이는 대리석으로 건축되었고, 도시의 한 블록 크기에 달하는 규모를 자랑했다. 이 신전은 우뚝 솟아 주변의 전경을 압도했을 뿐 아니라 에베소의 삶 전체를 지배했다. 당시 사람들은 이 신전을 종교적인 용도 외에도 박물관, 거대한 장터, 소아시아 최고의 부자들을 위한 은행은 물론 심지어는 범죄자들의 은신처로 사용되었다.

물론 신전의 가장 중요한 기능은 고대 그리스 로마 세계에서 가장 신성한 여신으로 추앙되던 아데미(다이아나)를 숭배하는 것이었다. 신전에는 매일 사제들, 거세된 남자들, 신전 창기들, 음악가들, 무용수들을 비롯해 많은 예배자들이 넘쳐났다. 예배 의식은 술 취함, 방탕한 행위, 부도덕한 성관계, 격렬한 자해 행위 등, 광란 그 자체였다. 참으로 끔찍하고 혐오스런 의식이었다.

헤라클레이토스는 BC 5세기에 에베소에서 태어나 살았던 헬라 철학자였다. 심지어 그조차도 자신의 고향 도시에서 벌어지는 온갖 해괴한 현상에 경악을 금하지 못했다. 그는 그곳의 문화를 어둡고 사악한 문화로 묘사했고, 동료 시민들의 도덕성이 짐승보다 못하다고 말했다. 그는 "에베소인들은 마지막 한 사람까지 모조리 교수형에 처해야 마땅하다."라고 질타했다.[1] 영적인 어둠과 부패가 지배했던 에베소는 교회를 설립할 장소로는 매우 부적합한 곳이었음이 틀림없다.

그러나 복음은 그곳에서 왕성하게 피어났을 뿐 아니라 소아시아 전

---

1) Robin Waterfield, ed., *The First Philosophers: The Presocratics and Sophists* (Oxford: Oxford University, 2000), 45.

지역으로 널리 퍼져나갔다.

에베소 교회는 충실한 영적 지도자들의 가르침을 받는 축복을 누렸다. 아마 역사상 그 어떤 교회도 그런 축복을 누리지는 못했을 것이다. 사도행전에 따르면, 에베소에 최초로 복음을 전한 사람은 바울의 동역자인 브리스길라와 아굴라였던 것으로 나타난다(행 18:18, 19). 아마도 그들에 의해 교회가 설립되었을 것이다.

그 후 곧 아볼로라는 사람이 그들과 합류했다. 그는 '성경(구약 성경)에 능통했고', '열심이 있었다'(24, 25절). 그가 회당에서 가르치는 것을 본 브리스길라와 아굴라는 그가 단지 '요한의 세례만 알고 있다.'는 사실을 발견했다(25절). 이는 아볼로가 세례 요한의 가르침만을 전했다는 의미다. 그런 그에게 복음을 처음 가르친 사람은 브리스길라와 아굴라였다(26절). 바울은 다시 돌아와서 세례 요한의 제자들을 만나 그리스도를 믿는 믿음을 갖도록 이끌었다(행 19:1-7). 이들이 에베소 교회의 기초가 되었다.

바울은 3년 동안 에베소에 머물면서 충실한 가르침으로 교회를 성장시켰다. 그의 사역을 통해 "아시아에 사는 자는 유대인이나 헬라인이나 다 주의 말씀을 듣게 되었다"(행 19:10). 에베소가 전략적인 요충지였던 덕분에 복음은 사방으로 퍼져나갔다. 바로 이 시기에 에베소에서부터 복음이 널리 확산되면서 고대의 우편 경로를 따라 소아시아의 다른 교회들이 하나씩 설립되었다.

성경은 "하나님이 바울의 손으로 놀라운 능력을 행하게 하시니 심지어 사람들이 바울의 몸에서 손수건이나 앞치마를 가져다가 병든 사람에게 얹으면 그 병이 떠나고 악귀도 나가더라"(행 19:11, 12)는 말씀으로 당시의 일을 증언한다. 성령께서 기적을 통해 복음의 능력과 메시지를 확실하게 보증하셨다.

당시 그곳에 있던 일부 퇴마사들은 바울의 능력을 시샘했고, 자기들도 그런 능력을 나타내 보이려고 애썼다(13절). 스게와의 아들들도 바울과 예수님의 이름으로 귀신을 쫓으려고 시도했다(14절). 그러자 악귀는 "내가 예수도 알고 바울도 알거니와 너희는 누구냐"라고 대답했다(15절). 그러고 나서 "악귀 들린 사람이 그들에게 뛰어올라 눌러 이기니 그들이 상하여 벗은 몸으로 그 집에서 도망하는" 일이 일어났다(16절). 거짓 퇴마사들은 크나큰 수치를 당해야 했다.

그 일로 인해 에베소 전체가 하나님을 두려워하며 주님의 이름을 높이 찬양하게 되었고, 또한 복음이 왕성하게 퍼지는 결과가 나타났다(17, 20절).

하나님께 대한 두려움이 커지면서 에베소에 만연한 우상 숭배와 특히 그것을 이용해 잇속을 차리는 세력에 심각한 타격이 가해졌다. "또 마술을 행하던 많은 사람이 그 책을 모아 가지고 와서 모든 사람 앞에서 불사르니 그 책 값을 계산한즉 은 오만이나 되더라"(19절). 데메드리오라는 이름의 은장색은 자기가 만드는 신상 모형을 판매하는 일에 타격을 입자, 동료 상인들을 불러 모아 소요를 일으켰다(21–41절). 교회가 그곳에서 세력을 떨치자 그들은 아데미 신전의 숭배 의식이 종말을 고하게 될까 봐 두려워했다.

그릇된 이교주의와 사악한 관습에 깊이 물든 고대의 도시 한복판에서 소수의 사람들이 한데 모여 예수 그리스도의 메시지를 충실하게 전파했다. 그런 열악한 환경 속에서도 은혜의 복음에 의한 역사상 가장 위대한 승리로 일컬어질 수 있는 일들이 이루어졌다. 교회는 바울, 디모데(딤전 1:3), 오네시보로(딤후 1:16, 18), 두기고(딤후 4:12)를 거쳐 요한으로 이어지는 지도자들의 인도 아래 크게 번성했다. 그런 충실한 목회자들의 인도를 받은 교회는 역사상 어디에도 없었다.

그러나 앞으로 살펴보겠지만, 그런 놀라운 특권도 교회가 죄를 짓는 것을 막을 수는 없었다.

인사말과 칭찬

물론 에베소 교회에 그런 나쁜 일만 있었던 것은 아니다. 사실 주님은 에베소 교회의 믿음과 섬김을 칭찬하기도 하셨다.

요한계시록 2장 1절은 "에베소 교회의 사자에게 편지하라 오른손에 있는 일곱 별을 붙잡고 일곱 금 촛대 사이를 거니시는 이가 이르시되"라고 말씀한다. 누구로부터의 편지인지를 조금의 혼란이나 실수 없이 분명하게 알 수 있는 대목이다. 요한이 기록하고, 다른 사람들이 그것을 손으로 전달했을지라도 편지의 저자는 다름 아닌 주님이셨다. 이것은 주님이 직접 전하신 권위 있는 말씀이었다.

주님은 "내가 네 행위와 수고와 네 인내를 알고 또 악한 자들을 용납하지 아니한 것과 자칭 사도라 하되 아닌 자들을 시험하여 그의 거짓된 것을 네가 드러낸 것과 또 네가 참고 내 이름을 위하여 견디고 게으르지 아니한 것을 아노라"(2, 3절)라고 말씀하셨다.

이것은 성숙한 그리스도인이라면 누구나 다니고 싶어 할 교회의 모습이 아닐 수 없다. 주님은 그들의 충실한 믿음을 상세하게 설명하면서 칭찬을 아끼지 않으셨다. 그분은 "네 행위와 수고를 안다."고 말씀하셨다. '수고'는 헬라어 '코포스'를 번역한 것이다. 이 말은 지칠 때까지 노력한다는 뜻, 즉 단지 육체만이 아니라 정신과 감정의 힘까지 모두 소진할 정도로 열심히 일한다는 뜻이다.

에베소 교회는 하나님 나라를 위해 진력했고, 복음을 위해 최선을 다했다. 그들은 게으르거나 무관심하지 않았다. 그들은 부지런했고, 그리스도의 대의를 위해 모든 것을 아낌없이 헌신했다.

부지런한 에베소 교인들은 교회를 자신들의 즐거움과 만족을 위해 존재하는 오락장처럼 생각하는 오늘날의 많은 사람들과 분명하게 대조된다. 관객들만 가득한 현대의 교회들이 많다. 그러나 에베소 교회는 그렇지 않았다. 그들은 자신들이 하나님 나라의 일을 열심히 하기 위해 부르심을 받았다는 것을 잘 알고 있었다. 그들은 복음을 위해 힘써 일하는 것을 기쁨으로 삼았다.

에베소 교회는 그런 행위에만 능했던 것이 아니라 인내까지도 탁월했다(2절). 이것은 체념이나 포기를 모르는 완강한 태도와는 거리가 멀다. 여기에 사용된 헬라어 '후포모네'는 '~아래 머물다.'라는 의미다. 이것은 역경과 고난과 손실과 박해를 기꺼이 받아들이는 고귀한 용기, 곧 역경과 반대에 부딪친 상황에서도 묵묵히 견디며 극복해 나가는 태도를 의미한다.

2절은 "악한 자들을 용납하지 아니한 것"이라는 말로 계속해서 그들의 경건한 삶을 묘사한다. 에베소 신자들은 죄와 악의 현실에 민감했다. 하나님이 악을 미워하시는 것처럼 그들도 악을 미워했고, 교회의 증언과 교제에 미치는 죄의 악영향을 심각하게 받아들였다. 즉 그들은 "적은 누룩이 온 덩이에 퍼지느니라"(갈 5:9)라는 말씀의 의미를 옳게 이해했다.

그들은 교회의 권징에 대한 그리스도의 가르침을 따랐고(마 18:15-20), 자기들 안에 있는 죄를 묵과하지 않았다. 바울은 에베소 교회에 보낸 편지에서 그들에게 "마귀에게 틈을 주지 말라"(엡 4:27)라고 당부했다. 그리스도의 칭찬의 말씀은 그들이 교회를 해치려는 사탄의 시도를 충실하게 경계했다는 것을 보여준다.

또한 에베소 교회는 분별력이 뛰어났다. 그들은 "자칭 사도라 하되 아닌 자들을 시험하여 그의 거짓된 것을…드러냈다"(계 2:2).

초대 교회는 시작부터 거짓 교사들의 공격을 받았다. 1세기에는 유대주의와 율법주의, 영지주의와 비의적인 지식, 율법폐기론과 방탕한 삶, 거짓 복음과 이단 사상 등이 만연했다.

요한은 에베소에서 쓴 것으로 추정되는 자신의 두 번째 서신에서 신자들에게 이렇게 경고했다. "미혹하는 자가 세상에 많이 나왔나니… 누구든지 이 교훈을 가지지 않고 너희에게 나아가거든 그를 집에 들이지도 말고 인사도 하지 말라"(요이 1:7, 10)고 당부했다.

그리스도께서도 산상설교에서 "거짓 선지자들을 삼가라 양의 옷을 입고 너희에게 나아오나 속에는 노략질하는 이리라"(마 7:15)라는 말씀으로 거짓 교사들이 일으킬 해악에 대해 경고하셨다.

바울은 에베소 교회를 떠나면서 "내가 떠난 후에 사나운 이리가 여러분에게 들어와서 그 양떼를 아끼지 아니하며 또한 여러분 중에서도 제자들을 끌어 자기를 따르게 하려고 어그러진 말을 하는 사람들이 일어날 줄을 내가 아노라 그러므로 여러분이 일깨어 내가 삼 년이나 밤낮 쉬지 않고 눈물로 각 사람을 훈계하던 것을 기억하라"(행 20:29-31)라고 장로들에게 간곡히 당부했다.

에베소 신자들은 이런 경고의 말들을 진지하게 받아들여 주님을 위해 말한다고 주장하는 사람들을 주의 깊게 '시험했다.'

요한계시록 2장 6절도 에베소 교회의 뛰어난 분별력을 크게 칭찬했다. "오직 네게 이것이 있으니 네가 니골라 당의 행위를 미워하는도다 나도 이것을 미워하노라."

니골라 이단은 역사 속으로 사라졌기 때문에 그들이 무엇을 가르쳤고, 또 주님이 왜 그들의 행위를 미워하셨는지에 대해 정확히 알기가 어렵다.

그들은 버가모 교회에 보낸 편지에서 다시 언급되어 나타나는데 그곳에 보면 그들의 가르침이 발람의 우상 숭배와 관련이 있는 것을 알 수 있다. 그 점으로 미루어 볼 때 그들의 종교 행위에는 성적 부도덕과 우상 숭배가 포함되었던 듯하다.

초기 교부들의 글에서도 그들에 대한 약간의 정보를 발견할 수 있다. 이레나이우스는 니골라 당이 "무절제한 도락을 즐겼다."고 말했고,[2] 알렉산드리아의 클레멘스는 그들이 "마치 육체를 멸시하기라도 하는 것처럼 쾌락에 몸을 맡겨 방탕한 삶을 살았다."라고 말했다.[3]

니골라 당의 행위가 무엇인지는 정확히 알 수 없지만 에베소 신자들이 그들의 부패한 영향을 받지 않기 위해 경건한 분별력을 발휘한 것은 분명하다. 그들은 니골라 당의 이단 사상을 미워했다. 그 점은 하나님도 마찬가지이셨다.

에베소 교회는 어떻게 그런 칭찬받을 만한 분별력을 지니게 되었을까? 그것은 그들이 하나님의 진리에 정통했기 때문이다. 에베소 교회는 가르침을 잘 받은 교회였다. 그들은 초대 교회 안에서 가장 명석하고 경건한 지성을 소유한 사람들의 지도를 받았다. 그러나 그들은 그런 유산에만 의존하지 않았다. 그들은 그것만 의존한다고 해서 저절로 모든 오류로부터 보호받을 수 있다고 생각하지 않았다. 그들은 자신들에게 전해진 원리와 교리들을 실천에 옮겼고, 끊임없이 공격해

---

[2] 다음 자료에서 인용했다. Merrill C. Tenney, *Interpreting Revelation* (Grand Rapids: Eerdmans, 1957), 61.

[3] Clement, *The Stromata, or Miscellanies*. 다음 자료에서 인용했다. Alexander Roberts and James Donaldson eds., *The Anti-Nicene Fathers*, 9 vols. (Edinburgh: T&T Clark, 1873) 2:373.

오는 거짓 교리들로부터 교회를 충실하게 지켜냈다.

현대 교회는 에베소 교회를 본받아야 할 필요가 있다. 단지 이런저런 유산만을 주장한다고 해서 믿음을 지킬 수 있는 것은 아니다. 교리를 분별하는 것은 어려운 일이지만 교회를 순결하게 보호하는 것은 우리가 하나님께 드릴 수 있는 가장 큰 제물 가운데 하나다.

마지막으로 주님은 "또 네가 참고 내 이름을 위하여 견디고 게으르지 아니한 것을 아노라"(3절)는 말씀으로 에베소 교회에 대한 칭찬을 마무리하셨다.

여기에서의 핵심은 그들의 내적 동기에 있다. 그들은 수십 년 동안 복음 사역을 위해 수고했고, 혹독한 박해를 견뎌냈으며, 교회의 순결을 신중하게 지켜냈고, 거짓 교사들의 끊임없는 위협으로부터 하나님의 백성을 힘써 보호했다. 그러는 동안 그들은 지치지 않았고, 실망이나 좌절에 사로잡히지 않았다. 이것이 주님이 충실한 에베소 신자들의 내적 동기가 개인적인 목적이나 잇속에 있지 않았다고 말씀하신 이유다.

그들은 주님의 이름을 위해 그 모든 일을 했다. 그리스도의 영광과 복음의 증언이 에베소 교회의 원동력이자 변함없는 목적이었다.

어느 모로 보나 에베소 교회는 지극히 모범적인 교회처럼 보인다. 그들은 겉으로는 충실한 신자들로 이루어진 강하고 순결한 공동체처럼 보였다. 그러나 주님의 눈은 '불꽃 같다.' 모든 것을 꿰뚫어 보시는 그분의 전지하신 눈을 피할 수 있는 것은 아무것도 없다. 표면 아래를 깊이 살펴보면 에베소 교회는 영적으로 치명적인 오류를 안고 있는 것으로 드러났다.

칭찬에서 책망으로

에베소 교회의 영적 실패와 그리스도께서 그들을 책망하신 이유가 "그러나 너를 책망할 것이 있나니 너의 처음 사랑을 버렸느니라"(4절)라는 말씀에 잘 드러나 있다.

그들은 한때는 어둠의 나라에서 구원받고 나서 불타오르는 마음으로 그리스도를 사랑했지만 그 불길은 시간이 지나면서 차츰 희미해졌다. 바울이 에베소 교회를 지도하는 때부터 요한이 밧모 섬에서 환상을 볼 때까지 약 40년의 세월이 흘렀다. 첫 세대의 열정은 차갑게 식었고, 둘째 세대는 단지 자기들에게 전해진 것을 따랐을 뿐이다. 그리스도에 대한 뜨거운 헌신이 냉랭한 의무로 대체되었다.

겉으로는 올바른 행동을 유지하고, 교리적인 정통성을 지켰지만 주님에 대한 섬김은 본래의 뜨거운 사랑에 의해 이루어지지 않았다. 단지 형식적인 행위, 곧 기계적인 경건만이 남아 있을 뿐이었다.

하나님은 그와 동일한 잘못을 저지른 이유로 이스라엘 백성을 여러 차례 엄히 꾸짖으셨다. 이스라엘 백성에 대한 엄중한 책망은 하나님에 대한 사랑이 차갑게 식도록 방치하는 행위가 얼마나 위험한 일인지를 분명하게 보여준다. 하나님은 예레미야 선지자에게 다음과 같이 명령하셨다.

"가서 예루살렘의 귀에 외칠지니라 여호와께서 이와 같이 말씀하시기를 내가 너를 위하여 네 청년 때의 인애와 네 신혼 때의 사랑을 기억하노니 곧 씨 뿌리지 못하는 땅, 그 광야에서 나를 따랐음이니라 이스라엘은 여호와를 위한 성물 곧 그의 소산 중 첫 열매이니 그를 삼키는 자면 모두 벌을 받아 재앙이 그들에게 닥치리라 여호와의 말씀이니라 야곱의 집과 이스라엘의 집 모든 족속들아 여호와의 말씀을 들으라 나 여호와가 이와 같이 말하노라 너희 조상들이 내게서 무슨 불의함을 보았기에 나를 멀리하고 가서 헛된 것을 따라 헛되이 행하였느냐 그들이 우리를 애굽 땅에서 인도하여 내시고 광야 곧 사막과 구덩이 땅, 건조하고 사망의 그늘진 땅, 사람이 그곳으로 다니지 아니하고 그곳에 사람이 거주하지 아니하는 땅을 우리가 통과하게 하시던 여호와께서 어디 계시냐 하고 말하지 아니하였도다 내가 너희를 기름진 땅에 인도하여 그것의 열매와 그것의 아름다운 것을 먹게 하였거늘 너희가 이리로 들어와서는 내 땅을 더럽히고 내 기업을 역겨운 것으로 만들었으며 제사장들은 여호와께서 어디 계시냐 말하지 아니하였으며 율법을 다루는 자들은 나를 알지 못하며 관리들도 나에게 반역하며 선지자들은 바알의 이름으로 예언하고 무익한 것들을 따랐느니라 그러므로 내가 다시 싸우고 너희 자손들과도 싸우리라 여호와의 말씀이니라 너희는 깃딤 섬들에 건너가 보며 게달에도 사람을 보내 이 같은 일이 있었는지를 자세히 살펴보라 어느

나라가 그들의 신들을 신 아닌 것과 바꾼 일이 있느냐 그러나 나의 백성
은 그의 영광을 무익한 것과 바꾸었도다 너 하늘아 이 일로 말미암아 놀
랄지어다 심히 떨지어다 두려워할지어다 여호와의 말씀이니라 내 백성
이 두 가지 악을 행하였나니 곧 그들이 생수의 근원되는 나를 버린 것과
스스로 웅덩이를 판 것인데 그것은 그 물을 가두지 못할 터진 웅덩이들
이니라"(렘 2:2-13).

하나님은 에스겔 선지자를 통해서도 첫 사랑을 버린 것이 얼마나 엄
중한 잘못인지를 일깨우는 말씀을 전하게 하셨다. 그분은 자기와의
관계를 저버린 이스라엘 백성을 엄히 책망하셨다.

"내가 네 곁으로 지나며 보니 네 때가 사랑을 할 만한 때라 내 옷으로 너
를 덮어 벌거벗은 것을 가리고 네게 맹세하고 언약하여 너를 내게 속하
게 하였느니라 나 주 여호와의 말이니라 내가 물로 네 피를 씻어 없애
고 네게 기름을 바르고 수놓은 옷을 입히고 물돼지 가죽신을 신기고 가
는 베로 두르고 모시로 덧입히고 패물을 채우고 팔고리를 손목에 끼우
고 목걸이를 목에 걸고 코고리를 코에 달고 귀고리를 귀에 달고 화려한
왕관을 머리에 씌웠나니 이와 같이 네가 금, 은으로 장식하고 가는 베
와 모시와 수놓은 것을 입으며 또 고운 밀가루와 꿀과 기름을 먹음으로
극히 곱고 형통하여 왕후의 지위에 올랐느니라 네 화려함으로 말미암아
네 명성이 이방인 중에 퍼졌음은 내가 네게 입힌 영화로 네 화려함이 온

전함이라 나 주 여호와의 말이니라 그러나 네가 네 화려함을 믿고 네 명성을 가지고 행음하되 지나가는 모든 자와 더불어 음란을 많이 행하므로 네 몸이 그들의 것이 되도다"(겔 16:8-15).

이런 맥락에서 보면, 에베소 교회에 대한 그리스도의 칭찬마저도 책망의 일부가 되고 만다. 사실 그분의 말씀에는 "그렇다. 너는 교리적으로나 도덕적으로 순결하다. 너는 열성적이고, 부지런하고, 절도가 있다. 너는 이교주의의 한복판에서 태어났고, 표적과 기사를 통해 그 진실함이 입증되었다. 너는 복음의 확장을 통해 굳게 세워졌고, 가장 뛰어난 지도자들의 인도를 받았으며, 지금까지 그들의 풍성한 유산을 누리고 있다. 너는 모든 것을 가졌다. 너는 여전히 충실하게 행동하고, 일하고, 베풀고, 믿는다. 너는 여전히 예배하고, 진리를 굳게 붙잡는다. 그러나 너는 예전처럼 나를 사랑하지 않는다."라는 의미가 담겨 있다.

주님의 메시지는 분명하다. 그것은 "돌이켜라. 나를 버리지 말라."라는 것이다.

어떤 신자나 교회든 이 위험에 빠질 수 있다. 특히 에베소 교회와 같은 교회들은 주님을 사랑하는 마음 없이 외적인 경건과 섬김의 행위에만 관심을 쏟기가 쉽다. 하나님 나라의 사역을 열심히 하는 것도 필요하고, 주님에 대한 뜨거운 사랑의 불길을 늘 활활 타오르게 만드는 것도 필요하다. 냉랭한 마음으로 기계적으로 하나님을 섬기는 것에

만족해서는 안 된다. 주님을 향한 마음이 차갑게 식도록 방치해서는 안 된다. 그로 인해 야기되는 결과는 너무나도 심각하다.

첫 사랑을 버리면 어떤 결과들이 연쇄적으로 나타나는지 잠시 생각해 보자. 그리스도에 대한 사랑이 식으면 영적으로 무감각해지기 시작한다. 영적으로 무감각해지면 다른 것을 사랑하게 된다. 다른 것을 사랑하면 주님을 사랑하는 마음이 분열되어 세상과 타협하게 되고 부패해져 결국에는 심판을 받게 된다. 그리스도께서 회개를 촉구한 다른 교회들에게 보낸 편지의 내용에서도 이런 일이 반복되어 나타나는 것을 알 수 있다.

그러나 에베소 교회는 아직 완전히 벼랑 아래로 떨어지지는 않았다. 비록 첫 사랑을 버리고 영적으로 무감각해졌지만 아직은 주님 외에 다른 것에 마음을 송두리째 바치지 않았고, 세상과 타협해 완전히 부패해지지도 않았다. 죄를 뉘우치고 다시금 이전처럼 주님을 사랑할 수 있는 기회가 남아 있었다.

회개의 촉구

그리스도께서는 그들에게 회개하라고 명령하셨다. "그러므로 어디서 떨어졌는지를 생각하고 회개하여 처음 행위를 가지라 만일 그리하지 아니하고 회개하지 아니하면 내가 네게 가서 네 촛대를 그 자리에서 옮기리라"(계 2:5). 이것이 위대한 의원이신 주님이 차갑게 식어가는 그들의 사랑을 다시 회복하기 위해 내린 처방이었다.

주님에 대한 사랑을 새롭게 회복하기 위한 첫 단계는 "어디에서 떨어졌는지를 생각하는 것"이다. 그리스도 안에서 새 생명을 얻은 날을 생각하라. 죄에서 해방되어 하늘을 찌를 듯한 영광스러운 자유를 만끽했던 날을 기억하라. 구원받은 마음에서 우러나는 감사와 주님의 기쁨을 느꼈던 나를 기억하라. 하나님의 백성을 사랑하고, 말씀을 끊임없이 갈망했던 날을 생각하라. 성령의 내적 조명이 이루어지고, 마음과 의지와 생각이 변화되었던 날을 기억하라. 성경적인 참된 확신에서 비롯하는 위로를 처음 느껴본 날을 기억하라.

그리스도에 대한 사랑의 불길을 활활 타오르게 하려면 이런 일들을 자주 생각해야 한다.

그러나 주님은 단지 막연한 바람을 첫 사랑으로 오해하지 않기를 바라셨다. 그분은 "회개하여 처음 행위를 가지라"고 말씀하셨다. 이것이 사랑의 관계를 실제로 회복하는 방법이다. 다시 이전으로 돌아가서 처음에 했던 대로 해야 한다.

냉랭한 마음으로 주님을 기계적으로 섬기는 행위를 중단하고, 헌신적인 사랑에 근거한 습관들을 되살려야 한다. 참된 회개의 확실한 증거는 도외시했던 이전의 행위를 다시 회복하는 것이다. 에베소 교회는 하나님과 그분의 말씀과 그 나라의 사역에 이전처럼 성심을 다해 헌신하는 것이 필요했다.

우리는 주님이 에베소 교회에게 회개하라고 명령했다는 사실에서 큰 위로를 발견할 수 있다. 그리스도를 사랑하는 마음을 아무런 노력 없이 잘 유지해 나갈 수 있는 그리스도인은 아무도 없다. 죄는 비록 순간적이거나 일시적이긴 하지만 항상 그리스도에 대한 우리의 헌신을 방해하고 약화시킬 기회를 노린다.

그러나 에베소 교회가 어디에서 떨어졌는지를 생각하면 그런 추락이 영원한 결말이 아니며, 우리의 사랑이 새롭게 되고, 우리의 관계가 회복될 수 있다는 강한 확신과 위로를 얻을 수 있다. 하나님은 심판 중에도 은혜가 풍성하시고, 회개를 엄히 명령하면서도 긍휼을 잃지 않으신다.

만일 교회가 그리스도의 경고를 귀담아 듣지 않고, 첫 사랑을 회복하지 않으면 어떻게 될까? 주님은 "회개하지 아니하면 내가 네게 가서 네 촛대를 그 자리에서 옮기리라"고 말씀하셨다. 주님은 자기에 대한 사랑이 식어가는 교회를 용납하지 않으신다. 에베소 교회가 회개하지 않으면 주님은 그들의 촛대를 옮기실 것이었다. 이것은 곧 에베소 교회의 종말을 뜻한다.

에베소 교회가 회개하라는 그리스도의 명령에 어떻게 반응했는지를 알 수 있는 역사적 자료는 없다. 아마도 심판하시겠다는 그리스도의 경고에 귀를 기울여 한동안 첫 사랑을 다시 회복했을 수도 있다.

그러나 결과적으로 주님은 그 교회의 촛대를 옮기셨다. 오늘날 에베소에는 교회가 없다. 심지어는 에베소라는 도시마저도 존재하지 않는다. 영적으로 그렇게 왕성하던 교회가 결국은 종적도 없이 사라지고 말았다. 그렇다면 그와 동일한 잘못을 저지르는 교회는 어느 교회든 그런 심판을 받게 될 것이 분명하지 않겠는가?

우리는 "모든 지킬 만한 것 중에 더욱 네 마음을 지키라 생명의 근원이 이에서 남이니라"(잠 4:23)라는 솔로몬의 지혜로운 조언에 귀를 기울여야 할 필요가 있다.

하나님에 대한 이스라엘 백성의 사랑이 차갑게 식어지자 많은 선지자들이 그들에게 회개를 촉구했다. 호세아도 그런 선지자들 가운데 하나였다. 그는 방탕한 이스라엘 민족을 향해 위로와 약속이 담겨 있는 말씀으로 간절히 회개를 촉구했다.

"이스라엘아 네 하나님 여호와께로 돌아오라 네가 불의함으로 말미암아 엎드러졌느니라 너는 말씀을 가지고 여호와께로 돌아와서 아뢰기를 모든 불의를 제거하시고 선한 바를 받으소서 우리가 수송아지를 대신하여 입술의 열매를 주께 드리리이다 우리가 앗수르의 구원을 의지하지 아니하며 말을 타지 아니하며 다시는 우리의 손으로 만든 것을 향하여 너희는 우리의 신이라 하지 아니하오리니 이는 고아가 주로 말미암아 긍휼을 얻음이니이다 할지니라"(호 14:1-3).

그렇게 회개하면 하나님은 "내가 그들의 반역을 고치고 기쁘게 그들을 사랑하리니"(4절)라고 약속하신다.

그리스도께서도 요한계시록 2장에서 권고와 약속의 말씀으로 에베소 교회를 위한 편지를 마무리하셨다. "귀 있는 자는 성령이 교회들에게 하시는 말씀을 들을지어다 이기는 그에게는 내가 하나님의 낙원에 있는 생명나무의 열매를 주어 먹게 하리라"(계 2:7). 이것은 에베소 교회에게만 주어진 약속이 아니다. 이 말씀은 이 편지를 읽는 모든 사람에게 적용된다. "귀 있는 자는 성령이 교회들에게 하시는 말씀을 들을지어다"라는 문구가 일곱 교회에 보낸 그리스도의 모든 편지에 반복되어 나타난다.

이런 사실은 이 편지들이 한정된 청중을 위해 일시적으로 주어진 것이 아니라는 의미를 담고 있다. 이 편지들은 시대와 장소를 막론하고 역사상의 모든 신자와 모든 교회에게 주어진 경고다. 이것은 단지 에베소 교회만을 위한 경고가 아니다. 온 교회가 이 말씀의 중대성을 깊이 의식해야 할 필요가 있다.

베드로를 통해 주어진 하나님의 말씀, 곧 "하나님의 집에서 심판을 시작할 때가 되었나니"(벧전 4:17)라는 말씀은 이 점을 더욱 강조한다.

'이기는 자'에게는 약속이 주어진다. 이와 비슷한 문구가 모든 편지에 사용되었다. '이기는 자들'에게는 항상 축복이 주어진다. 이것은 고차원적인 영적 생활에 도달하라는 요구가 아니라 단지 참 신자의 표징을 설명한 것이다. 요한의 첫 번째 서신은 그리스도께서 무슨 의도로 그렇게 말씀하셨는지를 분명하게 보여준다. "무릇 하나님께로부터 난 자마다 세상을 이기느니라 세상을 이기는 승리는 이것이니 우리의 믿음이니라 예수께서 하나님의 아들이심을 믿는 자가 아니면 세상을 이기는 자가 누구냐"(요일 5:4, 5). 참 신자는 누구나 '이기는 자'이다. 참 신자는 주 예수님을 믿는 믿음을 통해 어둠의 세상에서 하나님 나라의 빛 가운데로 옮겨졌다.

주님은 이기는 자들에게 풍성한 축복을 약속하셨다. 그들에게는 "하나님의 낙원에 있는 생명나무의 열매를 주어 먹게 할"(계 2:7) 것이다. '생명나무'는 에덴동산에서 선악을 알게 하는 나무와 함께 처음 언급되었다(창 2:9). 아담과 하와는 죄를 짓고 타락한 뒤에 에덴동산에서 추방되어 더 이상 생명나무에 접근할 수가 없었다(창 3:22-24). 그들에게는 죽음이 선고되었다. 생명나무는 요한계시록 22장에서 다시 나타난다(2, 14, 19절). 이 경우에는 천국에서 하나님과 영생을 누리는 것을 상징한다.

이기는 자들에게 주어진 그리스도의 약속은 명확하고 분명하다. 그분은 "나를 믿으면 멸망해 가는 세상에서 구원받아 영원히 나와 함께 거하게 될 것이다."라고 약속하셨다. 교회의 죄로 인해 하나님의 백성에게 주님의 심판이 주어진다고 해도 그들의 구원은 사라지지 않는다. 이것은 신자의 영원한 안전을 보장하는 약속이다. 신자는 자주 넘어져 하나님의 거룩한 기준을 충족시키지 못할지라도 구원을 잃지 않는 '이기는 자'이다. 주님이 우리를 굳게 붙잡아 하나님의 낙원으로 인도해 영원히 살게 하신다(요 6:37, 39 참조).

이 편지를 처음 에베소 교회에서 읽는 것을 사람들이 들었을 때 어땠을지 생각해 보라. 죄를 뉘우쳐 첫 사랑을 회복하지 않으면 교회를 흔적도 없이 사라지게 하시겠다는 주님의 경고의 말씀을 들을 때 그들이 느꼈을 두려움을 상상해 보라. 그들은 모두 심한 공포를 느꼈을 것이다.

그러나 그리스도께서는 구원받은 교회를 위해 위로의 약속을 허락하셨다. 그분은 "사랑이 식었을 때는 회개하라. 만일 회개하지 않으면 일시적으로 심판을 받게 될 것이다. 그러나 너희의 미래는 나와 함께 여전히 안전하다."라고 말씀하셨다.

우리는 교회에 대한 그리스도의 경고에 주의를 기울이면서도 우리의 구원이 안전하다는 것을 알고 안심해야 한다. 그 무엇도, 심지어는 우리의 그릇된 실패조차도 우리를 하나님의 사랑에서 끊을 수 없다(롬 8:38, 39).

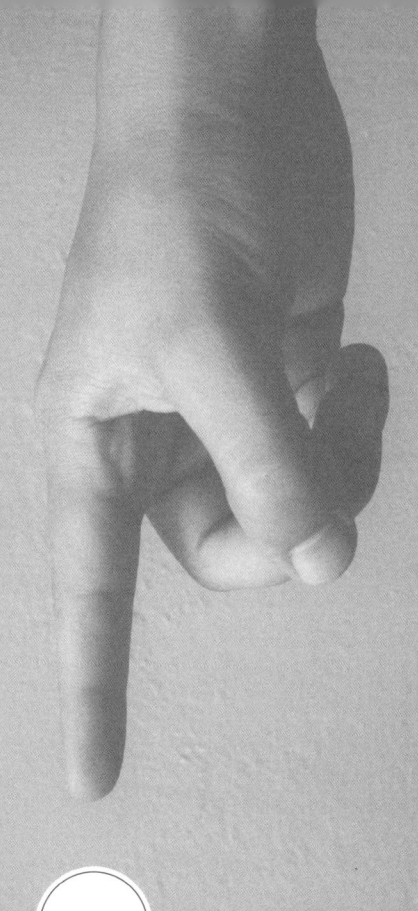

4장

박해받는 교회에 대한
예수님의 메시지

: 서머나 교회

나는 지금까지 동유럽과 옛 소비에트연방 국가를 여러 차례 여행하는 기회를 가졌다. 나는 그런 여행의 기회를 통해 공산국가 러시아에서 혹독한 박해를 받았던 목회자들을 많이 만났다.

그들은 자신들이 당했던 고통을 털어놓으면서 교육도 제대로 받을 수가 없었고, 직업 활동도 하기가 힘들었다고 말했다. 그들은 정부 당국의 감시 아래 온갖 학대를 받으며 살았다. 시베리아로 추방된 사람들도 있었고, 신앙 때문에 목숨을 잃은 사람들도 있었다. 대다수 교회는 비밀리에 모였고, 발각될 때는 투옥과 고문은 물론, 심지어는 죽음까지 각오해야 했다.

그것이 공산주의라는 폭압적인 무신론 사회에서 사는 삶이었다. 지금도 공산주의나 이슬람주의가 지배하는 국가들에서 살아가는 그리스도인들은 그와 비슷한 상황에 직면해 있다.

그러나 철의 장막이 무너지고 난 후, 박해받던 교회들이 놀라운 힘을 발휘하는 것을 보고는 나는 깜짝 놀라지 않을 수 없었다. 나는 가는 곳마다 경건하고 헌신적인 그리스도인들을 만날 수 있었다. 박해가 그들을 진리에 열성적이고, 그리스도께 깊이 헌신하는 순결한 교회로 만들었다. 혹독한 박해로 인한 고난을 거치고 나자 그들은 참되고 살아 있는 믿음을 지니게 되었다.

서머나 교회의 신자들도 그와 비슷하게 박해를 통해 순결해졌다. 주님은 변함없이 충실했던 그들을 크게 칭찬하셨다. 그들은 역경과 고난 속에서 단련된 신앙 인격을 소유했다.

박해의 열매

주님은 제자들에게 "내 교회를 세우겠다."고 말씀하시면서 "음부의 권세가 이기지 못할 것"이라는 약속을 더하셨다(마 6:18). 음부는 사망을 완곡하게 표현한 말이다. 예수님의 말씀은 사탄이 교회를 격렬하게 공격할 것을 암시한다. 교회의 역사를 통해 알 수 있는 대로 사탄은 잠시도 쉬지 않고, 교회를 사정없이 마구 공격해 왔다. 온 세상이 하나님과 교회와 그분의 말씀을 미워한다.

따라서 그리스도인들은 언제라도 박해를 당할 수 있다는 것을 기억해야 한다. 바울은 디모데후서 3장 12절에서 "무릇 그리스도 예수 안에서 경건하게 살고자 하는 자는 박해를 받으리라"라고 말했다. 베드로도 신자들에게 "사랑하는 자들아 너희를 연단하려고 오는 불 시험을 이상한 일 당하는 것같이 이상히 여기지 말고"(벧전 4:12)라고 말했다.

고난은 특별한 일도 아니고, 아무런 목적 없이 주어지지도 않는다. "모든 은혜의 하나님 곧 그리스도 안에서 너희를 부르사 자기의 영원한 영광에 들어가게 하신 이가 잠깐 고난을 당한 너희를 친히 온전하게 하시며 굳건하게 하시며 강하게 하시며 터를 견고하게 하시리라"(벧전 5:10). 이 말씀은 신자들을 크게 위로한다. 이 세상에서의 수고와 고난은 헛되지 않다.

야고보는 시험과 고난을 당하거든 기뻐하라면서 "이는 너희 믿음의 시련이 인내를 만들어 내는 줄 너희가 앎이라 인내를 온전히 이루라 이는 너희로 온전하고 구비하여 조금도 부족함이 없게 하려 함이라"고 그 이유를 밝혔다(약 1:3, 4).

그리스도인들에게는 의미 없는 고난은 존재하지 않는다. 주님은 자기 교회를 세우기 위해 항상 우리를 정화하고 연단하신다.

박해는 정화하는 효과가 있다. 위선자와 사기꾼들은 박해를 견디지 못하고 도망친다. 교회가 공격을 받으면 이단과 삯꾼들은 오래 버티지 못한다. 하나님의 이름이 불법으로 간주되면 신앙을 사고파는 자들도 자리를 정리하고 달아난다. 박해는 거짓 교사, 거짓 복음, 거짓 신앙고백을 교회에서 제거한다.

만일 오늘날 박해의 풍랑이 또 한 차례 교회에 몰아닥친다면 오히려 유익할 것이다. 베드로가 말한 대로 가장 격렬한 박해도 우리에게 큰 영적 유익을 가져다준다. 박해는 우리의 믿음을 확증하고, 완전하게 하며, 주님께 대한 헌신을 강화한다. 세상은 일치단결해 교회를 대적하지만 교회는 박해를 통해 더욱 굳건해진다. 박해는 교회를 파괴하지 않고, 더욱 강하게 만든다.

바울은 자신의 직접적인 경험을 통해 이 진리를 분명하게 밝혔다.

"나에게 이르시기를 내 은혜가 네게 족하도다 이는 내 능력이 약한 데서 온전하여짐이라 하신지라 그러므로 도리어 크게 기뻐함으로 나의 여러 약한 것들에 대하여 자랑하리니 이는 그리스도의 능력이 내게 머물게 하려 함이라 그러므로 내가 그리스도를 위하여 약한 것들과 능욕과 궁핍과 박해와 곤고를 기뻐하노니 이는 내가 약한 그때에 강함이라"(고후 12:9, 10).

서머나의 상황이 바로 그와 같았다.

서머나와 서머나 교회

역사가들의 말에 따르면, 에베소에서 북쪽으로 약 65킬로미터 떨어진 에게 해 해안에 위치한 서머나는 소아시아에서 가장 아름다운 도시였다고 한다. 도시는 해안 어귀에서부터 기복이 있는 작은 언덕들과 '파고스(제우스, 아폴로, 아프로디테, 아스클레피오스, 키벨레를 비롯해 많은 신을 숭배하는 신전들이 모여 있는 언덕)'를 향해 뻗어 있었다.

그곳의 사람들은 모든 종교를 포용하기 위해 로마 황제와 로마 제국을 위한 신전들도 함께 마련해 두었다. 또한 서머나는 과학과 의학과 학자들로도 유명했다. 호메로스도 서머나에서 출생한 것으로 추정된다(그곳에는 그를 기리는 신전도 있다). 서머나는 그 지역에서 가장 오래된 도시 가운데 하나로 BC 3,000년 전에 처음 설립된 것으로 보인다.

요한 사도 당시의 서머나는 BC 290년에 알렉산더 대왕의 후계자들에 의해 재건되었다. 에베소와는 달리 서머나는 오늘날까지도 여전히 건재하다. 현재는 터키의 가장 큰 도시 가운데 하나인 이즈미르로 알려져 있다.

또한 서머나에는 지금도 그리스도인들이 존재한다. 교회는 가톨릭 교회, 콥트 교회, 동방 정교회, 시리아 정교회가 대부분을 차지하고 있지만 이즈미르에는 여전히 무슬림의 혹독한 박해 아래서도 성경을 믿는 충실한 그리스도인들이 살고 있다. 주님은 에베소에서는 결국 촛대를 옮기셨지만 서머나에는 지금까지 빛을 남겨 두셨다.

복음이 언제 처음 서머나에 전파되었는지는 정확히 알 수 없다. "아시아에 사는 자는 유대인이나 헬라인이나 다 주의 말씀을 듣더라"(행 19:10)라는 말씀으로 미루어 볼 때 바울이 에베소에서 사역하는 동안에 그곳에 교회가 설립되었을 가능성이 높다. 사도행전은 서머나 교회에 대해 어떤 정보도 제공하지 않는다.

이 충실한 교회에 대한 약간의 성경적인 정보는 모두 요한계시록에 기록된 그리스도의 말씀에 근거한다.

주님은 일곱 교회에게 보낸 편지에서 하신 대로 먼저 자신이 편지의 저자라는 사실을 분명하게 밝히셨다. 주님은 서머나 교회에게 "처음이며 마지막이요 죽었다가 살아나신 이"(계 2:8)라고 자신을 소개하셨다. 이것은 요한이 처음 환상을 보았을 때 주님이 그를 위로하기 위해 하신 말씀("두려워하지 말라 나는 처음이요 마지막이니 곧 살아 있는 자라 내가 전에 죽었었노라 볼지어다 이제 세세토록 살아 있어 사망과 음부의 열쇠를 가졌노니"-1:17, 18)과 비슷하다.

'처음이며 마지막'은 구약 성경에서 하나님을 가리키는 칭호로 사용되었다(사 44:6, 48:12 참조). 이 칭호는 그리스도의 신성과 권위를 확증한다. 그리스도께서는 요한계시록 말미에서도 이 칭호를 다시 사용하셨다. "나는 알파와 오메가요 처음과 마지막이요 시작과 마침이라"(계 22:13).

우리 하나님은 영원하시다. 그분은 만물이 창조되기 전에 이미 존재하셨고, 장차 만물이 종말을 고한 이후에도 영원히 살아계실 것이다. 하나님은 시간과 공간과 만물을 초월하신다.

그러나 주님은 비참한 죄인들을 위해 '죽었다가 다시 살아나셨다.' 무한하신 하나님이 어떻게 죽으실 수 있을까? 성자 하나님이신 예수 그리스도께서 성육신을 통해 인성을 취하시고, 우리를 대신해 속죄의 죽음을 죽으셨다. 베드로는 그리스도께서 "육체로는 죽임을 당하시고 영으로는 살리심을 받으셨으니"(벧전 3:18)라고 말했다.

히브리서 저자가 말한 대로 그분은 사람으로서 죄를 위해 죽으셨지만 지금은 '불멸의 생명의 능력을 따라' 영원히 살아 계신다. 예수님의 육체는 죽어 무덤에 장사되었다. 그러나 그리스도께서는 "음부에 버림이 되지 않고 그의 육신이 썩음을 당하지 아니하셨다"(행 2:31).

그리스도께서 죽은 자 가운데서 부활하신 것은 하나님이 그분의 희생을 죄를 위한 온전한 속죄 제물로 인정하셨다는 증거다. 부활은 그리스도와 함께 누릴 영생에 대한 소망을 보증한다.

이런 말씀은 박해를 당하는 서머나 교회에게 특별히 큰 위로가 되었을 것이 틀림없다. 수적으로 불리한 상태에서 멸시와 고통과 압제를 당하는 서머나 교회에게 그들이 감당해야 했던 고난보다 훨씬 더 큰 고난을 당하셨던 주님의 말씀을 듣는 것보다 더 큰 위로는 없었을 것이다(히 12:3, 4 참조). 주님이 그들의 편이 되어 주신다니 그 어떤 위협이나 심지어는 죽음까지도 능히 감당할 수 있었다. 그들은 요한복음에 기록된 그리스도의 약속("나는 부활이요 생명이니 나를 믿는 자는 죽어도 살겠고 무릇 살아서 나를 믿는 자는 영원히 죽지 아니하리니"-요 11:25, 26)을 굳게 붙잡았을 것이다. 죽음은 그리스도를 가두지 못한 것처럼 그들마저도 가둘 수가 없었다.

주님은 요한계시록 2장 9절에서 확신을 주는 말씀을 계속 이어가셨다. "내가 네 환난과 궁핍을 알거니와 실상은 네가 부요한 자니라 자칭 유대인이라 하는 자들의 비방도 알거니와 실상은 유대인이 아니요 사탄의 회당이라."

두말할 필요없이 서머나는 그리스도인으로서 살아가기에는 너무나 힘든 곳이었다. 그곳의 신자들은 사방에서 박해에 직면했다. 서머나는 로마 제국의 모든 것을 우러러보았고, 로마 황제를 숭배했다. 그들은 사실 로마 자체를 숭배했다. '로마 신(Dea Roma)'은 로마라는 도시를 인격화시킨 여신의 이름이었다.

도미티아누스 황제의 통치 기간 중에는 로마 황제에게 매년 희생 제물을 바치는 것을 강제적인 의무로 규정했다. 희생 제물을 바치는 것을 거부하는 행위는 반역죄에 해당했다. "가이사가 주님이다."라고 고백하지 않는 사람은 목숨을 내놓아야 했다.

그리스도인들은 국가로서의 로마의 권위에는 복종해야 했지만(롬 13:1-7 참조) 로마 황제를 우상으로 숭배하는 관습에는 동참할 수 없었다. 그들은 그 점을 분명하게 구별한 까닭에 선동적인 반도로 간주되어 로마 제국의 분노를 초래했다.

게다가 서머나에는 이교주의가 만연했다. 그곳의 사람들은 파고스에 모든 종류의 신들을 안치해 놓고는 꼼꼼하게 챙기며 숭배했다. 이교 신전, 이교 축제, 온갖 종류의 제의가 그 도시의 사회적인 삶을 지배했다. 신자들은 그 모든 것을 피했다. 서머나의 그리스도인들은 모든 점에서 그곳의 문화와 일치하지 않았다. 더욱이 그들은 보이지 않는 하나님을 경배했다. 그것은 고대 사회에서는 전혀 생소한 개념이었기 때문에 무신론이라는 잘못된 비난에 직면해야 했다.

그들은 그런 박해에 더해 빈곤에 시달렸다(계 2:9). 사실 서머나의 신자들은 단지 가난한 정도가 아니었다. '궁핍'으로 번역된 헬라어 '프토케이아'는 아무것도 없는 상태를 가리킨다. 그들은 기본적인 생필품은 물론 스스로의 처지를 개선할 수 있는 수단조차 갖지 못했다. 그들 가운데는 노예들이 많았을 것으로 추정된다. 설혹 약간의 소유가 있었더라도 박해를 당하면서 모두 빼앗겼을 가능성이 높다. 그들은 구걸할 수 있는 것으로 함께 근근이 생계를 이어나갈 정도로 궁핍했다.

그러나 그리스도께서는 참으로 놀랍게도 "내가 네…궁핍을 알거니와 실상은 네가 부요한 자니라"라고 말씀하셨다. 이 말씀은 라오디게아 교회를 책망하신 말씀("네가 말하기를 나는 부자라 부요하여 부족한 것이 없다 하나 네 곤고한 것과 가련한 것과 가난한 것과 눈 먼 것과 벌거벗은 것을 알지 못하는도다"-계 3:17)과 극명하게 대조된다. 라오디게아 신자들은 물질적으로는 부요했는지 모르지만 충실함, 거룩함, 인내, 하나님에 대한 사랑과 같은 가장 중요한 것과 관련해서는 영적으로 파산한 상태나 다름없었다. 그와는 달리 서머나의 신자들은 아무것도 가지지 못했지만 영적으로는 큰 부자였다.

사탄의 회당

박해로 인해 고통당하는 서머나의 신자들을 더욱 괴롭게 만든 또 하나의 요인이 있었다. 그리스도께서는 "자칭 유대인이라 하는 자들의 비방도 알거니와 실상은 유대인이 아니요 사탄의 회당이라"(계 2:9)라는 말씀으로 그 실체를 밝히셨다.

서머나의 유대인들은 그리스도인들을 미워했다. 그들은 교회에 대해 악한 소문을 퍼뜨렸고, 사람들의 생각을 왜곡시켰으며, 시 당국을 선동했다. 왜 그랬을까? 그 이유는 그들이 예수 그리스도의 복음과 그분이 오랫동안 기다려온 메시아이시라고 말하는 사람들을 극도로 증오했기 때문이다.

이스라엘의 종교 지도자들은 복음의 진보를 방해하고, 사도들의 입을 막기 위해 끊임없이 계책을 세웠다. 누가는 사도행전에서 그런 사건들을 많이 다루었다.

예를 들어 산헤드린은 사도들에게 "예수의 이름으로 말하지도 말고 가르치지도 말라"(행 4:18)고 명령했다. 사도들이 그 명령을 듣지 않고 계속 복음을 전하자 "대제사장과 그와 함께 있는 사람 즉 사두개인의 당파가 다 마음에 시기가 가득하여 일어나서 사도들을 잡아다가 옥에 가두었다"(행 5:17, 18).

사도행전 13장에서도 바울이 안디옥에서 복음을 전했을 때 유대 지도자들이 어떤 반응을 나타냈는지를 알 수 있는 내용이 발견된다. "유대인들이 그 무리를 보고 시기가 가득하여 바울이 말한 것을 반박하고 비방하거늘…이에 유대인들이 경건한 귀부인들과 그 시내 유력자들을 선동하여 바울과 바나바를 박해하게 하여 그 지역에서 쫓아내니"(13:45, 50).

이고니온에서도 상황은 마찬가지였다. "순종하지 아니하는 유대인들이 이방인들의 마음을 선동하여 형제들에게 악감을 품게 하거늘…이방인과 유대인과 그 관리들이 두 사도를 모욕하며 돌로 치려고 달려드니 그들이 알고 도망하여"(행 14:2, 5, 6). 그들은 바울과 그의 일행을 루스드라까지 쫓아와서 괴롭혔다. "유대인들이 안디옥과 이고니온에서 와서 무리를 충동하니 그들이 돌로 바울을 쳐서 죽은 줄로 알고 시외로 끌어 내치니라"(4:19). 데살로니가에서도 "유대인들은 시기하여 저자의 어떤 불량한 사람들을 데리고 떼를 지어 성을 소동하게 했다" (행 17:5).

서머나의 유대인들은 그곳의 교회에도 그런 식의 악랄한 박해를 가했다. 그들은 교회의 성장을 막기 위해 이방인들과도 서슴없이 결탁했다.

그리스도께서는 그들을 '사탄의 회당'으로 일컬으셨다. 신약 성경 시대의 유대교가 진리에서 얼마나 크게 벗어났는지를 적나라하게 보여 주는 말씀이 아닐 수 없다. 그들은 입으로는 참되신 한 분 하나님을 고백했지만 메시아이신 그분의 아들을 거부했다. 그들의 종교도 서머나를 지배했던 황제 숭배와 이교주의 못지않게 하나님의 진리를 강하게 거부했고, 그들의 회당은 파고스에 널려 있는 신전들만큼이나 영적으로 공허했다.

주님이 이 유대인 박해자들을 가리켜 "자칭 유대인이라 하는 자들… 실상은 유대인이 아니요"라고 말씀하신 것은 그들이 유대인으로 가장했다는 의미가 아니다.

오히려 이 말씀은 바울이 로마서 2장 28, 29절에서 한 말과 일맥상통한다. 그는 그곳에서 "무릇 표면적 유대인이 유대인이 아니요 표면적 육신의 할례가 할례가 아니니라 오직 이면적 유대인이 유대인이며 할례는 마음에 할지니 영에 있고 율법 조문에 있지 아니한 것이라 그 칭찬이 사람에게서가 아니요 다만 하나님에게서니라"라고 말했다. 그들은 유대인으로 태어났지만 영적으로는 하나님을 모독하는 원수이자 이방인이었다.

박해의 유산

서머나 교회에 보낸 편지에는 책망하거나 단죄하는 내용이 단 한마디도 없다. 주님은 박해와 고통에 시달리는 서머나 교회를 단지 칭찬하기만 하셨다. 그들의 충실함은 모든 세대의 교회가 본받아야 할 귀감이 되기에 충분하다.

그러나 편지에는 심판이 아닌 더 많은 박해가 있을 것을 경고하는 내용이 포함되어 있다. 주님은 "너는 장차 받을 고난을 두려워하지 말라 볼지어다 마귀가 장차 너희 가운데에서 몇 사람을 옥에 던져 시험을 받게 하리니 너희가 십 일 동안 환난을 받으리라"(계 2:10)라고 말씀하셨다.

이 예언이 서머나 교회에서 어떻게 성취되었는지를 알려주는 기록은 없다. 마귀가 그들 가운데 누구를 감옥에 가두도록 유도했는지도 알 수 없고(당시 그것은 서머나의 신자들이 흔히 당했던 일이었다), 10일간의 환난 중에 무슨 일이 있었는지를 구체적으로 알 방법도 없다.

어떤 사람들은 박해가 더 오래 이어질 것을 비유적으로 말씀하신 것이라고 주장하기도 하지만 본문에는 스물네 시간으로 된 하루가 열흘

간 지속될 것이라는 내용 외에 달리 특별한 암시가 전혀 발견되지 않는다.

우리가 아는 것은 서머나에서 박해가 수십 년 동안 지속되었고, 그곳에서 초기 교회의 신앙 영웅 가운데 한 사람이 나타나 교회 역사상 가장 유명한 순교자 가운데 한 사람이 되었다는 사실뿐이다.

폴리캅은 서머나 교회의 감독이었다. 전승에 따르면 그는 요한 사도에 의해 설교자로 임명되었다고 한다. 그랬을 가능성이 없지 않다. 왜냐하면 폴리캅은 요한이 요한계시록을 기록한 지 약 5, 60년 정도가 지난 156년에 화형당했는데, 그때 이미 팔십 대의 노인이었기 때문이다. 폴리캅이 요한 사도가 밧모 섬으로 유배되기 전에 그와 더불어 소아시아의 교회들 가운데서 충실하게 사역을 행했을 가능성이 있다.

폴리캅의 순교에 관한 이야기를 살펴보면, 도시 전체가 교회를 무너뜨리기 위해 일치단결해 박해를 가하며 얼마나 많은 노력을 기울였는지를 짐작할 수 있다. 폴리캅은 도시의 공식적인 경기(로마 제국의 통치 아래에서 이는 곧 공개 처형을 의미했다)가 열렸던 때에 죽었다. 유대인들과 이방인들이 함께 연합해 그의 처형을 소리쳐 요구했다.

폴리캅은 이기적인 의도로 목숨을 구하기 위해 달아날 생각이 전혀 없었다. 그는 꿈속에서 불에 타고 있는 자기의 머리 아래 베게가 놓여 있는 것을 보고, 그것이 자신이 산 채로 화형을 당하게 될 징조임을 깨달았다. 그는 교회에 조금이라도 누를 끼치지 않기 위해 도시를 떠나 교외에서 친구들과 함께 머물렀다. 그를 쫓는 자들은 그를 발견하지 못하자 분통을 터뜨렸다. 그들은 두 아이를 붙잡아 고문을 가했고, 결국에는 한 아이가 그의 행방을 실토하고 말았다.

전승에 따르면, 그를 체포해 도시로 압송해 온 병사들조차도 그가 죽은 것을 보고 싶어 하지 않았다고 한다. 그들은 그에게 하나님을 저주하고 "가이사가 주님이다."라고 말하거나 황제에게 간단한 제물이라도 바쳐 목숨을 부지하라고 간청했다. 그러나 충실한 폴리캅은 "내가 86년 동안 주님을 섬기는 동안 그분은 나를 조금도 해롭게 하지 않으셨소. 그런데 어떻게 내가 나의 왕이요 구원자이신 그분을 모독할 수가 있겠소?"라고 말했다.[1)]

폴리캅의 체포 소식이 전해지자 도시는 흥분의 도가니가 되었고, 군중들은 불을 피우기 위해 많은 상점과 공중목욕탕에서 나무를 있는 대로 긁어모았다. 유대인들은 그가 죽는 것을 보기 위해 안식일까지 어겨가면서 다른 누구보다 더 많은 나무를 가져왔다. 그러나 폴리캅은 죽음의 위협에 조금도 동요하지 않았다. 그는 박해자들에게 이렇게 말했다.

"그대들은 나를 한 시간 동안 타오르다가 잠시 후에 꺼질 불로 위협하지만 다가 올 심판과 징벌의 불이 경건하지 못한 자들을 위해 예비되었다는 사실을 알지 못하고 있소이다. 왜 지체하는 것이오? 어서 그대들이 원하는 일을 행하시오."[2)]

---

1) 다음 자료에서 인용했다. Alexander Roberts, Sir James Donaldson, eds., *The Ante-Nicene Fathers*, 10 vols. (New York: Scribners, 1905), 1:41.
2) Ibid.

당시의 관습과는 달리 처형자들은 폴리캅을 나무에 못 박지 않았다. 그는 그들이 그렇게 하기 전에 먼저 "나를 이대로 두시오. 왜냐하면 당신들이 나를 못 박아 움직이지 못하게 하지 않더라도 불을 견딜 수 있는 힘을 주실 주님이 또한 장작더미에서 움직이지 않고 서 있을 힘도 주실 것이기 때문이오."라고 말했다.[3] 어떤 기록에서는 그가 불꽃 가운데서도 너무나도 태연했기 때문에 누군가가 그를 빨리 죽이기 위해 칼로 찔렀다는 내용이 발견되기도 한다.

그것이 서머나 교회가 처한 상황이었다. 그 교회의 모든 신자가 날마다 시편 저자처럼 "내가 하나님을 의지하였은즉 두려워하지 아니하리니 사람이 내게 어찌하리이까"(시 56:11)라고 담대히 외치며 살아야 했다.

인내의 상급

서머나 교회에게 보내는 주님의 편지는 장차 주어질 축복의 약속으로 끝을 맺는다. "네가 죽도록 충성하라 그리하면 내가 생명의 관을 네게 주리라"(계 2:10). 이 말씀은 각오를 단단히 하라는 의미가 아니다. 주님은 서머나 교회가 이미 겪어 온 고통 외에 또 다른 마지막 고통이 뒤따를 것이라는 의미로 말씀하지 않으셨다. 이는 그들이 충실하게 감당해 오던 일을 계속하면서 그들을 향한 격렬한 박해를 잘 견디라

---

3) Ibid., 42.

는 격려의 말씀이다.

신자들 스스로는 자신의 믿음을 유지하거나 보호할 수 있는 힘을 지니고 있지 않다. 만일 우리의 힘만 의지해야 한다면 구원을 잃을 수밖에 없을 것이다. 그러나 우리를 믿음 안에 굳게 세우시는 분은 바로 주님이시다. 그리스도께서는 제자들에게 이 영광스런 진리를 자주 말씀하셨다.

"내가 그들에게 영생을 주노니 영원히 멸망하지 아니할 것이요 또 그들을 내 손에서 빼앗을 자가 없느니라 그들을 주신 내 아버지는 만물보다 크시매 아무도 아버지의 손에서 빼앗을 수 없느니라"(요 10:28, 29). "나를 보내신 이의 뜻은 내게 주신 자 중에 내가 하나도 잃어버리지 아니하고 마지막 날에 다시 살리는 이것이니라"(요 6:39).

바울이 로마서에 기록한 말씀은 구원의 안전을 염려하는 마음을 일거에 해소시킨다.

"우리가 알거니와 하나님을 사랑하는 자 곧 그의 뜻대로 부르심을 입은 자들에게는 모든 것이 합력하여 선을 이루느니라 하나님이 미리 아신 자들을 또한 그 아들의 형상을 본받게 하기 위하여 미리 정하셨으니 이는 그로 많은 형제 중에서 맏아들이 되게 하려 하심이니라 또 미리 정하신 그들을 또한 부르시고 부르신 그들을 또한 의롭다 하시고 의롭다 하신 그들을 또한 영화롭게 하셨느니라 그런즉 이 일에 대하여 우리가 무슨 말 하리요 만일 하나님이 우리를 위하시면 누가 우리를 대적하리요."(롬 8:28-31).

성경의 메시지는 분명하다. 신자는 믿음 안에서 끝까지 인내한다. 그것은 우리에게 그런 능력이 있기 때문이 아니다. 우리 스스로에게는 그런 힘이 없다.

그러나 하나님은 "능히 우리를 보호하사 거침이 없게 하시고 우리로 그 영광 앞에 흠이 없이 기쁨으로 서게 하신다"(유 24절 참조). 그분은 자기 백성을 굳게 붙드신다. "주께서 나를 모든 악한 일에서 건져내시고 또 그의 천국에 들어가도록 구원하시리니 그에게 영광이 세세무궁토록 있을지어다 아멘"(딤후 4:18).

이는 우리가 참 신자라면 끝까지 우리의 믿음을 지킬 것이라는 의미다. 참 믿음은 박해의 불길을 통해 입증되며, 끝까지 살아남아 승리한다.

그렇다면 그리스도를 거부하고, 믿음을 저버린 사람들은 어떻게 생각해야 할까? 요한은 자신의 첫 번째 서신에서 이 질문에 대한 대답을 제시했다. "그들이 우리에게서 나갔으나 우리에게 속하지 아니하였나니 만일 우리에게 속하였더라면 우리와 함께 거하였으려니와 그들이 나간 것은 다 우리에게 속하지 아니함을 나타내려 함이니라"(요일 2:19).

그런 점에서 주님은 서머나의 신자들에게 단지 그들의 인내에 대한 보상만을 약속한 것이 아니셨다. 인내가 곧 보상이었다. 그 이유는 인내가 그들이 지닌 믿음의 진정성을 무엇보다 확실하게 입증하는 증거였기 때문이다. 충실한 삶을 통해 믿음의 진정성을 드러내는 사람들은 구원자이신 주님과 함께 영생을 누리게 될 것이다.

편지는 서머나의 신자들은 물론 다른 모든 신자들에게 위로를 주는 말씀으로 끝을 맺는다. "귀 있는 자는 성령이 교회들에게 하시는 말씀을 들을지어다 이기는 자는 둘째 사망의 해를 받지 아니하리라"(계 2:11).

박해는 신자들에게 많은 희생을 안겨줄 수 있다. 박해는 우리의 생계를 위협할 수 있고, 가정과 소유를 빼앗아갈 수 있으며, 가족들을 갈라놓고 관계를 파괴할 수 있다. 박해는 우리의 자유와 건강을 앗아갈 수 있고, 어떤 경우에는 목숨마저도 빼앗을 수 있다. 이 세상에서 그런 위험으로부터 안전할 것이라는 보장은 없다.

그러나 주님은 이기는 자들(요일 5:4, 5 참조), 곧 신자들은 둘째 사망을 당하지 않을 것이라고 약속하셨다. 주님을 알고 사랑하는 사람들은 육체적인 죽음은 당할 수 있지만 영적인 죽음으로부터는 온전히 자유롭다. 요한계시록 20장 12-14절은 영적인 죽음을 다음과 같이 묘사했다.

"또 내가 보니 죽은 자들이 큰 자나 작은 자나 그 보좌 앞에 서 있는데 책들이 펴 있고 또 다른 책이 펴졌으니 곧 생명책이라 죽은 자들이 자기 행위를 따라 책들에 기록된 대로 심판을 받으니 바다가 그 가운데에서 죽은 자들을 내주고 또 사망과 음부도 그 가운데에서 죽은 자들을 내주매 각 사람이 자기의 행위대로 심판을 받고 사망과 음부도 불못에 던져지니 이것은 둘째 사망 곧 불못이라."

주님을 진정으로 사랑하고, 그 믿음의 진정성이 충실한 인내의 삶을 통해 입증된 사람은 둘째 사망을 당하지 않는다. 사탄이 가하는 모든 박해를 이기는 믿음을 지닌 참 신자는 둘째 사망을 맛보지 않는다.

그리스도께서는 그런 신자에게 "보라 내가 속히 오리니 내가 줄 상이 내게 있어 각 사람에게 그가 행한 대로 갚아 주리라 나는 알파와 오메가요 처음과 마지막이요 시작과 마침이라 자기 두루마기를 빠는 자들은 복이 있으니 이는 그들이 생명나무에 나아가며 문들을 통하여 성에 들어갈 권세를 받으려 함이로다"(계 22:12-14)라고 말씀하신다.

고난과 반대에 직면했을 때는 박해를 가하는 사탄의 힘은 한계가 있고, 인내하는 자들에게는 영광스럽고 영원한 상급이 기다리고 있다는 사실을 기억해야 한다.

'서머나'란 단어가 『70인경』에서 유대인들이 시체의 냄새를 없애기 위해 사용하는 강한 향료인 몰약을 뜻하는 헬라어로 쓰인 사실은 주목할 만한 가치가 있다.

니고데모는 예수님의 시신을 매장하기 위해 침향이 섞인 몰약을 약 100파운드나 가져왔다(요 19:39, 40). 그러나 몰약은 구하기가 힘든 귀한 물건이었다. 그것은 가시가 있는 작은 나무들의 진액으로 만들어졌다. 나무를 잘 으깨야만 향기로운 향료를 얻을 수가 있었다.

그런 점에서 서머나 교회에는 그런 이름에 매우 잘 어울린다. 하나님은 사탄이 끊임없는 박해로 그들을 짓뭉개도록 허락하셨다. 서머나 교회에게 보낸 그리스도의 편지는 그들이 충실함이라는 신령한 향기를 향기롭게 뿜어냈다는 사실을 잘 보여준다.

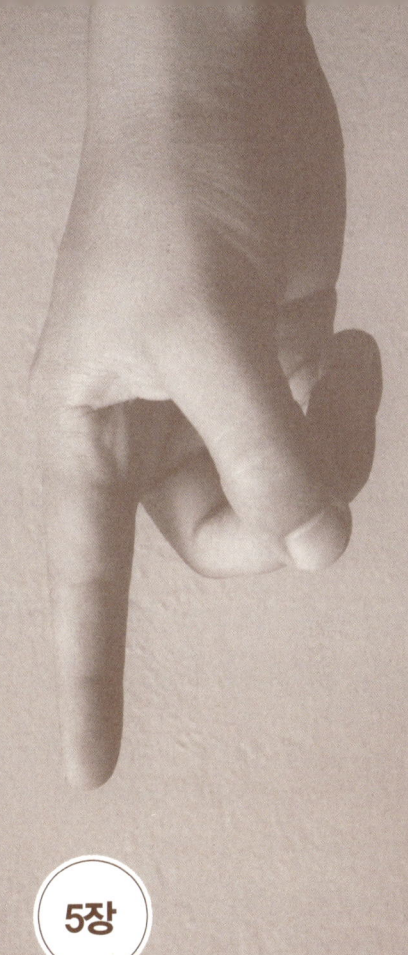

5장

타협하는 교회에 대한
예수님의 경고

: 버가모 교회

이스라엘 민족은 출애굽을 통해 단지 바로의 압제를 받는 노예 상태로부터 구원받는 것에 그치지 않고, 애굽의 부패한 이교 문화의 영향으로부터도 자유로워지는 축복을 받았다. 애굽인들은 거의 모든 신들을 숭배했다. 이스라엘 민족은 수세기 동안 애굽인들의 광기어린 우상 숭배를 지켜보며 살았기 때문에 그들의 이교 의식에 매우 친숙했다.

따라서 시간이 흐르면서 예배에 대한 이스라엘 민족의 생각도 차츰 모호해지고 왜곡되기 시작했다. 그들은 유월절을 지키라는 하나님의 명령에 복종함으로써 그분에 대한 충성심을 드러냈지만(출 12:1-13) 다신교에 물든 이교주의에 많은 영향을 받은 상태였다.

홍해를 마른 땅처럼 건너는 기적을 체험한 뒤에도(하나님은 그 전에도 그들을 애굽에서 건져내기 위해 많은 기적을 베푸셨다) 그들의 마음과 생각은 여전히 우상 숭배의 올무에서 벗어나지 못한 상태였다.

예를 들어 시내 산에 올라간 모세가 속히 내려오지 않자 아론과 이스라엘 백성은 두려워하며 금송아지를 만들어 자기들의 신으로 숭배하기 시작했다(출 32:1-4). 그것은 너무나도 엄청나고 터무니없는 우상 숭배의 행위였다.

하나님은 올바른 예배를 위한 율법과 의식을 확립하고, 이스라엘 백성에게 남아 있는 이교주의의 영향을 온전히 제거하기 위해 그들에게 레위기를 허락하셨다.

레위기는 개인적인 거룩함과 순결한 예배를 거듭해서 강조한다. 레위기는 죄를 처리하는 법, 희생 제물을 합당하게 드리는 법, 하나님의 백성의 순수성을 보호하는 법을 다룬다. 레위기의 핵심 구절은 18장 1-5절이다. 하나님은 그곳에서 주변의 이방 민족들의 그릇된 관습을 단호하게 거부하라고 명령하셨다.

"여호와께서 모세에게 말씀하여 이르시되 너는 이스라엘 자손에게 말하여 이르라 나는 여호와 너희의 하나님이니라 너희는 너희가 거주하던 애굽 땅의 풍속을 따르지 말며 내가 너희를 인도할 가나안 땅의 풍속과 규례도 행하지 말고 너희는 내 법도를 따르며 내 규례를 지켜 그대로 행하라 나는 너희의 하나님 여호와이니라 너희는 내 규례와 법도를 지키라 사람이 이를 행하면 그로 말미암아 살리라 나는 여호와이니라."

이것이 하나님의 백성에게 주어진 명령이었다. 하나님의 말씀에는 "너희는 더 이상 우상 숭배자가 아니다. 너희는 이제 살아 계시는 참된 하나님의 백성이다. 너희는 이방 민족들의 풍속을 따르지 말고 오직 나에게만 경배해야 한다."라는 뜻이 담겨 있다. 위의 본문 다음에는 이방 종교와 관련된 부도덕한 행위를 금지하는 율법이 전개된다. 간음, 동성애, 근친상간, 수간, 어린아이를 제물로 바치는 의식 등, 충격적인 악습이 언급되었다. 그런 사악한 관습이 애굽과 가나안을 비롯해 이교주의의 지배를 받는 다른 모든 사회에서 날마다 이루어지고 있었다.

하나님은 24, 30절에서도 똑같은 명령을 또다시 되풀이하셨다.

"너희는 이 모든 일로 스스로 더럽히지 말라 내가 너희 앞에서 쫓아내는 족속들이 이 모든 일로 말미암아 더러워졌고…그러므로 너희는 내 명령을 지키고 너희가 들어가기 전에 행하던 가증한 풍속을 하나라도 따름으로 스스로 더럽히지 말라 나는 너희의 하나님 여호와이니라."

하나님의 명령은 19장까지 계속 이어진다.

"너는 이스라엘 자손의 온 회중에게 말하여 이르라 너희는 거룩하라 이는 나 여호와 너희 하나님이 거룩함이니라…너희는 헛된 것들에게로 향하지 말며 너희를 위하여 신상들을 부어 만들지 말라 나는 너희의 하나님 여호와이니라"(2, 4절).

이것은 영적인 구별(곧 세상의 악한 체계로부터 거룩히 구별되어 분리되는 것)을 의미한다. 하나님은 순수한 예배와 단순한 헌신을 요구하신다. 그분은 이스라엘 백성에게 세상의 부패한 영향으로부터 벗어나라고 명령하셨다.

하나님은 교회를 향해서도 그렇게 명령하신다.

죄인들에게 우호적인 교회

요즘 신자들은 '세속'을 진부한 용어로 생각하는 경향이 있다. 그들은 그것을 카드놀이와 춤을 교회의 순결과 성결을 위협하는 요인으로 간주했던 시대, 곧 좋게 말하면 지금보다 더 점잖고, 나쁘게 말하면 계몽이 덜 된 시대의 유물로 치부한다. 심지어 일부 신자들은 그리스도 안에서의 자유만을 강조하는 탓에 세속에 대한 논의는 무엇이든 모두 구태의연한 율법주의의 잔재로 간주하기까지 한다.

그들은 성경이 "세상과 벗된 것이 하나님과 원수 됨을 알지 못하느냐 그런즉 누구든지 세상과 벗이 되고자 하는 자는 스스로 하나님과 원수 되는 것이니라"(약 4:4)라고 분명하게 말씀하는데도 세속적인 가치와 즐거움을 멀리해야 하는 신자의 의무를 더 이상 생각하려고 하지 않는다.

오히려 오늘날의 교회는 세상의 문화를 가능한 한 많이 닮으려고 애쓰고 있다. 교회 지도자들은 지난 수십 년 동안 자신들의 사역이 세상의 모임이나 행사처럼 보이고, 들리고, 느껴지게 만들려고 노력해 왔다. 요즘에는 콘서트나 극장과 별다른 차이가 없어 보이는 교회들이 많다. 그런 교회들은 문화적 적절성을 추구하며 사람들의 이목을 끌기 위해 최신 유행을 좇으며, 대중문화의 흐름을 따르기에 급급하다.

이런 현상은 실용주의 철학(기대하는 효과만 나타난다면 무엇이든 기꺼이 하겠다는 생각)에서 기인한다. 그로 인한 결과는 죄인들을 깨우치기보다 오히려 그들에게 우호적인 태도를 보이며 하나님을 멀리하게 만든다. 그런 교회는 이방 세계의 형상으로 치장된 외관을 갖춘 채 성경과 교리와 영적 능력보다 인기 있는 방법론과 전략을 더 중요시한다. 세상이 복음을 더욱 강하게 적대시할수록 죄인들에게 우호적인 교회는 계속해서 사람들의 관심을 끌기 위해 더 많은 타협을 시도해야 한다.

그런 교회는 그 누구의 비위도 건드리지 않기 위해 영적 예배보다는 육신의 감정을 더 강조하고, 죄를 깨우치기보다는 무작정 인정해 주며, 신학보다는 정서를 더 중시하고, 훈육보다는 즐거움에 더 큰 비중을 두며, 엄숙함보다는 경박함을 더 선호한다.

그런 교회는 박해와 거절을 크게 두려워하기 때문에 항상 세상의 기대와 끊임없이 변하는 사회적인 풍조에 부응하려고 노력한다. 오늘날 성적 부도덕을 묵과하는 교회들이 많다. 어떤 교회들은 죄를 전혀 언급하지 않는다.

그들은 죄의 문제를 철저히 무시하고, 인생의 어려운 문제들에만 초점을 맞춘다. 그들은 죄의 존재와 권세와 파괴적인 해악을 입에 올리기를 주저하고, 죄가 거룩하신 하나님의 진노와 심판을 초래한다는 사실을 말하려고 하지 않는다. 죄인들을 정당화하고, 편안하게 해 주고, 환영하는 등, 단지 병리 현상의 개선에만 골몰하는 교회 문화가 형성되고 있다.

그러나 세상을 닮는 것은 복음을 매력적으로 보이게 하기보다는 무력하게 보이게 만든다. 그런 교회들은 그리스도의 대의와 복음의 진보에 심각한 해를 초래하고 있다는 사실을 깨달아야 할 필요가 있다. 세상을 닮은 교회가 세상 사람들에게 제공할 수 있는 것은 잠시 즐기다가 내버릴 오락거리 외에는 아무것도 없다. 그런 속된 것을 어떻게 하나님께 드리는 예배로 인정할 수 있겠는가?

성경은 이것이 새로운 현상이 아니라는 것을 분명하게 보여준다. 주님은 이렇게 말씀하셨다.

"세상이 너희를 미워하면 너희보다 먼저 나를 미워한 줄을 알라 너희가 세상에 속하였으면 세상이 자기의 것을 사랑할 것이나 너희는 세상에 속한 자가 아니요 도리어 내가 너희를 세상에서 택하였기 때문에 세상이 너희를 미워하느니라 내가 너희에게 종이 주인보다 더 크지 못하다 한 말을 기억하라 사람들이 나를 박해하였은즉 너희도 박해할 것이요 내 말을 지켰은즉 너희 말도 지킬 것이라"(요 15:18-20).

어느 곳에서나 복음의 말씀을 충실하게 선포하면 자연히 세상의 미움을 살 수밖에 없다. 초대 교회의 신자들 가운데도 주변의 압력에 굴해 세상을 포용했던 신자들이 있었다. 버가모 교회에게 보낸 그리스도의 편지는 그런 타협이 얼마나 심각한 위험을 야기하는지를 잘 보여준다.

절체절명의 기로에 선 교회

버가모는 에베소에서 북쪽으로 약 160킬로미터 떨어진 곳에 위치한 소아시아의 수도였다. 버가모는 항구 도시도 아니었고, 주요 통상로가 지나는 길목에 있지도 않았지만 문화와 종교와 교육의 중심지로서 기능했다. 그곳의 가장 두드러진 특징은 거대한 도서관이었다. 가장 큰 도서관은 알렉산드리아 도서관이었고 버가모 도서관은 바로 그 다음이었다. 그곳에는 손으로 직접 쓴 책들이 20만 권이나 소장되어 있었다. 전승에 따르면, 필기 재료의 수요를 맞추기 위해 버가모에서 동물 가죽을 이용한 양피지가 개발되어 사용되었다고 한다. 그렇게 많은 책들은 마르쿠스 안토니우스가 클레오파트라에게 보내 준 선물이었다.

버가모는 300미터가 넘는 언덕 위에 위치했다. 19세기 고고학자 윌리엄 램지 경은 그곳의 웅장한 모습을 이렇게 묘사했다. "버가모는 소아시아의 다른 어떤 도시들보다도 뛰어나 여행자들에게 그곳이 왕의 도시이자 권위의 좌소라는 인상을 심어준다. 버가모가 건설된 바위산은 매우 거대하며, 카이쿠스 강 유역의 넓은 평야 위에 위풍당당한 자태를 뽐내며 우뚝 솟아 있다."[1] 지금도 베르가마라는 터키의 도시 근처에 가면 버가모의 유적을 볼 수 있다.

---

1) William M. Ramsey, *The Letters to the Seven Churches of Asia* (London: Hodder & Stoughton, 1906), 281.

성경은 버가모 교회가 설립된 시기를 언급하지 않는다. 바울의 2차 선교 여행, 그러니까 그가 인근의 무시아 지역을 지날 무렵이나(행 16:7, 8) 아니면 에베소에서 사역을 하면서 복음이 에베소 교회를 통해 소아시아 전역으로 신속하게 확산될 무렵에(행 19:10) 설립되었을 것으로 추정된다. 후자일 가능성이 더 높다.

요한 사도 당시에 버가모는 소아시아 지역에서 헬라 문화의 수호자를 자처했다. 제우스, 아테나, 아스클레피오스, 디오니소스와 같은 신들에게 바친 신전들이 존재했지만 가장 지배적인 종교는 황제 숭배였다. 버가모는 BC 29년에 아우구스투스 황제를 기리는 의미로 국가 종교를 위한 첫 번째 신전을 건축했다. 그 후에는 트라야누스 황제와 세베루스 황제를 위한 신전이 차례로 건축되었다. 버가모는 로마 제국과 황제를 종교적으로 열렬히 신봉했다. 이웃 도시들에 사는 그리스도인들은 해마다 로마 황제에게 희생 제사를 바치지 않을 경우에는 큰 위험과 박해에 시달려야 했다. 버가모에서는 그런 위협이 일상적인 일이었다.

버가모 교회는 세상으로부터도 큰 위험에 시달려야 했지만 주님으로부터는 그보다 훨씬 더 위험한 일을 당할 처지에 놓였다. 버가모 교회에 보내는 그리스도의 편지는 에베소 교회와 서머나 교회에 보낸 편지와는 달리 위협적인 내용에서부터 시작한다.

주님은 스스로를 "좌우에 날 선 검을 가지신 이"(계 2:12)로 소개하셨다. 이것은 위로의 인사말과는 거리가 멀다. 이것은 요한 사도가 환상을 처음 보는 순간에 느꼈던 공포감(계 1:17)과 똑같은 감정을 자극하는 엄중한 경고였다. 그리스도께서는 말씀을 날이 넓고 예리한 칼처럼 휘두르며 그들을 심판하실 예정이셨다(히 4:12 참조).

요한은 요한계시록의 뒷부분에서 회개하지 않은 세상 사람들이 그리스도의 마지막 심판을 당하게 될 때를 묘사하면서 이와 비슷한 말을 했다. "그의 입에서 예리한 검이 나오니 그것으로 만국을 치겠고 친히 그들을 철장으로 다스리며 또 친히 하나님 곧 전능하신 이의 맹렬한 진노의 포도주 틀을 밟겠고"(계 19:15).

그러나 그리스도의 편지에는 칭찬의 말씀도 포함되어 있었다. 버가모 교회는 세상과 타협하는 죄를 저질렀지만 충실한 신자들이 아예 없었던 것은 아니었다.

주님은 "네가 어디에 사는지를 내가 아노니 거기는 사탄의 권좌가 있는 데라 네가 내 이름을 굳게 잡아서 내 충성된 증인 안디바가 너희 가운데 곧 사탄이 사는 곳에서 죽임을 당할 때에도 나를 믿는 믿음을 저버리지 아니하였도다"(계 2:13)라고 말씀하셨다.

역사가들과 주석학자들은 주님이 무엇을 '사탄의 권좌'로 일컬으셨는지에 대해 몇 가지 의견을 제시한다. 버가모는 전쟁의 신 제우스에게 거대한 제단을 만들어 바쳤다. 이 거대한 구조물이 도시의 아크로폴리스에 우뚝 솟아 있다.

에드윈 야마우치는 그 거대한 규모를 이렇게 묘사했다. '제단'이라는 용어는 오해를 불러일으킬 소지가 있다. 이것은 주랑들을 말굽 형태로 나열한 대형 구조물로서 폭이 약 37미터, 길이가 약 34미터에 달한다. 제단 토대석의 높이만 해도 약 5.5미터나 된다. 구조물의 하단을 따라 약 136미터나 늘어져 있는 거대한 소벽들에는 기간토마키아, 곧 거인들과 신들이 싸우는 모습이 조각되어 있다. 그것은 헬라의 가장 위대한 예술 작품 가운데 하나였다."[2] 제우스에게 바친(실상은 마귀에게 바친) 그런 거대한 구조물은 사탄의 권좌로 불리기에 충분하다.

어떤 사람들은 이 표현이 뱀으로 묘사되는 헬라의 의술의 신인 아스클레피오스를 위한 신전을 가리킨다고 생각한다. 그를 기리는 신전에는 그의 치유력을 상징하는 독 없는 뱀들이 우글거렸다. 인근 각처에서 온 순례자들은 그의 신전에서 의식을 거행했는데, 그 가운데는 뱀들 사이에 누워 있거나 잠을 자는 행위가 포함되었다. 요한의 환상에서 사탄은 종종 뱀으로 묘사되기 때문에(계 12:9, 14, 15, 20:2) 이 표현이 그것을 가리킬 가능성도 없지는 않다.

이 밖에도 이 표현은 당시에 그 도시에서 가장 강력한 종교적인 영향력을 발휘하며 신자들을 가장 혹독하게 박해했던 황제 숭배를 가리킬 수도 있다. 단지 "가이사가 주님이다."라고 고백하지 않는 것만으로 죽음을 면하기가 어려웠다. 그리스도인들은 복음의 배타적인 속성 때문에 로마 제국의 신봉자들에게 좋은 표적이 될 수밖에 없었다. 이처럼 '사탄의 권좌'는 배후에서 황제 숭배를 조종하는 세력을 가리킬

---

2) Edwin Yamauchi, *New Testament Cities in Western Asia Minor* (Grand Rapids: Baker, 1980), 35–36.

수도 있다.

이런 모든 형태의 이교주의를 고려할 때 버가모에 사탄의 권좌라는 표현을 적용한 것은 매우 타당한 측면이 있다. 위에서 말한 여러 장소들을 고려하면 버가모를 '사탄이 사는 곳'으로 일컬으신 주님의 말씀이 더더욱 지당하게 들린다. 그런 점에서 이 표현을 사탄이 다양한 형태의 우상 숭배를 통해 도시 전역에서 커다란 영향력을 발휘했던 상황을 가리키는 의미로 이해할 수도 있다.

버가모의 시민들은 스스로가 여러 신들을 숭배하고 있다고 생각했을 테지만 실상은 단지 마귀를 숭배했을 뿐이다. 바울 사도는 "무릇 이방인이 제사하는 것은 귀신에게 하는 것이요 하나님께 제사하는 것이 아니니"(고전 10:20)라고 말했다.

사탄의 종교가 도시를 지배했는데도 불구하고 주님은 버가모의 신자들이 "내 이름을 굳게 잡아서 내 충성된 증인 안디바가 너희 가운데 곧 사탄이 사는 곳에서 죽임을 당할 때에도 나를 믿는 믿음을 저버리지 아니하였도다"라고 말씀하셨다. 그들은 구원자이신 주님을 굳게 붙잡았다. "하나님의 말씀과 예수를 증언하였음으로 말미암아 밧모라 하는 섬에"(계 1:9) 유배된 요한처럼 버가모 교회도 흔들리지 않고 그리스도께 헌신했다. 그들은 믿음을 부인하지 않았다.

그러나 고대 이방 사회에서 복음을 굳게 붙잡으려면 큰 희생을 감수해야 했다. '안디바'는 교회가 격렬한 박해에 시달릴 무렵에 살았던 인물일 가능성이 높다. 성경은 안디바라는 인물에 대해 아무런 정보도 제공하지 않지만, 버가모의 신자들은 그의 이름을 잘 알고 있었을 것이 틀림없다. '증인'으로 번역된 헬라어(마르투스)는 그리스도를 증언했다는 이유로 목숨을 잃은 신자들을 가리킨다. 이 말은 종종 '순교자'로 번역된다.

전승에 따르면, 안디바는 버가모 교회의 지도자였는데 도미티아누스 황제의 박해 때에 놋쇠로 만든 황소 안에서 산 채로 불에 구워졌다고 한다. 안디바가 어떤 방식으로 살해되었는지는 분명하지 않지만 그리스도께서는 죽기까지 충실했던 그의 훌륭한 믿음을 높이 칭찬하셨다.

주님은 요한계시록 2장 13절에서 소유대명사를 여러 차례 사용하셨다. "네가 내 이름을 굳게 잡아서 내 충성된 증인 안디바가 너희 가운데 곧 사탄이 사는 곳에서 죽임을 당할 때에도 나를 믿는 믿음(나의 믿음)을 저버리지 아니하였도다."

주님은 버가모 교회에 대해 권리를 주장하셨다. 버가모 교회는 주님의 소유였다. 이런 사실은 그들의 타협이 참으로 크나큰 죄에 해당한다는 사실을 더욱 크게 부각시킨다.

세상의 벗

그리스도의 편지는 그런 짧은 칭찬을 뒤로 하고 다시 심판의 내용으로 돌아간다. "그러나 네게 두어 가지 책망할 것이 있나니 거기 네게 발람의 교훈을 지키는 자들이 있도다 발람이 발락을 가르쳐 이스라엘 자손 앞에 걸림돌을 놓아 우상의 제물을 먹게 하였고 또 행음하게 하였느니라 이와 같이 네게도 니골라 당의 교훈을 지키는 자들이 있도다"(계 2:14, 15).

버가모 교회는 복음에 충실했지만 일부 신자들은 우상 숭배를 저질렀다. 고대 사회에서는 신성한 것과 속된 것의 구별이 없었다. 종교는 삶의 일부분이 아니라 문화를 이끄는 힘이었다. 사회의 거의 모든 측면이 신전 의식, 종교 절기, 종교 행사 등과 밀접하게 연관되어 있었다. 이스라엘 백성이 출애굽 이후에 우상 숭배를 저질렀던 것처럼 버가모 교회의 일부 신자들은 이교주의의 관습으로 되돌아갔다. 그들은 다른 신자들도 같은 행위를 저지르도록 유도했다.

이런 사실은 "네게 발람의 교훈을 지키는 자들이 있도다 발람이 발락을 가르쳐 이스라엘 자손 앞에 걸림돌을 놓아"(14절)라는 주님의 말씀에 분명하게 드러나 있다.

이 말씀은 민수기 22-25장의 사건을 가리킨다. 발락은 모압 족속의 왕이었다. 그는 이스라엘 백성이 애굽에서 기적적으로 구원을 받았다는 소식을 들었다. "십볼의 아들 발락이 이스라엘이 아모리인에게 행한 모든 일을 보았으므로…모압이 이스라엘 자손 때문에 번민하더라"(민 22:2, 3). 발락은 이스라엘의 하나님에 대해 알고 있었고, 이스라엘 백성이 자기와 자기 민족을 해칠지도 모른다는 생각으로 크게 두려워했다.

따라서 발락은 돈이라면 무엇이든 다하는 거짓 선지자요 마술사였던 발람을 데려와서 자기를 위해 이스라엘 백성을 저주하게 했다. 발람은 이스라엘 백성을 저주하려고 세 차례나 시도했지만 하나님이 매번 그를 저지하셨고, 오히려 그의 입을 통해 그들을 축복하게 하셨다. 그런 이유로 발람은 방법을 달리해 "이스라엘을 저주할 수 없다면 그들을 부패하게 만들겠다."는 전략을 세웠다.

"이스라엘이 싯딤에 머물러 있더니 그 백성이 모압 여자들과 음행하기를 시작하니라 그 여자들이 자기 신들에게 제사할 때에 이스라엘 백성을 청하매 백성이 먹고 그들의 신들에게 절하므로"(민 25:1, 2, 31:16 참조). 발람은 모압 여인들을 부추겨 이스라엘 남자들과 혼인을 맺어 그들을 모압의 우상 숭배와 부도덕한 문화에 물들게 만들려고 시도했다.

결국 이스라엘 백성은 우상에게 바친 음식을 먹고, 우상을 숭배하며, 부도덕한 성행위를 저질렀다. 그들은 애굽을 피해 도망쳤던 이교주의의 유혹에 다시 넘어갔고, 사탄과 결탁하는 신성모독적인 범죄에 빠지고 말았다.

"이스라엘이 바알브올에게 가담한지라 여호와께서 이스라엘에게 진노하시니라"(민 25:3). 이것은 매우 심각한 영적 반역이었다. 하나님은 징계를 베풀어 이스라엘 남자 24,000명의 목숨을 거두셨다(9절).

이것이 버가모 교회의 일부 신자들이 따랐던 '발람의 교훈'이다. 그들은 다른 신자들 앞에 그와 똑같은 유혹의 걸림돌을 놓았다. 주님은 이교 문화의 부패한 우상 숭배의 관습에서 그들을 구원하셨다. 그런데 일부 신자들이 그들을 다시 꼬드겨 부도덕한 옛 습관으로 되돌아가게 만들었다. 버가모 교회의 일부 신자들은 사탄의 문화를 다시 수용하기에 이르렀다. 이것은 일부 신자들이 이교적인 축제에 참여하고, 방탕한 삶을 실컷 즐기면서 교회를 드나들었다는 것을 의미한다.

베드로는 자신의 두 번째 서신에서 "육체를 따라 더러운 정욕 가운데서 행하며"(벧후 2:10) 다른 신자들을 꼬드겨 동일한 죄를 짓게 만들려고 시도하는 자들을 엄히 단죄했다. 베드로의 말을 좀 더 인용하면 다음과 같다.

"낮에 즐기고 노는 것을 기쁘게 여기는 자들이니 점과 흠이라 너희와 함께 연회할 때에 그들의 속임수로 즐기고 놀며 음심이 가득한 눈을 가지고 범죄하기를 그치지 아니하고 굳세지 못한 영혼들을 유혹하며 탐욕에 연단된 마음을 가진 자들이니 저주의 자식이라 그들이 바른 길을 떠나 미혹되어 브올의 아들 발람의 길을 따르는도다 그는 불의의 삯을 사랑하다가"(13-15절).

충실한 신자들을 부패하게 만드는 자들은 속임수를 사용해 그들을 다시 죄의 속박 아래로 끌어들이는 데서 즐거움을 느낀다.

물론 버가모 교회를 오염시킨 것은 이것만이 아니었다. 주님은 또한

"이와 같이 네게도 니골라 당의 교훈을 지키는 자들이 있도다"(계 2:15)라고 말씀하셨다. 앞서 말한 대로 니골라 당이 무엇을 가르쳤는지를 구체적으로 알 수는 없다. 초기 교부들 가운데 몇 사람은 그들이 부도덕한 이교 문화에 이끌려 방탕한 삶을 마음껏 즐겼다고 말했다. 그들은 발람의 교훈을 따르는 자들과 한 짝이 되어 버가모 신자들의 순수한 믿음을 위협했다.

그들이 어떤 이단 사상을 가르쳤는지는 정확히 알기 어렵지만 그들이 버가모 교회 안에 있으면서 악한 영향력을 행사했고, 또 주님이 그들의 행위를 미워하신 것만은 확실하다(2:6).

무엇보다도 심각했던 상황은 그런 악한 이단과 유혹자들이 아무런 저지도 받지 않은 채 교회 안에 머물도록 허용되었다는 것이다. 그리스도께서는 "네게 발람의 교훈을 지키는 자들이 있도다", "네게도 니골라 당의 교훈을 지키는 자들이 있도다"라고 말씀하셨다(14, 15절). 버가모 교회는 그리스도의 이름을 굳게 붙잡고, 믿음을 부인하지 않았지만 하나님의 양떼를 지키는 일에는 너무나도 소홀했다. 그들은 이리들이 양들을 해치는 것을 가만히 앉아서 지켜만 보고 있었다.

바꾸어 말해 버가모 교회는 바울이 고린도 신자들에게 주의하라고 당부했던 바로 그런 어리석고 부패한 삶을 살고 있었다.

"너희는 믿지 않는 자와 멍에를 함께 메지 말라 의와 불법이 어찌 함께 하며 빛과 어둠이 어찌 사귀며 그리스도와 벨리알이 어찌 조화되며 믿는 자와 믿지 않는 자가 어찌 상관하며 하나님의 성전과 우상이 어찌 일치가 되리요 우리는 살아 계신 하나님의 성전이라 이와 같이 하나님께서 이르시되 내가 그들 가운데 거하며 두루 행하여 나는 그들의 하나님이 되고 그들은 나의 백성이 되리라 그러므로 너희는 그들 중에서 나와서 따로 있고 부정한 것을 만지지 말라 내가 너희를 영접하여"(고후 6:14-17).

버가모 교회는 불신 세계와 철저하게 구별되지 못했다. 그들은 타협했다. 그들은 교리는 충실하게 지켰지만 거룩한 삶을 살지는 못했다. 야고보는 그런 식의 부주의한 신자들을 무감각한 잠에서 깨어나게 하기 위해 "간음한 여인들아 세상과 벗된 것이 하나님과 원수 됨을 알지 못하느냐 그런즉 누구든지 세상과 벗이 되고자 하는 자는 스스로 하나님과 원수 되는 것이니라"(약 4:4)라고 말했다. 버가모 교회는 야고보의 경고에 주의를 기울였어야 마땅했다. 버가모 교회는 세상을 벗 삼은 탓에 큰 대가를 치러야 했다. 귀한 신자들이 과거의 그릇된 습관으로 되돌아갔다.

오늘날에도 많은 교회에서 이런 심각한 상황이 갈수록 많이 나타나고 있다. 세상에서 '거류민과 나그네'처럼 사는 신자들이 그리 많지 않다. "영혼을 거슬러 싸우는 육체의 정욕을 제어하지"(벧전 2:11) 못하는 신자들이 많다. 신자는 자신의 마음을 옭아매는 세상과 세상의 가치를 단호하게 잘라내야 한다. 지난날의 잘못된 삶의 습관을 버리고, 한

때 즐거워했던 죄를 완전히 떨쳐내기 위해 날마다 노력해야 한다.

요한은 자신의 첫 번째 서신에서 이미 이런 권고의 말씀을 전한 바 있다.

"이 세상이나 세상에 있는 것들을 사랑하지 말라 누구든지 세상을 사랑하면 아버지의 사랑이 그 안에 있지 아니하니 이는 세상에 있는 모든 것이 육신의 정욕과 안목의 정욕과 이생의 자랑이니 다 아버지께로부터 온 것이 아니요 세상으로부터 온 것이라 이 세상도, 그 정욕도 지나가되 오직 하나님의 뜻을 행하는 자는 영원히 거하느니라"(요일 2:15-17).

세상은 결국에는 다 지나가고 없어질 것이다. 그러나 오늘날에는 이 사실을 믿지 않는 것처럼 보이는 교회들이 너무나도 많다. 많은 교회가 세상 문화에 깊이 물들어 있는 탓에 그로 인한 부패한 영향이 자기들에게 미치고 있다는 사실을 의식하지 못하거나 그로 인한 위협에 전혀 무감각하다.

가장 영향력이 큰 초대형 복음주의 교회들을 비롯해 수많은 교회가 성경이 아닌 다양한 형태의 속된 오락거리(인기 있는 영화, 텔레비전 프로그램, 인기 가요, 심지어는 그런 것들을 대중화시킨 유명인들)를 주제로 삼아 전하는 메시지에 열광하고 있다. 심지어는 '위키피디아'에 '유투카리스트(U2charist)'라는 신조어까지 등재된 상태다. 이 용어는 "전통적인 교회 음악 대신에 그룹 유투의 노래를 연주하면서 성만찬을 거행하는 것"

을 의미한다.[3]

여러 모로 볼 때 미국에서 세 번째로 큰 복음주의 교회로 인정받기에 충분한 한 유명한 교회는 매년 여름이면 한 달 동안 '영화관에서'라는 행사를 개최한다(이 교회의 신자들은 3만 명이 넘는다). 행사 기간에는 음악과 설교와 교회 장식을 주의 깊게 조화시켜 교회가 강조하고 싶은 할리우드 영화들의 주제와 메시지를 부각시키는 데 초점을 맞춘다.[4]

몇 년 전, 앞의 교회와 비슷한 영향력을 지닌 또 하나의 초대형 교회는 록 밴드 '에이씨디씨'의 '지옥 특급행'이라는 노래를 연주하며 부활절 예배를 시작한 것으로 유명하다.[5]

유튜브를 비롯해 교회 지도자들이 교회 성장론을 논의한 다른 인터넷 자료들을 검색해 보면 이와 유사한 사례들을 더 많이 찾아볼 수 있다.

대중 매체가 교회의 메시지가 되었다. 우리는 바울 사도가 "때가 이르리니 사람이 바른 교훈을 받지 아니하며 귀가 가려워서 자기의 사욕을 따를 스승을 많이 두고 또 그 귀를 진리에서 돌이켜 허탄한 이야기를 따르리라"(딤후 4:3, 4)라고 예고한 시대와 정확히 일치하는 시대에 살고 있다.

---

[3] "U2charist", Wikipedia, https://en.wikipedia.org/wiki/U2charist.
[4] Life.Church, "At the Movies", *Life.Church*, https:www.life.church/watch/at-the-movies.
[5] Katherine Weber, "Perry Noble No Regret Over Playing AC/DC 'Highway to Hell' for Easter Service: 'I'd Do It Again – But Better!'", *The Christian Post*, March 25, 2016, https://www.christianpost.com/news/perry-noble-megachurch-ac-dc-highway-to-hell-easter-160107/.

오늘날의 교회도 버가모 교회처럼 세상을 벗 삼아 부패한 타협을 일삼고 있다. 따라서 버가모 교회처럼 주님의 심판을 받게 될 위험이 크다.

하나님의 원수

주님은 버가모 교회의 타협적인 태도를 고칠 수 있는 해결책을 분명하게 제시하셨다. "그러므로 회개하라 그리하지 아니하면 내가 네게 속히 가서 내 입의 검으로 그들과 싸우리라"(계 2:16). 이 말씀에는 "세속적인 타협을 중단하라. 어울리지 않는 멍에를 짊어지려고 하지 말라. 교회에 미친 불경스럽고 부도덕한 영향을 제거하라. 그렇지 않으면 내가 직접 그렇게 할 것이다."라는 의미가 담겨 있다.

이 명령은 이단 사상으로 교회를 오염시키는 자들과 그런 잘못을 관용하는 자들 모두에게 적용된다. 그들 모두가 세상과의 타협에 책임이 있다.

교회는 부패한 문화를 따르기를 원하는 신자들의 죄를 용납해서는 안 된다. 성경은 "적은 누룩이 온 덩어리에 퍼지는 것을 알지 못하느냐"(고전 5:6)라고 말씀한다. 우리는 그런 세속주의에 단호히 맞서야 한다.

교회의 순수함을 지키기 위해서라면 설혹 불신자들의 심기를 불편하게 만들더라도 아무 상관없다. 우리는 잃어버린 자들을 찾아 구원으로 인도하고, 그들에게 복음을 들을 수 있는 기회를 제공하며, "하나님이 그들에게 회개함을 주사 진리를 알게 하시기를"(딤후 2:25) 간절히 원해야 마땅하다.

그러나 그런 일은 타협적인 교회가 되어 불신자들을 무작정 인정하고 받아들일 때가 아니라 "깨어 마귀의 올무에서 벗어나 하나님께 사로잡히도록" 이끌 때에만 일어날 수 있다(딤후 2:26). 우리가 그들의 영혼을 진정으로 염려한다면 죄에 대한 진실과 그로 인한 영원한 결과와 구원자의 필요성을 옳게 가르쳐야 할 필요가 있다.

버가모 교회는 건전한 교리만으로 충분하다고 믿는 그리스도인들, 곧 하나님이 우리가 믿는 것에만 관심이 있고, 우리가 어떻게 행동하든 괘념치 않으신다고 생각하는 모든 그리스도인들을 향한 경고다. 최근 들어 그런 식의 생각과 태도가 갈수록 만연하고 있다.

버가모 교회는 주님이 진리에 대한 지식과 실천을 똑같이 중요하게 여기신다는 사실을 분명하게 일깨워준다. 성경은 "너희는 말씀을 행하는 자가 되고 듣기만 하여 자신을 속이는 자가 되지 말라"(약 1:22)고 말씀한다.

마지막으로 우리는 레위기 18장 2-5절을 기억해야 한다. "나는 여호와 너희의 하나님이니라 너희는…내가 너희를 인도할 가나안 땅의 풍속과 규례도 행하지 말고 너희는 내 법도를 따르며 내 규례를 지켜 그대로 행하라 나는 너희의 하나님 여호와이니라 너희는 내 규례와 법도를 지키라 사람이 이를 행하면 그로 말미암아 살리라 나는 여호와이니라."

구원받은 백성을 위한 하나님의 계획은 세상의 그릇된 모든 것들과의 완전한 결별이다. 우리는 세상 사람들의 행위나 말이나 생각을 본받아서는 안 된다. 우리는 세상 사람들의 가치관에 얽매여서도 안 되고, 그들의 신념체계를 의지해서도 안 된다. "우리의 시민권은 하늘에 있다"(빌 3:20). 세상은 영원한 고향을 하늘에 두고 있는 우리에게는 낯선 타국일 뿐이다.

세상을 버리라는 격려의 말씀

주님은 다시금 좀 더 많은 청중을 염두에 둔 말씀으로 편지를 마무리하셨다. 주님의 편지는 제각각 1세기 말의 특정한 교회들에게 보내졌지만 그분의 메시지는 그 일곱 교회의 범위를 훨씬 더 넘어선다. 그리스도께서 보낸 일곱 통의 편지는 역사상의 모든 교회에 적용된다. 우리는 일곱 교회의 좋은 점과 나쁜 점을 본보기로 삼아 올바른 교훈을 깨달아야 한다.

또한 주님은 우리에게 그리스도를 알고 사랑하는 영원한 특권을 상기함으로써 용기를 낼 수 있도록 격려의 말씀을 허락하셨다. 그분은 "귀 있는 자는 성령이 교회들에게 하시는 말씀을 들을지어다 이기는 그에게는 내가 감추었던 만나를 주고 또 흰 돌을 줄 터인데 그 돌 위에 새 이름을 기록한 것이 있나니 받는 자밖에는 그 이름을 알 사람이 없느니라"(계 2:17)라는 말씀으로 편지를 끝맺으셨다.

그리스도께서는 모든 충실한 신자들에게 세 가지를 약속하셨다(요일 5:4, 5 참조). 첫째는 '감추었던 만나'다. 만나는 하나님이 광야에서 유랑하는 이스라엘 백성들을 먹이기 위해 그들에게 허락하신 양식이다. 하나님과 이스라엘의 언약과 관련된 많은 요소들과 마찬가지로 만나도 더 큰 현실(영원하고, 신령한 것)을 상징한다.

구체적으로 말해 만나는 그리스도를 가리키는 구약 성경의 다양한 상징 가운데 하나다(요 6:48-51). 그리스도께서는 자기 백성의 영적 생명을 유지시켜 주는 생명의 떡이시다. 따라서 충실한 신자들에게 '감추었던 만나'를 주시겠다는 그리스도의 약속은 그분을 알고 사랑할 수 있는 영적 축복을 허락하겠다는 의미를 띤다(엡 1:3).

그리스도께서 이기는 자들에게 두 번째로 약속하신 것은 '흰 돌'이다. 고대 사회에서 운동 경기에서 승리한 사람은 자신의 이름이 새겨진 돌을 우승의 징표로 받았다. 그것은 그들의 승리를 입증하는 증거일 뿐 아니라 승리자들을 위한 만찬에 참석할 수 있는 증표였다. 영원의 관점에서 생각하면 이것은 하나님의 충실한 종들이 천국에 마련된 풍성한 축복과 은혜에 참여할 것을 일깨우는 상징이다.

마지막 세 번째로 그리스도께서는 "그 돌 위에 새 이름을 기록한 것이 있나니 받는 자밖에는 그 이름을 알 사람이 없느니라"라고 약속하셨다. 내가 이 구절을 설교할 때마다 그 은밀한 이름이 무엇이냐고 묻는 사람이 꼭 있지만 이 말씀대로 그 이름을 알 사람은 아무도 없다. 그러나 그 이름을 받는 사람 자신이 명예롭게 여겨 소중히 간직할 이름(곧 승리한 신자들을 구별해서 나타내고, 선택된 자녀들을 향한 하나님의 사랑을 밝히 드러낼 이름)이 되리라는 것만은 분명하다.

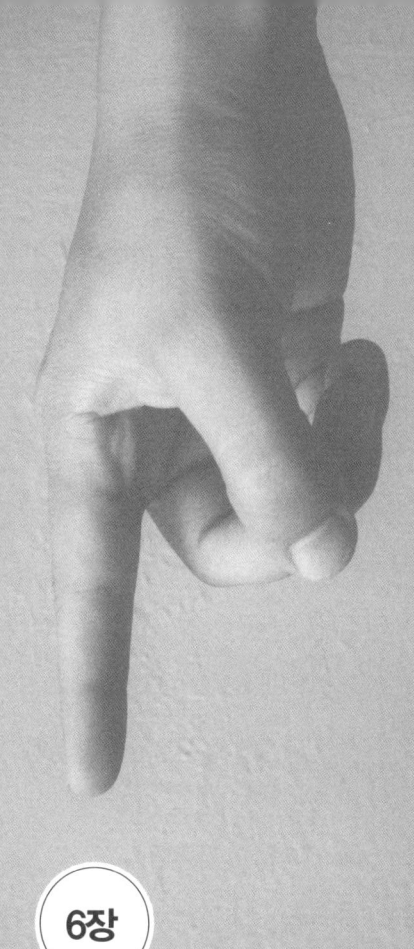

6장

부패한 교회에 대한 예수님의 경고

: 두아디라 교회

신약 성경에서 '교회(에클레시아)'라는 용어가 가장 처음 언급된 곳 가운데 한 곳은 마태복음 18장이다. 그곳에서 교회에게 주신 예수님의 첫 번째 메시지는 교회 안에서 죄를 처리하는 문제에 관한 것이었다. 요한계시록 2, 3장에 기록된 그리스도의 편지처럼, 교회를 위한 그리스도의 가르침은 교회의 거룩함과 영적 건강에 온전히 집중되었다.

주님은 자기 백성에게 세속 문화의 개량이나 참여를 명령하는 성명서를 발표하지도 않으셨고, 지역 사회의 필요 욕구를 헤아려 처리하거나 문화적 불균형을 해소하거나 빈곤율을 낮추는 전략을 가르치지도 않으셨다. 또한 그분은 교회의 정치적, 도덕적 영향력을 극대화하는 계획을 수립하지도 않으셨고, '관용을 베풀어야 한다, 사람들의 감정과 생각을 인정해야 한다, 영적으로 안전한 공간을 제공해야 한다.'와 같이 오늘날 복음주의 진영에서 유행하는 주제들의 필요성을 강조하지도 않으셨다.

그분의 관심은 오로지 교회의 순결함에 있었다. 그분은 자기 백성이 죄를 올바로 처리하는 법을 알기를 원하셨다.

"네 형제가 죄를 범하거든 가서 너와 그 사람과만 상대하여 권고하라 만일 들으면 네가 네 형제를 얻은 것이요 만일 듣지 않거든 한두 사람을 데리고 가서 두세 증인의 입으로 말마다 확증하게 하라 만일 그들의 말도 듣지 않거든 교회에 말하고 교회의 말도 듣지 않거든 이방인과 세리와 같이 여기라"(마 18:15-17).

교회에서 죄를 처리하는 방법을 명시한 위의 명령은 점잖을 빼며 세상 문화를 좇는 현대의 교회가 듣기에는 전혀 타당성이 없게 들린다.

오늘날 많은 사람이 '내가 뭔데 다른 사람에게 이렇게 저렇게 살라고 말할 수 있단 말인가? 우리가 뭔데 사람들의 죄를 들춰내거나 그들을 교회에서 쫓아낼 수 있단 말인가? 그저 그들에게 사랑을 베풀고, 성령께 모든 일을 맡기는 것이 옳지 않은가?'라고 생각한다.

관용과 화합과 사랑이라는 명분을 내세워 교회 안에 있는 죄를 무시하는 교회들이 많다. 그러나 그런 생각과 태도는 화합과 사랑에 관한 성경의 가르침을 잘못 이해한 데서 기인한 것이다. 참으로 놀랍게도 죄를 묵과하고, 관용을 베푸는 것이 교회 성장의 중요한 전략 가운데 하나가 되고 말았다. 이것은 주님의 명령을 정면으로 거부하는 것이다.

바울 사도는 고린도전서 5장에서 그런 생각과 태도를 보인 고린도교회를 엄히 꾸짖었다. 그들 가운데 한 남자가 이방인들조차 놀랄 정도로 심각한 근친상간의 죄를 저질렀다. 그는 자기 아버지의 아내를 범했다(고전 5:1). 그런데도 교회는 그를 출교하지 않고 마치 그런 사람을 용납하는 것이 주변 사회에 교회의 사랑과 관용을 보여주는 일인 양 그를 너그럽게 품어준 것을 자랑으로 여겼다.

바울은 그들에게 "그리하고도 너희가 오히려 교만하여져서 어찌하여 통한히 여기지 아니하고 그 일을 행한 자를 너희 중에서 쫓아내지 아니하였느냐…적은 누룩이 온 덩어리에 퍼지는 것을 알지 못하느냐"(2, 6절)라고 말했다.

그 사람의 노골적인 죄는 교회의 증거를 훼손했고, 죄가 누룩처럼 교회 안에 퍼지는 결과가 나타났다. 그런 악한 죄를 용납하면 교회 전체에 유해한 영향이 미치기 마련이다. 그런 원리의 결과가 고린도 교회 안에서 이미 분명하게 나타났다.

바울 사도의 가르침은 긴급하고도 직설적이었다. 그는 그들에게 "만일 어떤 형제라 일컫는 자가 음행하거나 탐욕을 부리거나 우상 숭배를 하거나 모욕하거나 술 취하거나 속여 빼앗거든 사귀지도 말고 그런 자와는 함께 먹지도 말라…이 악한 사람은 너희 중에서 내쫓으라"(11, 13절)고 명령했다.

죄는 누룩처럼 퍼지지만 순결함과 거룩함은 그렇지가 못하다. 그것들은 부지런히 보호하고 육성해야 한다. 요즘에는 교회 안에서 죄를 어느 정도 '용납하는' 것도 복음 전도의 전략이 될 수 있다는 기괴한 생각을 가지고 일하는 사람들이 많은 듯하다. 그들은 불의와 부패를 바라보는 주님의 관점이 마치 자신들의 관점처럼 두루뭉술한 줄로 착각한다. 신자들은 설혹 죄인들의 기분을 상하게 하는 일이 있더라도 교회의 순결을 보호하는 데 진력해야 한다.

바울은 에베소서 5장 25-27절에서 교회에 대한 주님의 사랑과 교회의 순결에 대한 그분의 지속적인 관심을 잘 묘사했다. 그는 "그리스도께서 교회를 사랑하시고 그 교회를 위하여 자신을 주심같이 하라 이는 곧 물로 씻어 말씀으로 깨끗하게 하사 거룩하게 하시고 자기 앞에 영광스러운 교회로 세우사 티나 주름 잡힌 것이나 이런 것들이 없이 거룩하고 흠이 없게 하려 하심이라"라고 말했다.

교회를 위한 우리의 우선순위는 주님의 우선순위에 부합해야 한다. 우리도 주님처럼 교회의 순결을 가장 중요하게 생각해야 한다.

죄를 간과하고 무시하면 교회의 사역에 큰 지장이 초래된다. 교회는 세상에서 하늘나라의 대변자가 되라는 부르심을 받았다. 교회는 하나님께 영광과 찬양을 돌리고, 의를 드높이며, 거룩함을 추구하는 곳이다. 하나님의 백성은 믿지 않는 세상을 향해 그분의 거룩함을 나타내야 할 의무가 있다(마 5:16). 교회 안에서 죄를 용납하면 그런 의무를 감당하기가 불가능하다.

성경의 분명한 가르침에도 불구하고 교리는 건전하게 잘 가르치지만 거룩함을 전하고 보호하는 일은 소홀히 하는 교회들이 너무나도 많다. 두아디라 교회에게 보낸 그리스도의 편지는 교회의 순결을 보호하지 못한 데서 비롯하는 치명적인 결과를 여실히 보여준다.

두아디라

남북으로 뻗은 주요 도로를 따라 버가모에서 남동쪽으로 약 64킬로미터 떨어진 곳에 위치한 두아디라는 요한계시록 2, 3장에 언급된 도시들 가운데서 가장 작았다. 그곳은 계곡의 편평한 평지에 위치한 까닭에 요새로서 천혜의 조건은 갖추지 못했지만 당초부터 버가모로 향하는 주도로를 지킬 수비대를 주둔시키기 위한 군사 도시로 건설되었다. 버가모로 진군하는 적군을 두아디라에 있는 군인들이 저지해 버가모가 도시를 방어할 준비를 갖출 수 있는 시간을 벌어주는 것이 본래의 목적이었다. 버가모는 소아시아의 수도였기 때문에 침략군은 그곳을 궁극적인 목표로 삼았고, 두아디라는 그런 적군의 공격 속도를 늦추는 임무를 수행했다.

이런 이유로 두아디라는 역사적으로 자주 파괴되고, 또다시 재건되는 운명을 겪어야 했다. 고대 문헌에 몇 차례 언급된 두아디라와 관련된 사실들은 대부분 그곳이 어떤 식으로 정복되었는지를 보여주는 내용을 담고 있다.

그런데 로마 제국이 그 지역을 통치하면서부터 두아디라의 상황이 바뀌었다. 공격과 파괴에 시달리던 두아디라는 로마 제국의 통치 아래 비교적 평화로운 시기를 보낼 수 있었다. 두아디라는 버가모와 라오디게아와 서머나를 연결하는 주도로에 위치한 덕분에 상업이 크게 발전하는 신흥도시로 부상했다.

두아디라는 직물 염색 기술(특히 조개와 나무뿌리를 이용한 자주색 염색 기술)이 뛰어났지만 그 외에도 온갖 종류의 상업 기술을 보유하고 있던 도시였다. 역사의 기록을 살펴보면 요한이 밧모 섬에서 그리스도의 환상을 보았을 무렵에도 두아디라는 여전히 그 탁월한 면모를 자랑하고 있었던 것으로 나타난다. 오늘날 두아디라는 악히사르라는 터기의 도시로 알려져 있다.

소아시아의 다른 도시들과는 달리 두아디라는 종교적인 중심지로 발전한 적이 없었다. 그곳에는 아크로폴리스가 형성되어 있지 않았다. 종교가 공공 생활의 중심은 아니었지만 그곳 사람들은 헬라의 태양신 아폴로를 주신으로 섬겼다. 두아디라의 공공 생활을 지배한 세력은 염색업자, 제혁업자, 구리장색, 제빵업자를 비롯한 상인과 장인들의 조합이었다.

그런 조합에 속하지 않으면 일거리를 찾거나 사업을 하기가 사실상 불가능했다. 개개의 조합은 각자 자신의 수호신을 믿었고, 그 신과 관련된 절기와 의식을 지켰다. 그런 행사에는 우상들에게 음식을 제물로 바치는 행위와 부도덕한 성행위 등이 포함되었기 때문에 순결함을 유지하면서 생계를 꾸려가기를 원했던 그리스도인들은 심각한 난관에 부딪치지 않을 수 없었다. 도시 자체는 비교적 일상적이고 중립적인 공간이었지만, 문화는 이방 종교의 그릇된 관습으로 인해 크게 오염되고 왜곡된 상태였다.

성경은 교회가 두아디라에 설립된 시기를 정확하게 알려주지 않는다. 바울이 에베소에서 사역할 때였을 수도 있고(행 19:10), 그가 그 이전에 빌립보에서 사역할 때였을 수도 있다. 누가는 사도행전에서 "두아디라 시에 있는 자색 옷감 장사로서 하나님을 섬기는 루디아라 하는 한 여자가 말을 듣고 있을 때 주께서 그 마음을 열어 바울의 말을 따르게 하신지라"(16:14)라고 말했다. 루디아와 그의 가족은 빌립보 교회의 설립을 도운 유럽 최초의 그리스도인들이었다. 그녀나 그녀 가족 가운데 몇 명이 두아디라에 돌아가서 그곳에 복음의 전진 기지를 설립하는 것을 도왔을 가능성도 없지 않다.

두아디라 교회가 어떻게 설립되었는지는 정확히 알 수 없지만, 그리스도의 편지를 보면 그들이 진리나 교회의 순결을 위한 주님의 가르침에 끝까지 충실하지는 못했다는 사실을 분명하게 알 수 있다. 두아디라 교회는 부패한 행위 때문에 하나님의 진노와 심판을 받게 될 운명이었다.

재판관이신 주님의 말씀

두아디라 교회를 기점으로 주님의 편지는 이전의 편지들과는 그 표현과 어조가 매우 다르게 전개된다. 이전의 세 편지를 받은 교회들은 모두 죄의 공격에 굴복하지 않고, 믿음에 충실했다. 에베소 교회는 사랑은 없었지만 그리스도와 건전한 가르침에 충실했고, 서머나 교회도 불 시험을 받았지만 끝까지 견디며 주님께 충실했다. 또한 세상과 타협했던 버가모 교회조차도 주님의 이름을 굳게 지켰다는 칭찬을 들었다.

그러나 두아디라 교회는 물론, 사데 교회와 라오디게아 교회는 그렇지가 못했다. 그 교회들의 상황은 훨씬 더 심각했다. 그들 가운데 죄를 짓는 신자들은 더 이상 소수가 아니었다. 거짓 교훈과 부도덕이라는 마귀적인 영향력이 그 교회들을 지배했고, 그들에게 보낸 주님의 편지에는 순결하지 못한 그들에 대한 진노가 역력히 드러나 있다.

두아디라 교회에 보낸 주님의 편지는 처음부터 "그 눈이 불꽃 같고 그 발이 빛난 주석과 같은 하나님의 아들"(계 2:18)이라는 말씀으로 시작한다. 지금까지 그리스도께서는 요한이 처음에 본 환상 가운데서 교회에 대한 자신의 메시지와 특별히 관련된 표현들을 적용해 각각의 편지를 시작하셨다. 주님은 에베소 교회를 향해서는 자신의 권위와 교회에 대한 깊은 관심을 강조하셨고(계 2:1), 서머나 교회를 향해서는 자신의 영원한 본성과 그들을 대신한 희생과 하늘에서 그들을 기다리는 영광을 상기시켜 주셨으며(8절), 버가모 교회를 향해서는 단호한 책망과 더불어 말씀의 능력과 회개하지 않았을 때 당하게 될 결과를 일깨워 주셨다(12절).

두아디라 교회와 관련된 예수님의 자기 묘사는 그 교회를 향한 메시지를 미리 예고한다. 그리스도의 '불꽃 같은 눈'은 그분의 전지하심을 나타낸다. 두아디라 교회 안에서 일어나는 일 가운데 주님이 알지 못하시는 일은 아무것도 없었고, 그 어떤 은밀한 죄도 그분의 눈길을 피할 수 없었다(마 10:26 참조). 이런 사실은 "지으신 것이 하나도 그 앞에 나타나지 않음이 없고 우리의 결산을 받으실 이의 눈 앞에 만물이 벌거벗은 것같이 드러나느니라"(히 4:13)라는 말씀을 생각하게 한다. 주님의 눈길로부터 감출 수 있는 것은 아무것도 없다.

그리스도께서는 레이저 광선과 같은 예리한 눈과 함께 '빛난 주석과 같은 발'을 언급하셨다. 이 표현은 교회에 대한 주님의 권위와 심판을 나타낸다. 요한은 나중에 회개하지 않은 세상을 향해 쏟아지는 주님의 분노를 묘사할 때도 이와 비슷한 표현을 사용했다. 그는 요한계시록 19장 15절에서 그리스도께서 "하나님 곧 전능하신 이의 맹렬한 진노의 포도주 틀을 밟으실" 것이라고 말했다. 빛난 주석과 같은 주님의 발이 교회 안에서 곪아가고 있는 불결한 것들을 사정없이 짓밟을 것이었다.

여기에서 요한이 처음에 보았던 환상을 묘사하는 말과 비교할 때 주목할 만한 차이가 한 가지 발견된다. 요한은 앞에서 자신이 "인자 같은 이를 보았다."고 말했다(1:13). 이 표현은 단지 그리스도의 인성만이 아니라 자기 백성을 향한 그분의 깊은 관심과 긍휼을 강조한다. 그리스도께서는 우리를 대신해 중보 사역을 행하시고, 우리의 약점과 실패와 고통을 깊이 헤아리신다.

그러나 요한계시록 2장 18절에 보면 그리스도께서 스스로를 '하나님의 아들'로 일컫고 계시는 것을 알 수 있다. 이 표현은 그리스도의 신성과 그분의 초월과 거룩하심과 심판을 나타낸다. 구원자요 중보자가 여기에서는 재판관과 심판의 집행자가 되었다. 우상 숭배와 부도덕을 일삼는 교회를 향해 하나님의 진노가 무섭게 쏟아질 예정이었다. 이것은 위로와 긍휼이 아닌 위협과 공포다. 이런 편지를 받고 싶어 할 교회는 어디에도 없을 것이다.

그러나 다른 모든 교회처럼 두아디라 교회에도 참 신자들과 거짓 신자들이 한데 섞여 있었다. 버가모 교회처럼 두아디라 교회의 신자들도 거짓 신자들을 용납하고, 그들이 부패한 영향력을 행사하도록 방치했다. 버가모 교회와 다른 점이 있다면 두아디라 교회에서는 거짓 신자들과 우상 숭배자들이 교회를 지배했다는 것이다. 그곳에는 참된 신자들이 극소수에 불과했다.

주님은 그 충실한 소수를 향해 "내가 네 사업과 사랑과 믿음과 섬김과 인내를 아노니 네 나중 행위가 처음 것보다 많도다"(계 2:19)라고 말씀하셨다. 주님은 예리한 눈으로 두아디라 교회의 죄를 모두 지켜보고 계셨을 뿐 아니라, 참 신자들의 충실한 믿음까지도 모두 알고 계셨다. 그분은 그들의 '사랑과 믿음과 섬김과 인내'를 구체적으로 언급하셨다. 건전한 교리에 대한 언급은 없기 때문에 그들이 신학적으로 얼마나 지혜롭고 빈틈이 없었는지는 정확히 알 수 없다. 그들이 아직 성숙하지 않은 믿음을 지닌 연약한 신자였을 가능성이 있다. 그러나 그들은 에베소의 신자들에게 없었던 장점을 지니고 있었다. 즉 그들은 하나님을 사랑했고, 그 사랑으로 서로를 섬겼다. 아울러 그리스도께서는 그들의 믿음과 인내를 칭찬하셨다. 주님은 그런 경건한 특성들이 처음보다 더 많아졌다고 말씀하셨다.

두아디라 교회는 도덕적으로 더럽기가 시궁창과 같은 곳이었지만 몇몇 귀한 신자들은 충실함을 잃지 않았다. 그런 상황에서 주님이 그들의 행위를 알고, 또 인정하신다는 말씀은 그들에게 더 할 나위 없이 큰 위로를 느끼게 했을 것이다.

이세벨로 인한 폐해

주님은 칭찬을 몇 마디 건네고 나서 곧바로 두아디라 교회를 엄하게 꾸짖기 시작하셨다. "그러나 네게 책망할 일이 있노라 자칭 선지자라 하는 여자 이세벨을 네가 용납함이니 그가 내 종들을 가르쳐 꾀어 행음하게 하고 우상의 제물을 먹게 하는도다"(계 2:20).

요즘에는 '용납하다.'는 말을 너무 지나치게 강조하는 경향이 많지만 교회를 향해 무작정 관용하라고 명령하는 성경 구절은 어디에도 없다. 사실 하나님은 교회가 '관대하지 못하다.'는 평판을 듣기를 원하신다. 바꾸어 말해 하나님은 교회가 거짓 교훈과 부도덕한 행위를 용납하지 않기를 바라신다. 이미 살펴 본 대로 그분은 죄를 용납하지 않는 교회를 원하신다.

두아디라 교회는 그 점에 실패했다. 주님은 "자칭 선지자라 하는 여자 이세벨을 네가 용납함이니"라고 말씀하셨다. 두아디라 교회는 일종의 1세기 페미니즘에 굴복해 바울 사도가 디모데전서 2장 12절("여자가 가르치는 것과 남자를 주관하는 것을 허락하지 아니하노니")에서 제시한 원리를 거슬러 여자가 교회 안에서 일정한 영향력을 행사할 수 있는 여지를 열어주었다. 두아디라 교회의 '이세벨'은 쫓아냈어야 할 부도덕하고 우상 숭배적인 여성이었다. '자칭 선지자'라는 주님의 말씀에서 짐작할 수 있는 대로 그녀는 불경스럽게도 자신의 이단적인 교훈이 마치 하나님에게서 비롯한 것인 양 주장했다.

성경은 이 여자가 누구인지 밝히지 않는다. 그리스도께서는 그녀를 '이세벨'로 일컬으셨지만 그것이 그녀의 실제 이름이 아닌 것은 분명하다. 갓 태어난 딸에게 이세벨이라는 이름을 지어주는 어머니들은 거의 없다. 이세벨은 본래 구약 성경에 등장하는 인물이다. 성경이 아합 왕과 그녀의 결혼을 아합 왕의 사악함의 극치로 평가할 만큼, 그녀는 악하고 파괴적인 성격의 소유자였다.

"오므리의 아들 아합이 그의 이전의 모든 사람보다 여호와 보시기에 악을 더욱 행하여 느밧의 아들 여로보암의 죄를 따라 행하는 것을 오히려 가볍게 여기며 시돈 사람의 왕 엣바알의 딸 이세벨을 아내로 삼고 가서 바알을 섬겨 예배하고"(왕상 16:30, 31).

바알은 폭풍우와 풍요를 관장하는 가나안의 신이었다. 바알을 숭배하는 의식에는 자해와 난잡한 술잔치가 포함되었다. 이스라엘은 과거에도 이따금 바알을 숭배하는 죄를 저질렀지만 아합과 이세벨의 통치 기간에는 바알 숭배가 공식적인 국가 종교로 인정되기까지 했다. 그로 인해 이세벨이라는 이름은 하나님의 백성을 부패시키는 가장 사악한 형태의 거짓 종교를 상징하는 의미를 지니게 되었다.

성경은 이세벨의 죽음을 섬뜩할 정도로 자세하게 묘사함으로써 하나님이 그녀의 사악함에 대해 얼마나 크게 분노하셨는지를 잘 보여주고 있다.

"예후가 이스르엘에 오니 이세벨이 듣고 눈을 그리고 머리를 꾸미고 창에서 바라보다가 예후가 문에 들어오매 이르되 주인을 죽인 너 시므리여 평안하냐 하니 예후가 얼굴을 들어 창을 향하고 이르되 내 편이 될 자가 누구냐 누구냐 하니 두어 내시가 예후를 내다보는지라 이르되 그를 내려던지라 하니 내려던지매 그의 피가 담과 말에게 튀더라 예후가 그의 시체를 밟으니라 예후가 들어가서 먹고 마시고 이르되 가서 이 저주받은 여자를 찾아 장사하라 그는 왕의 딸이니라 하매 가서 장사하려 한즉 그 두골과 발과 그의 손 외에는 찾지 못한지라 돌아와서 전하니 예후가 이르되 이는 여호와께서 그 종 디셉 사람 엘리야를 통하여 말씀하신 바라 이르시기를 이스르엘 토지에서 개들이 이세벨의 살을 먹을지라 그 시체가 이스르엘 토지에서 거름같이 밭에 있으리니 이것이 이세벨이라고 가리켜 말하지 못하게 되리라 하셨느니라 하였더라"(왕하 9:30-37).

구약 성경의 이세벨처럼 두아디라 교회의 여선지자도 하나님의 백성을 우상 숭배로 끌어들였다. "그가 내 종들을 가르쳐 꾀어 행음하게 하고 우상의 제물을 먹게 하는도다"(계 2:20). 그녀는 신성모독적인 거짓 교훈으로 그리스도의 종들을 미혹시켜 다시 이교주의로 돌아가게 만들었다. 성경은 거짓 교사들이 하나님의 자녀들에게 이단적인 교훈을 가르치고, 부도덕한 행위를 저지르게 만드는 것을 하나님이 얼마나 심각한 죄로 여기시는지를 분명하게 보여주고 있다.

"누구든지 나를 믿는 이 작은 자 중 하나를 실족하게 하면 차라리 연자 맷돌이 그 목에 달려서 깊은 바다에 빠뜨려지는 것이 나으니라 실족하게 하는 일들이 있음으로 말미암아 세상에 화가 있도다 실족하게 하는 일이 없을 수는 없으나 실족하게 하는 그 사람에게는 화가 있도다"(마 18:6, 7).

성경은 두아디라 교회의 이세벨이 가르친 것을 구체적으로 언급하지 않는다. 성경은 다만 그녀의 그릇된 가르침으로 인한 결과만을 언급하고 있다. 그러나 1세기의 신자들을 공격했던 이단 사상 가운데 우리가 알고 있는 몇 가지를 고려하면 그녀가 어떤 식으로 두아디라 교회의 영적 방어력을 약화시켜 그런 심각한 죄와 오류를 저지르게 만들었는지를 조금은 짐작할 수 있다. 사실 오늘날까지도 그와 동일한 거짓 가르침들이 여전히 유포되고 있고, 그로 인해 비슷한 부패 현상들이 나타나고 있다.

두아디라 교회는 초기 형태의 영지주의 이단에 굴복했을 가능성이 있다. '영지주의'라는 용어는 '지식'을 뜻하는 헬라어 '그노시스'에서 유래했다. 영지주의는 초대 교회를 괴롭혔던 이원론적 철학 사상이다. 영지주의자들은 물리적인 우주는 악하고, 영적인 세계는 선하며, 비의적인 영적 지식을 깨달아야만 구원을 받을 수 있다고 가르쳤다. 그런 이원론 사상은 도덕적인 가치와 윤리적인 행위를 도외시하게 만들었다. 왜냐하면 육체와 영혼이 완전히 분리되어 있기 때문에 육체로 저지른 죄가 영혼에 영향을 미치지 못한다고 생각했기 때문이다. 영지주의자들은 하나님은 육체로 행한 일을 중요하게 생각하지 않으시기 때문에 마음껏 자유롭게 불의한 육신의 행위를 저질러도 괜찮다고 주장했다.

영지주의는 하나의 사상운동으로 발전하지는 못했지만 그 가르침은 형태만 약간 달리한 채로 줄곧 교회를 괴롭혀 왔다. 정신적인 동의만으로 구원을 얻을 수 있다는 그릇된 생각이 지금도 여전히 교회를 괴롭히고 있다. 영지주의는 믿음의 고백과 행위의 실천을 분리시키도록 요구한다. 그런 이원론적인 사고가 오늘날의 교회 안에 만연하다. 단지 강단 앞으로 걸어 나가 '그리스도를 영접하는' 기도를 드렸다는 이유만으로 구원을 받았다고 생각하는 사람들이 복음주의 진영 안에 셀 수 없이 많다.

그들은 구원의 증거가 삶을 통해 나타나든 말든 상관없이 스스로가 구원받았다고 믿는다. '값싼 신앙주의'(easy believism)를 신봉하는 사람들은 영지주의자들과 똑같은 잘못(즉 올바른 것을 믿으면 어떻게 살든 아무 상관없다는 것)을 저지른다. 불행히도 그런 그릇된 구원의 확신으로 인해 수많은 사람들이 지옥을 향해 가고 있다.

두아디라 교회의 이세벨이 가르친 거짓 교훈과 밀접하게 관련된 또 하나의 이단 사상은 '율법폐기론'으로 불린다. 이 용어는 '율법을 어긴다.'는 의미를 갖는 헬라어 '안티 노모스'에서 유래했다. 율법폐기론자들은 하나님의 율법이 그리스도인들에게는 적용되지 않는다고 주장했다. 그들은 하나님의 용서는 완전하다고, 곧 그분의 은혜로 인해 과거와 현재의 죄는 물론, 미래의 죄까지도 모두 용서받았다고 믿었다. 그들은 "너희가 만일 성령의 인도하시는 바가 되면 율법 아래에 있지 아니하리라"(갈 5:18)라는 진리를 왜곡시켜 그리스도인들은 하나님의 율법과 아무런 관련이 없다고 가르쳤다.

그들은 "그런즉 우리가 무슨 말을 하리요 은혜를 더하게 하려고 죄에 거하겠느냐"라는 로마서 6장 1절의 질문에 대해 "물론이다. 죄는 하나님의 은혜를 더욱 빛나게 하기 때문에 아무것도 염려할 필요가 없다."라고 대답한다. 그들은 하나님의 은혜를 그런 식으로 심각하게 오해하는 탓에 자기 훈련과 의에 무관심한 채 제멋대로 마음껏 죄를 지으며 살아가기에 이른다.

유다는 "그들은…경건하지 아니하여 우리 하나님의 은혜를 도리어 방탕한 것으로 바꾸고 홀로 하나이신 주재 곧 우리 주 예수 그리스도를 부인하는 자니라"(유 4절)는 말로 그런 이단 사상을 퍼뜨리는 사람들을 묘사했다.

'율법폐기론'은 기독교 진영 안에서 이단 사상으로 단죄되었지만 하나님의 은혜를 그와 비슷하게 왜곡하는 견해가 최근에 다시 인기를 누리고 있다. 자신의 죄를 교회 앞에서 자랑스럽게 떠벌리는 목회자들도 있고, 거룩함과 경건함을 추구하는 것을 은혜를 부인하는 율법주의적인 행위로 여겨 비웃는 목회자들도 있다. 하나님의 은혜만을 크게 강조하는 신학은 언뜻 좋게 들리지만 실상은 죄를 과소평가할 뿐 아니라 죄가 하나님께 가증스러운 것이라는 사실을 도외시하는 위험천만한 사상이 아닐 수 없다. 그것은 대개 부도덕한 삶을 은폐하기 위한 교묘한 속임수에 지나지 않는다.

두아디라의 이세벨은 이 두 가지 거짓 교훈을 가르쳤을 가능성이 높다. 그럴 듯한 이유를 내세워 죄를 묵과하는 것은 교회를 부패시키는 그녀의 행위를 돕는 결과를 가져왔을 것이다. 그녀가 어떤 거짓된 교리를 가르쳤는지는 정확히 알기 어렵지만 두아디라 신자들 가운데 많은 사람이 그녀의 속임수에 넘어가 이교주의의 부도덕한 행위를 용인했던 것만은 분명하다. 그들은 노골적으로 육신의 죄를 지으면서도 여전히 그리스도의 이름을 믿을 수 있다고 생각했다. 그리스도의 편지는 "사탄의 깊은 것을 알려고" 노력했던 사람들이 교회 안에 있었다는 사실을 암시한다(계 2:24). 이세벨이라는 여인과 그녀의 추종자들은 보통의 우상 숭배와 이교주의에 만족하지 않고, 자신들의 부도덕한 정욕을 만족시키기 위해 사탄의 영역으로 깊숙이 나아가려고 시도했다. 그들의 왜곡된 생각 속에서는 음란하고 마귀적인 행위들이 얼마든지 용인될 수 있었다.

주님은 21절에서 "내가 그에게 회개할 기회를 주었으되 자기의 음행을 회개하고자 하지 아니하는도다"라고 말씀하셨다. 거짓 여선지자는 스스로의 사악한 속임수가 얼마나 심각한 것인지를 알고 있었다. 그녀는 자신이 하나님을 모욕하고, 그분의 이름을 모독하고, 교회를 영적으로 부패하게 만드는 가르침을 전하고 있다는 것을 알았다. 그러나 이제 그녀에 대한 하나님의 인내는 다했고, 심판이 임박했다.

심판의 선언

그리스도께서는 부패한 두아디라 교회를 신속하고도 무섭게 심판할 것이라고 약속하셨다. "볼지어다 내가 그를 침상에 던질 터이요 또 그와 더불어 간음하는 자들도 만일 그의 행위를 회개하지 아니하면 큰 환난 가운데에 던지고 또 내가 사망으로 그의 자녀를 죽이리니 모든 교회가 나는 사람의 뜻과 마음을 살피는 자인 줄 알지라 내가 너희 각 사람의 행위대로 갚아 주리라"(계 2:22, 23).

하나님의 심판이 두아디라 교회의 이세벨과 '그와 더불어 간음하는 자'들에게 신속하게 임할 예정이었다. 성경에서 '간음'은 종종 영적인 불충실함을 가리키는 의미로 사용되었다. 이 용어는 여러 모로 적합하며, 실제로 문자 그대로 적용될 수 있는 경우도 많았다. 왜냐하면 고대 가나안 족속에서부터 1세기 헬라와 로마 제국에 이르는 다양한 이방 종교의 의식에 음란한 행위가 포함되었기 때문이다.

예를 들어 고린도는 신전들이 많은 도시였다. 또한 매음굴은 신전들보다 더 많았고, 창기들이 종교 의식에서 '여사제'로 활동했다. 그리스도께서 이 두아디라 여자를 '이세벨'로 일컬으셨다는 사실은 그녀의 거짓된 가르침이 교회 안에서 이루어지는 부도덕한 관계들을 용납하도록 부추겼다는 사실을 암시한다. 그녀는 교회 내에서 육체적인 간음 행위를 독려하며 당시의 부패한 이교주의를 모방하게끔 유도했을 것이 분명하다. 그녀가 실제로 간음을 저질렀다는 증거는 '내가 그를 침상에 던질 터이요'라는 그리스도의 말씀에 의해 더욱 확실하게 입증된다. 이 말씀은 그녀와 그녀의 불의에 동참한 자들을 모두 지옥에 던질 것이라는 의미를 담고 있다.

또한 주님은 "내가 사망으로 그의 자녀를 죽이리니"(23절)라고 말씀하셨다. '그의 자녀'가 그녀가 낳은 생물학적인 자녀를 가리킬 가능성은 거의 없다. 두아디라의 이세벨은 자신의 이단 사상을 옹호하는 추종자들을 거느릴 만큼 교회에 많은 영향을 미쳤던 것이 틀림없다. 주님은 교회를 정화하기 위해 이세벨의 음란한 가르침을 좇는 자들을 모두 죽이겠다고 경고하셨다.

타협적이고, 죄를 관용하는 목회자들은 이런 그리스도의 말씀 앞에서 크게 놀라지 않을 수 없을 것이다. 그리스도께서는 교회의 순결을 위해 부패한 영향력을 행사하는 자들을 가차 없이 심판하실 것이다. 주님은 아나니아와 삽비라가 성령을 속였을 때도 그렇게 하셨고(행 5:1-11), 어떤 사람들이 고린도 교회에서 성만찬을 더럽혔을 때도 그렇게 하셨다(고전 11:28, 29). 요한일서 5장 16절은 '사망에 이르는 죄'가 있다고 말씀한다.

이것은 주님이 목숨을 취하실 정도로 중대한 죄를 가리킨다. 주님은 교회의 순결이 위협을 받을 때는 반드시 그 위협을 제거하신다. 물론 우리가 그렇게 해주기를 바랄 때마다 항상 그러시는 것은 아니다. 주님은 두아디라의 이세벨에게 그랬던 것처럼 큰 인내를 발휘하실 때가 많다. 그러나 그 인내는 영원하지 않다. 다시 말하지만 교회 안에 '용납할 수 있는' 정도의 죄가 있을 수 있다고 생각해서는 안 된다. 주님은 죄를 조금도 용납하지 않으신다. 우리도 마땅히 그래야 한다.

주님은 정하신 때가 되면 부패한 두아디라 교회를 단호히 심판할 생각이셨다. 그러나 그분의 심판은 단지 그 한 교회만을 위한 것이 아니었다. 그리스도께서 진노를 쏟아내는 이유는 "모든 교회가 나는 사람의 뜻과 마음을 살피는 자인 줄 알고", 또 "각 사람의 행위대로 갚아 준다"는 것을 알게 하시기 위해서다(23절). 간단히 말해 주님은 두아디라 교회를 하나의 본보기로 삼을 생각이셨다.

교회의 머리이신 주님이 이렇게 분명하게 말씀하시는데도(곧 교회가 부패하면 거룩한 분노를 쏟아내실 것이라고 말씀하시는데도) 어떻게 목회자와 교회들이 그토록 죄에 무관심할 수 있는지 도무지 이해하기 어렵다. 주님은 심판을 밝히 드러내 모든 교회가 보고 두려워할 수 있게 하실 것이다. 그분은 한 교회의 실패와 멸망을 통해 다른 교회들을 정화하고, 자기 백성에게 자신의 거룩하심을 나타내실 것이다. 죄를 복음전도의 전략으로 용인하거나 인정하는 것은 절대로 있을 수 없다. 그렇게 하는 것은 하늘의 심판을 자초하는 것이다.

23절에 기록된 주님의 말씀은 예레미야서 17장 10절을 상기시킨다. "나 여호와는 심장을 살피며 폐부를 시험하고 각각 그의 행위와 그의 행실대로 보응하나니." 이것은 주님의 신성과 권위를 확증하는 말씀이다. 주님은 자신이 모든 것을 완벽하게 꿰뚫어 보는 눈을 가진 전지한 재판관이라는 사실을 일깨워 주셨다.

마지막으로 주님은 교회를 부패하게 만드는 부도덕한 우상 숭배자들이 아니라 사탄과 거짓 교사들의 공격에 맞서 충실하게 믿음을 지킨 소수의 신자들을 위해 격려의 말씀을 허락하셨다. 주님은 악인들의 행위를 지켜보시는 것처럼 남은 자들의 충실한 행위도 잊지 않고 살펴보신다. 그분은 믿음을 굳게 지킨 자들을 위로하는 말씀으로 자신의 편지를 마무리하셨다.

부패하지 않은 신자들을 위한 위로

두아디라의 충실한 신자가 다니는 교회는 도시에 단 한 곳밖에 없었다. 그러나 그것은 노골적으로 우상을 숭배하는 교회였다

그와 비슷하게 오늘날에도 강하고 충실한 교회가 없는 도시에서 홀로 갇혀 있는 듯한 심정을 느끼는 신자들이 많다. 그들은 그릇된 교회들 가운데서 그나마 가장 낫다고 생각되는 교회를 선택할 수밖에 없다. 주님은 부패하고 연약한 교회 안에서 충실하게 버텨나가는 신자들에게 이렇게 말씀하신다.

"두아디라에 남아 있어 이 교훈을 받지 아니하고 소위 사탄의 깊은 것을 알지 못하는 너희에게 말하노니 다른 짐으로 너희에게 지울 것은 없노라 다만 너희에게 있는 것을 내가 올 때까지 굳게 잡으라 이기는 자와 끝까지 내 일을 지키는 그에게 만국을 다스리는 권세를 주리니 그가 철장을 가지고 그들을 다스려 질그릇 깨뜨리는 것과 같이 하리라 나도 내 아버지께 받은 것이 그러하니라 내가 또 그에게 새벽 별을 주리라 귀 있는 자는 성령이 교회들에게 하시는 말씀을 들을지어다"(계 2:24-29).

주님은 항상 자기 백성을 아신다. 지옥을 향해 달려가는 두아디라 교회의 부패한 환경 속에도 여전히 충실한 신자들이 더러 남아 있었다. 주님은 그들의 행위도 똑같이 지켜보고 계셨다. 단지 끝까지 충실함을 유지하는 것 외에는 그들이 짊어져야 할 다른 짐은 없었다. 그들은 거짓 가르침에 끊임없이 맞서야 했고, 끔찍한 광경들을 목격하면서도 충실하게 사느라고 많은 슬픔을 감당해야 했다. 그것으로 충분했다. 그리스도께서는 진리를 '굳게 붙잡고', 주위의 부패한 영향에 굴하지 말라고 격려하셨다. 그들은 사탄의 유혹과 거짓 교사들의 사악한 영향력을 계속해서 물리쳐야 했다. 달리 선택할 수 있는 교회는 존재하지 않았다. 그들은 부패의 압력에 굴복하지 않고, 주님이 정화의 사역을 시작하실 때까지 기다려야 했다.

이것은 부패한 교회 안에 갇혀 있는 모든 충실한 신자들에게 큰 위로가 된다. 주님은 그들의 상황을 모르지 않으신다. 그분은 그들의 주변에서 일어나는 부패한 현상은 물론, 그들이 감당해야 할 짐까지도 모두 알고 계신다. 주님은 끝까지 충실하기를 원하신다. 그분은 자기가 그 충실함을 알고 있다는 사실을 잊지 않기를 바라신다. 비록 영적으로 궁지에 몰린 상태일지라도 결코 혼자가 아니라는 사실을 기억해야 한다.

아울러 그리스도께서는 '이기는 자'(요일 5:4, 5)에게 "만국을 다스리는 권세를 주리니 그가 철장을 가지고 그들을 다스려 질그릇 깨뜨리는 것과 같이 하리라 나도 내 아버지께 받은 것이 그러하니라"(계 2:26, 27)라고 약속하셨다. 여기에서 사용된 표현은 시편 2장 7-9절에서 유래했다. "내가 여호와의 명령을 전하노라 여호와께서 내게 이르시되 너는 내 아들이라 오늘 내가 너를 낳았도다 내게 구하라 내가 이방 나라를 네 유업으로 주리니 네 소유가 땅 끝까지 이르리로다 네가 철장으로 그들을 깨뜨림이여 질그릇같이 부수리라 하시도다."

이것은 천년 왕국에서 이루어질 그리스도의 통치를 가리킨다. 그리스도께서는 끝까지 충실하게 인내해 승리하는 자들에게 자신의 거룩한 권위를 나눠주겠다고 약속하셨다. 주님은 철장으로 반역을 일으킨 나라들을 통치하실 것이며 자기 백성을 목자처럼 돌보실 것이다. 주님은 승리한 자들이 자신의 나라에서 그런 역할에 동참할 수 있게 하겠다고 약속하셨다.

약속은 그것만이 아니었다. 주님은 또한 "내가 또 그에게 새벽 별을 주리라"(계 2:28)고 약속하셨다. "나 예수는 교회들을 위하여 내 사자를 보내어 이것들을 너희에게 증언하게 하였노라 나는 다윗의 뿌리요 자손이니 곧 광명한 새벽 별이라 하시더라"(계 22:16)라는 말씀에서 알 수 있는 대로 '새벽 별'은 곧 예수 그리스도 자신이시다. 신자는 세상에 있는 한 그리스도를 부분적으로 안다. 신자는 주님의 말씀을 가지고 있고, 또 그 안에는 성령께서 내주해 계신다. 이것은 미래에 있을 주님과의 관계를 약속하는 말씀이다. 그때에는 하나님 나라의 영광 안에서 그리스도를 온전하고, 친밀하고, 철저하게 알게 될 것이다. 바울은 그런 복된 날을 간절히 바라며 "우리가 지금은 거울로 보는 것같이 희미하나 그때에는 얼굴과 얼굴을 대하여 볼 것이요 지금은 내가 부분적으로 아나 그때에는 주께서 나를 아신 것같이 내가 온전히 알리라"(고전 13:12)라고 말했다. 이기는 자는 왕이신 주님과 하나님 나라를 영원한 기업으로 받게 될 것이다.

그리스도께서는 모든 교회를 염두에 두고 "귀 있는 자는 성령이 교회들에게 하시는 말씀을 들을지어다"(계 2:29)라는 말씀으로 두아디라 교회에 보내는 편지를 마무리하셨다. 온 교회가 두아디라 교회를 향한 주님의 말씀을 듣고, 두려워해야 한다. 하나님은 결코 비웃음을 당하지 않으실 것이고, 심판을 무한정 미루지 않으실 것이다. 그분은 죄를 용납하고, 죄를 가볍게 여겨 속된 것으로 교회를 부패시키는 자들을 단호하게 처벌하실 것이다. 그러나 모든 것을 견디며 끝까지 충성하는 자들, 곧 세상에 오염되지 않은 자들에게는 그리스도와 더불어 나라를 다스리게 하겠다고 약속하셨다.

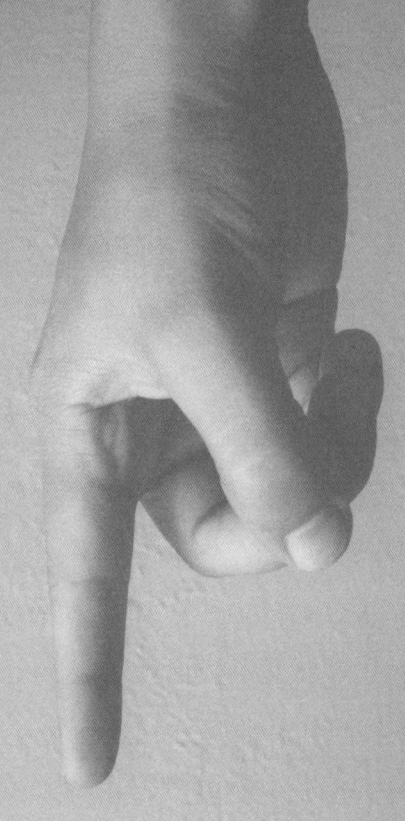

7장

죽은 교회에 대한 예수님의 경고

: 사데 교회

하나님은 광대한 우주를 창조하셨다. 우리의 유한한 생각으로는 단지 우주의 지극히 작은 일부만을 이해할 수 있을 따름이다. 심지어는 광활한 우주 공간에서 우리가 보았다고 생각하는 것조차도 잘못된 착각일 수 있다. 예를 들어 1광년은 빛이 약 초속 300,000킬로미터의 속도로 일 년 동안 직진한 거리를 가리킨다. 따라서 1광년의 거리는 9조 6천만 킬로미터가 넘는다.

밤중에 바라보는 하늘의 별빛은 방금 발출된 빛이 아니다. 그 빛은 5년이나 10년, 또는 20년 전의 빛일 수도 있고, 수십 년 전이나 심지어는 이미 오래 전에 별 자체가 사라지고 난 뒤에 도착한 빛일 수도 있다. 별은 몇 년, 혹은 몇 십 년 전에 사라졌는데 그 빛이 없어졌다는 사실을 오랜 후에 알게 되는 경우도 있다.

오늘날 그와 비슷한 상황에 처한 교회들이 많다. 그런 교회들은 멀리서 보면 밝고 환하게 빛나는 것 같지만, 사실 그 빛은 환영이다. 그것은 죄와 거짓 교훈에 의해 교회의 빛이 이미 다 사라지고 난 지 오랜 후까지 남아 있는 과거의 흐릿한 빛에 지나지 않는다.

사데 교회가 그와 같았다. 겉으로는 아무것도 잘못된 것이 없는 것처럼 보였다. 그러나 주님은 사데 교회에 보낸 편지에서 그 교회가 죽었다고 선언하셨다(계 3:1-6).

희미해져 가는 영광

두아디라에서 남쪽으로 약 48킬로미터 떨어져 있는 사데는 팩톨로스 강 근처에 있는 트몰로스 산지에 위치해 있었다. 그 강에는 금이 많았기 때문에 사데는 고대 세계에서 가장 부요한 도시 가운데 하나가 될 수 있었다. 사데는 리디아 왕국의 수도였다. 그곳의 왕 크로이소스는 지금도 여전히 부의 상징으로 통한다(크로이소스 만한 부자). 사데는 금화와 은화를 최초로 제조한 도시로 알려져 있다. 또한 전승에 따르면 양모 염색 기술이 사데에서 최초로 개발되었다고 한다. 이 직물 제조는 1세기 내내 사데의 가장 중요한 산업 가운데 하나가 되었다.

그런 막대한 부를 소유한 도시는 스스로를 보호할 능력을 잘 갖추는 것이 중요했다. 사데는 해발 457미터의 산 위에 위치했고, 사방이 깎아지른 절벽과 산들로 둘러싸여 있었다. 도시로 통하는 길은 가파른 산 길 하나뿐이었다. 한마디로 난공불락의 요새나 다름없었다. 사람들이 부주의하지만 않았어도 사데는 결코 함락되지 않았을 것이다.

리디아의 왕 크로이소스는 헬라의 신에게 조언을 구했고, 그로부터 자만심에 빠지지 말라는 경고의 말을 들었는데도 불구하고 바사 제국의 고레스 왕을 공격했다가 크게 패하고 말았다. 사데에 돌아온 그는 군대를 정비해 또다시 공격에 나섰지만 고레스 왕은 그를 신속하게 추격해 사데까지 밀고 들어왔다. 그는 아크로폴리스 꼭대기의 난공불락의 위치에 있는 자신이 절대적으로 안전할 것이라고 믿고, 도시 아래쪽 가파른 바위들 사이에 몰려 있는 바사 제국의 군대를 상대로 쉽게 승리를 거둘 것이라고 예상했다.

사실 그들은 리디아 군대가 쉽게 공략할 수 있는 먹잇감처럼 보였다. 쌍방의 전투가 아직 진행 중인 어느 날 저녁, 크로이소스는 잠시 휴식을 취하고 나서 보니 바사 제국의 군인들이 한 사람씩 가파른 성벽을 기어 올라와 아크로폴리스를 장악한 것을 발견했다(BC 549). 안전을 확신한 사데인들은 적군이 그런 식으로 접근하리라고는 전혀 생각하지 못했기에 아무런 방비도 하지 않고 있었고, 그 덕분에 바사 군인들은 조금의 저항도 받지 않고 성벽을 기어오를 수 있었다. 그런 식의 공격은 어린아이도 막을 수 있는 것이었지만 성벽 쪽으로는 절대 접근할 수 없을 것이라고 믿고 그쪽을 감시할 경계병을 단 한 사람도 세워두지 않은 것이 화근이었다.

그로부터 350년이 흐른 뒤에도 똑같은 일이 되풀이되었다. BC 195년, 안티오코스 대제는 그레데 출신의 믿음직한 산악 전문가의 도움을 받아 사데를 정복했다. 당시 그릇된 자신감에 찬 부주의한 방어자들은 단지 남쪽에 있는 트몰로스 산과 연결된 좁고 잘록한 길만을 방비하는 것으로 만족했고, 그의 군대는 또 다른 방향으로 도시를 공격해 들어가 그들

의 허를 찔렀다.[1]

사데는 그리스도께서 탄생하기 약 100년 전부터 로마 제국의 통치를 받기 시작했다. 그러다가 17년에 대규모 지진이 발생해 도시는 순식간에 폐허로 변하고 말았다. 로마 황제 티베리우스가 도시를 재건했고, 그 후 사데에는 그를 기리는 신전이 건축되었다. 그러나 사데의 가장 중요한 신은 키벨레 여신이었다. 사데의 유적은 오늘날까지도 사르트라는 터키의 도시 근처에 여전히 남아 있다.

사데는 로마 제국의 시대에도 계속 번영을 누렸지만 이전의 영광에는 이르지 못했다. 사실 그곳은 쇠락해 가는 도시였고, 교회 또한 크게 부패한 상태였다. 성경은 사데에 교회가 설립된 시기를 정확히 밝히지 않는다. 바울이 에베소에서 사역할 때 처음 시작되었을 것으로 추정된다(행 19:10).

사데 교회에 보내는 그리스도의 편지는 다른 편지들과 다른 점이 한 가지 있다. 구체적으로 말해 박해, 거짓 교훈, 거짓 교사, 세상과의 타협을 비롯해 교회를 부패시키는 여타의 죄에 대한 언급이 전혀 발견되지 않는다. 그러나 사데 교회가 그 모든 문제를 안고 있었다는 합리적인 추론이 가능하다. 그들도 주님이 언급하신 영적 쇠퇴의 길을 걷고 있었을 것이 틀림없다.

사실 주님은 최악의 표현을 사용해 사데 교회를 묘사하셨다. 그분은

---

[1] Robert L. Thomas, *Revelation 1-7: An Exegetical Commentary* (Chicago: Moody, 1992), 241.

사데 교회가 죽었다고 선언하셨다. 그들은 40년도 채 못 되어 에베소 교회처럼 처음 사랑을 버렸고, 버가모 교회처럼 세상과 타협했으며, 두아디라 교회처럼 부패에 치우쳤다. 어떻게 그들은 주님이 요한계시록에서 언급하신 영적 쇠퇴의 길로 그렇게 빠르게 치닫게 되었을까?

사데 교회에 가장 절실히 필요했던 것

주님은 사데 교회에 보내는 편지에서 자신을 "하나님의 일곱 영과 일곱 별을 가지신 이"(계 3:1)로 일컬으셨다. 지금까지 살펴 본 대로 그리스도께서는 요한이 처음에 본 환상에서 자신의 성품을 구체적으로 드러낸 표현들을 빌려와 개개의 교회를 향한 말씀을 강화하는 방식을 취하셨다. 그러나 '하나님의 일곱 영'이라는 표현은 거기에서 좀 더 거슬러 올라가서 요한이 소아시아의 일곱 교회에게 전한 인사말에서 비롯했다(계 1:4). "요한은 아시아에 있는 일곱 교회에 편지하노니 이제도 계시고 전에도 계셨고 장차 오실 이와 그의 보좌 앞에 있는 일곱 영과." 그는 이 표현을 요한계시록에서 반복적으로 사용했다(계 4:5, 5:6). 그렇다면 성령은 오직 한 분뿐인데(엡 4:4) 이 표현은 대체 어떤 의미일까?

이 표현을 이해하는 방법은 두 가지다. 첫째는 성령과 메시아의 관계를 묘사하고 있는 이사야 11장 2절에 근거한 해석이다. "그의 위에 여호와의 영 곧 지혜와 총명의 영이요 모략과 재능의 영이요 지식과 여호와를 경외하는 영이 강림하시리니." 이사야는 성령의 일곱 가지 특징을 열거했다. 성령께서는 여호와의 영이자 지혜와 총명과 모략과 재능과 지식과 여호와를 경외하는 영이시다. 성령의 일곱 가지 특징은 그분의 능력과 사역을 온전하게 이해할 수 있는 근거가 된다.

둘째는 '하나님의 일곱 영'을 성령에 대한 스가랴의 예언적 환상과 연관시켜 해석하는 것이다. 스가랴는 일곱 등잔과 각각의 등잔을 위한 일곱 관을 보았다(슥 4:1–10). 두 경우 모두 그리스도께서 교회에 허락하신 성령을 가리키는 것이 분명하다.

주님은 사데 교회에게 성령을 '일곱 별(이 표현은 요한이 처음에 본 환상에서 비롯했다. 이는 주님이 일곱 교회의 사자들을 주권적으로 보살피신다는 의미를 지닌다. 계 1:16)'로, 자신을 성령을 온전히 소유한 자로 소개하셨다. 간단히 말해 편지의 저자이신 주님은 교회에 성령을 주실 뿐 아니라 자신의 목자들을 통해 교회를 주권적으로 인도하는 분이시다.

이런 사실은 사데 교회와 관련해 어떤 의미를 지닐까? 왜 주님은 불꽃 같은 눈과 빛난 주석과 같은 발을 지닌 전지한 재판관으로 자신을 소개하지 않으셨을까? 앞으로 살펴보겠지만 사데 교회에 보내는 편지에는 심판에 관한 말씀이 많이 나오지 않는다. 그 이유는 교회가 이미 처음부터 죽은 상태였기 때문이다.

그리스도께서는 사데 교회가 가장 절실히 필요로 하는 것을 소유하고 있는 분으로 자신을 소개하셨다. 그것은 바로 성령과 충실한 목자들이었다. 사데 교회에는 그 둘 중에 어느 하나도 존재하지 않았다.

그들에게는 성령도 없었고, 영적으로 자격 있는 목회자도 없었다. 그들에게는 경건한 지도자가 없었다. 그들은 진리를 사랑하지도 않고, 알지도 못하는 사람들의 인도 아래 그릇된 길로 나아갔다. 그들 안에는 성령의 생명과 능력이 존재하지 않았다. 성령의 능력 주심과 깨우침의 사역이 완전히 중단되었다.

성령과 충실한 지도자가 없었기 때문에 사데 교회는 죽고 말았다. 오직 죄와 육신과 불신앙이 교회를 지배했고, 그 안에는 거듭나지 못한 사람들이 득실거렸다. 사데 교회의 절박한 영적 상황은 오직 그리스도만이 해결할 수 있었다.

죽은 자들의 행위

지금까지 주님의 편지는 처음에는 교회 안에 남아 있는 충실한 신자들에 대한 칭찬에서부터 시작하곤 했다. 그런데 사데 교회의 경우는 그렇지가 않았다. 주님은 "내가 네 행위를 아노니 네가 살았다 하는 이름은 가졌으나 죽은 자로다"(계 3:1)라는 말씀부터 불쑥 꺼내셨다.

우리 하나님은 전지하시다. 그분은 모든 것을 보실 뿐 아니라 또한 깊이 꿰뚫어 보신다. 사데 교회는 인간의 눈으로 보기에는 멀쩡해 보였다. 그러나 그리스도께서는 "네가 살았다 하는 이름은 가졌으나 죽은 자로다"라고 말씀하셨다. 주님은 행위의 외관을 꿰뚫어 마음의 참된 본질을 보실 수 있다. 주님이 말씀하신 것은 물리적인 죽음이 아닌 영적 죽음이다.

이 죽음은 바울이 말한 허물과 죄로 인한 죽음과 일맥상통한다(엡 2:1). 그는 골로새서 2장 13절에서도 "범죄와 육체의 무할례로 죽었던 너희"라고 말했다. 이것이 주님이 사데 교회를 가리켜 말씀하신 죽음이다. 주님은 사데 교회가 세상과 마찬가지로 구원받지 못했다는 것을 잘 알고 계셨다.

안타깝게도 오늘날에도 그런 교회들이 많다. 세상에는 성경을 하나님의 말씀으로 믿지 않는 자유주의 교회들이 도처에 차고 넘친다. 그들은 그리스도의 신성과 속죄 사역을 부인하고, 복음을 인정하지 않는다.

경건의 모양과 예배의 형식은 갖추었지만 그 안에 영적 생명은 존재하지 않는다. 겉으로만 그리스도께 헌신하는 척하는 것은 가짜다. 그들은 거듭나지 못한 사람들이 구원받기를 간절히 바라는 마음이 없다. 왜냐하면 그들 자신도 거듭나지 못했기 때문이다.

죽은 교회인지 아닌지를 식별하는 방법은 그리 어렵지 않다. 종교적인 전통을 기계적으로 따를 뿐 참된 믿음이 없는 교회, 예전과 형식에만 관심이 있고 참된 예배는 없는 교회, 사회적인 문제를 해결하고, 공공의 복지를 증진시키는 일에만 전념할 뿐 삶을 변화시키는 복음의 능력을 전하지 않는 교회, 하나님의 말씀보다 사람들의 견해와 유행만을 따르는 교회, 영적인 것은 추구하는 척 시늉만 하고 온통 물질적인 것만을 추구하며 성경의 가르침을 온전히 따르지 않는 교회, 거룩함을 추구하려는 열망이 없는 교회, 이런 교회들은 모두 죽었다.

사데 교회는 설립된 지 3, 40년(복음이 소아시아 지역에서 널리 전파되기 시작했을 때부터 요한이 밧모 섬에 유배되기까지, 행 19:10 참조)도 채 지나지 않아 생명을 다하고 말았다. 그런 신속한 쇠퇴 그 자체가 곧 중대한 경고가 아닐 수 없다.

무엇이 교회를 그토록 빠르게 죽일 수 있었을까? 몇 가지 요인이 있다.

첫째, 오류가 교회를 죽인다. 즉 거짓 가르침과 거짓 교리는 교회에 혼란과 부패를 부추겨 생명을 앗아간다.

둘째, 죄가 교회를 죽인다. 죄는 조금씩 교회의 생명을 갉아먹는다. 죄는 신앙 인격과 생각을 왜곡시킨다. 소극적인 죄와 적극적인 죄가 거룩함과 순결을 유지하려는 교회의 의지를 서서히 꺾어놓는다. 부패한 지도자는 교회에 치명타를 가할 수 있다.

셋째, 세상과의 타협이 교회를 죽인다. 죄의 살상력이 교회를 마음껏 휘젓게 하려면 불신자들을 마구 받아들이면 된다. 불신자들을 받아들여 지도자의 직분을 주면 교회의 목을 졸라 질식하게 만들 수 있다.

궁극적으로 교회는 한 가지 요인 때문에 죽는다. 그것은 바로 죄다. 성경을 진지하게 받아들이지 않는 것이 모든 죄의 씨앗이다.

사데 교회는 겉으로는 여전히 종교적인 모양을 갖추고 있었다. 아마도 그들은 도시의 사회적인 문제들을 해결하는 데 도움을 주고, 자선을 베풀거나 지역 사회를 위한 봉사 활동도 벌였을 것이다. 그러나 주님은 "내가 네 행위를 아노니"라고 말씀하고 나서 곧바로 "네가 살았다 하는 이름은 가졌으나 죽은 자로다"라고 덧붙여 그들의 행위가 조금도 만족스럽지 않다는 의도를 내비치셨다(계 3:1).

그들의 경건한 척하는 태도는 주님을 속일 수 없었다. 그들의 선행은 주님의 인정을 받을 수 없었다. 사데 교회는 사회적으로는 좋은 평판을 누렸을지 모르나 위선적인 삶을 살았다. 그 안은 영적인 공동묘지였고, 그들의 선행은 다 죽은 시체를 가리는 위장에 지나지 않았다.

그런 점에서 그들은 삼손과 매우 흡사했다. 이스라엘 역사의 어두운 시기였던 사사시대에 주님은 삼손을 이스라엘의 사사로 세워 블레셋 족속과 싸우게 하셨다. 그는 하나님의 백성이 사랑하는 영웅이었고, 엄청난 괴력으로 기적적인 승리와 영웅적인 업적을 이루었다.

그러나 삼손은 죄를 지었다. 그는 정욕에 사로잡혔고, 교만한 마음을 품었으며, 어리석게도 자기 힘의 비밀(머리카락)을 털어놓고 말았다. 그러나 그가 힘을 잃게 된 궁극적인 이유는 머리카락을 잘렸기 때문이 아니라 하나님께 대한 서원을 어겼기 때문이다. 그 후 블레셋 족속은 그를 다시 공격했고, 그는 손쉽게 그들에게 사로잡혔다. 성경은 그때의 상황을 "삼손이…여호와께서 이미 자기를 떠나신 줄을 깨닫지 못하였더라 블레셋 사람들이 그를 붙잡아 그의 눈을 빼고 끌고 가사에 내려가 놋 줄로 매고 그에게 옥에서 맷돌을 돌리게 하였더라"(삿 16:20, 21)라고 설명한다.

"여호와께서 이미 자기를 떠나신 줄을 깨닫지 못하였더라." 참으로 가슴 아픈 말씀이 아닐 수 없다. 삼손은 죄 때문에 극도로 비참해졌다. 그는 눈을 뽑히고, 처량한 신세가 되어 감옥에 갇혀 사슬에 결박당한 채로 맷돌을 돌리면서 남은 생을 보내야 했다. 사데 교회가 바로 그런 처지였다. 그들은 한때는 살았고 능력이 있었지만, 나중에는 세상을 벗 삼고 죄를 용납하기 시작했다. 그들은 그렇게 시간이 지나면서 하나님이 자기들을 떠나신 줄을 알지 못한 채 눈이 멀고, 연약해졌다.

오늘날에도 그런 교회들이 너무나도 많다. 그들은 겉으로는 조직을 잘 갖춘 채 그럴 듯하게 보인다. 겉모습은 마치 왕성한 생명력을 지니고 있는 듯하지만 실제로는 죄의 사슬에 결박된 채 눈이 멀어 있는 상태다. 주님은 그런 교회들을 향해 "네가 살았다 하는 이름은 가졌으나 죽은 자로다"라고 말씀하신다.

거의 다 죽은 상태

사데 교회를 향한 그리스도의 명령을 살펴보면 그 안에 여전히 매우 미약하게나마 영적 생명이 남아 있는 것을 알 수 있다. 그분은 "너는 일깨어 그 남은 바 죽게 된 것을 굳건하게 하라 내 하나님 앞에 네 행위의 온전한 것을 찾지 못하였노니 그러므로 네가 어떻게 받았으며 어떻게 들었는지 생각하고 지켜 회개하라 만일 일깨지 아니하면 내가 도둑같이 이르리니 어느 때에 네게 이를는지 네가 알지 못하리라"(계

3:2, 3)라고 말씀하셨다. 사데 교회가 아예 완전히 죽은 상태였다면 이렇게 말씀하지 않았을 것이다.

주님은 사데 교회 안에 남아 있는 소수의 신자들을 향해 말씀하셨다. 그분은 그들이 영적 죽음으로 치닫는 상태에서 교회를 구해내 필요한 개혁과 회복을 추구하게 하기 위해 다섯 가지를 명령하셨다.

첫째는 "일깨는"(2절) 것이다. 더 이상 영적 혼수상태에 빠져 있을 시간이 없었다. 그들은 영적인 무관심을 떨쳐내고 신속히 행동을 취해야 했다. 주의를 살펴보아 상황을 정확하게 평가하는 것이 필요했다. 더 이상 현재 상태를 소극적으로 용인해서는 안 되었다. 교회는 죽어가고 있었다. 이미 죽은 것이 많았다. 따라서 깨어 정신을 차리고 일해야 할 때가 되었다.

둘째는 "그 남은 바 죽게 된 것을 굳건하게 하는"(2절) 것이다. 이것은 죽어 가는 교회로부터 구할 수 있는 것을 구하라는 명령이다. 오랫동안 녹슬고 썩은 것을 벗겨내 영적인 가치를 지닌 것을 조금이라도 건져내는 것이 필요했다. 혹시라도 미덕과 경건이 남아 있거나 그리스도를 향한 사랑의 불씨가 남아 있다면 그것들을 다시 회복시키려고 노력해야 했다.

셋째는 "네가 어떻게 받았으며 어떻게 들었는지 생각하는"(3절) 것이다. 요한계시록은 신약 성경의 마지막 책이었다. 복음서와 서신서는 이미 모두 완성된 상태였다. 바울의 편지들이 교회들 사이에 널리 유포되었고(벧후 3:15, 16), 다른 신약 성경의 책들도 그랬을 것이 확실하다. 그리스도께서는 사데 교회 안에 남아 있는 신자들에게 그들이 받은 영적 진리들을 다시 생각함으로써 말씀을 대하는 마음이 냉랭해지지 않게 하라고 권고하셨다.

주님의 말씀은 "그리스도의 영광스런 복음의 진리를 기억하라. 사도들이 고난과 죽음을 당하면서까지 너희에게 전하려고 애쓴 가르침을 기억하라."라는 의미였다. 이것은 바울이 디모데에게 당부했던 말과 비슷하다. 그는 디모데에게 "네게 부탁한 것을 지키라"(딤전 6:20)라고 말했다. 사데 교회의 신자들이 죽어 가는 교회를 다시 살리기를 바란다면 하나님의 말씀을 귀하게 여기는 마음을 먼저 회복해야 했다.

그러나 단지 진리를 기억하는 것만으로는 충분하지 않다. 그리스도께서는 또한 말씀을 "지키라"(계 3:3)고 명령하셨다. 버가모 교회를 다룰 때 말했던 것처럼 진리를 아는 것만으로는 온전치 않다. 주님은 진리에 복종하라고 명령하신다. 진리를 실천하지 않고 단지 알고 있는 것만으로는 교회를 유익하게 할 수 없다.

마지막으로 주님은 "회개하라"(3절)고 명령하셨다. 사데 교회의 교인들은 다른 무엇보다도 죄를 고백하고 돌이키는 것이 필요했다. 회개하지 않으면 다른 변화들이 오래 지속될 수 없고, 교회의 삶이 실질적으로 변화되기 어렵다. 진정한 교회의 개혁이 이루어지려면 죄를 버리고, 하나님과 올바른 관계를 맺어야 한다

주님은 이런 명령들을 지키지 않을 때 나타나게 될 결과에 대해 "만일 일깨지 아니하면 내가 도둑같이 이르리니 어느 때에 네게 이를는

지 네가 알지 못하리라"(3절)라고 경고하셨다. '도둑같이 이르니'라는 말씀은 심판이 임박했음을 암시한다. 심판은 그들이 전혀 예상하지 못한 상황에서 아무런 경고 없이 주어질 것이었다.

주님은 요한계시록 16장 15절에서도 "보라 내가 도둑같이 오리니 누구든지 깨어 자기 옷을 지켜 벌거벗고 다니지 아니하며 자기의 부끄러움을 보이지 아니하는 자는 복이 있도다"라고 말씀하셨다.

베드로도 자신의 두 번째 서신에서 "주의 날이 도둑같이 오리니 그 날에는 하늘이 큰 소리로 떠나가고 물질이 뜨거운 불에 풀어지고 땅과 그 중에 있는 모든 일이 드러나리로다"(벧후 3:10)라고 말했다.

이런 말씀들은 세상에 대한 하나님의 마지막 심판을 경고하는 의미를 지닌다. 그에 비해 사데 교회에 대한 그리스도의 말씀은 국소적인 심판에 대한 경고다. 사데 교회가 회개해 변화하지 않으면 주님이 불시에 심판을 내려 그들을 멸하실 것이었다.

이 심판의 경고는 죽어 가는 모든 교회에게 적용된다. 영적인 잠에서 깨어나 하나님을 사랑하는 마음을 회복하고, 말씀의 진리를 기억하고, 복종하는 삶을 살고, 죄를 회개하지 않으면 바울이 데살로니가전서 5장 2-3절("주의 날이 밤에 도둑같이 이를 줄을 너희 자신이 자세히 알기 때문이라 그들이 평안하다, 안전하다 할 그때에 임신한 여자에게 해산의 고통이 이름과 같이 멸망이 갑자기 그들에게 이르리니 결코 피하지 못하리라")에서 말한 공포와 두려움에 직면하게 될 것이다.

더럽혀지지 않은 옷을 입은 자들에게

주님은 소수의 충실한 신자들을 격려하는 말씀으로 사데 교회에 보내는 편지를 마무리하셨다. "그러나 사데에 그 옷을 더럽히지 아니한 자 몇 명이 네게 있어 흰 옷을 입고 나와 함께 다니리니 그들은 합당한 자인 연고라"(계 3:4). 죽은 사데 교회 안에 죄와 영적 부패에 빠지지 않은 소수의 귀한 신자들이 남아 있었다. 그들은 위선자들과 육신적이고 세속적인 사람들이 득실거리는 틈에서 구별되어 신령한 삶을 살아가던 참 신자들이었다. 생명을 잃고 부패할 대로 부패해진 교회 안에 순수하고, 견실하고, 그리스도를 닮은 소수의 참된 그리스도인들이 남아 있었다.

바울은 로마서 11장 1-5절에서 이스라엘 민족이 영적으로 죽어 아무리 처참한 상황에 이르렀더라도 항상 그 가운데 충실한 남은 자들을 남겨 두셨다는 사실을 신자들에게 상기시켜 주었다.

"그러므로 내가 말하노니 하나님이 자기 백성을 버리셨느냐 그럴 수 없느니라 나도 이스라엘인이요 아브라함의 씨에서 난 자요 베냐민 지파라 하나님이 그 미리 아신 자기 백성을 버리지 아니하셨나니 너희가 성경이 엘리야를 가리켜 말한 것을 알지 못하느냐 그가 이스라엘을 하나님께 고발하되 주여 그들이 주의 선지자들을 죽였으며 주의 제단들을 헐어 버렸고 나만 남았는데 내 목숨도 찾나이다 하니 그에게 하신 대답이 무엇이냐 내가 나를 위하여 바알에게 무릎을 꿇지 아니한 사람 칠천 명을 남겨 두었다 하셨으니 그런즉 이와 같이 지금도 은혜로 택하심을 따라 남은 자가 있느니라."

사데 교회 안에 남아 있는 충실한 신자들은 얼마 되지 않았던 것이 분명하다. 그들의 숫자는 교회가 죽었다는 주님의 평가에 아무런 영향도 미칠 수 없을 만큼 적었다. 그러나 주님은 진리를 사랑하며 끝까지 인내했던 충실한 신자들을 잊거나 무시하지 않으셨다. 히브리서 저자는 "하나님은 불의하지 아니하사 너희 행위와 그의 이름을 위하여 나타낸 사랑으로 이미 성도를 섬긴 것과 이제도 섬기고 있는 것을 잊어버리지 아니하시느니라"(히 6:10)라고 말했다.

주님은 사데 교회 안에 있는 자기 백성을 잊지 않으셨다. 그분은 그들의 충실함을 편지에 기록해 모든 시대의 교회에게 전하셨다. 주님은 그들이 "그 옷을 더럽히지 않았다"고 말씀하셨다. 문자대로 번역하면 '더럽히지'는 얼룩이 지거나 물이 든다는 뜻이다. 성경에서 옷은 개인의 영적 상태를 가리키는 표현으로 종종 사용된다.

예를 들어 유다서 23절은 거짓 교사들에 의해 영적으로 부패하게 된 사람들을 "육체로 더럽힌 옷"으로 묘사했다. 더럽히지 않은 옷은 소수의 충실한 신자들의 경건하고 순결한 신앙 인격을 나타낸다. 교회가 전반적으로 부패한 상황에서 그들의 존재는 더욱더 크게 두드러져 보였을 것이 분명하다.

그리스도께서는 그 충실한 남은 자들이 "흰 옷을 입고 나와 함께 다 닐"(계 3:4) 것이라고 말씀하셨다. 그리스도께서 여기에서 말씀하신 흰 옷은 절기나 축제, 또는 군사적인 승리를 거둔 직후에 입는 옷이었다. 심지어 이방인들도 미덕과 선함을 상징하기 위해 깨끗한 흰 옷을 입고 우상들을 숭배했다. 그들은 자신들이 우상들의 사랑과 호의를 받을 만한 자격이 있다는 것을 나타내고 싶어 했다.

그러나 주님이 말씀하신 흰 옷은 단순히 희고 깨끗한 옷이 아니었다. 그것은 그리스도의 희생을 통해 깨끗하게 된 신자들에게 주어지는 영적인 옷, 곧 밝게 빛나는 '전가된 의'의 옷을 가리킨다. 신자들은 "어린 양의 피에 그 옷을 씻어 희게 되었다"(계 7:14).

이것이 복음의 영광스런 진리다. 바울은 "한 사람이 순종하지 아니함으로 많은 사람이 죄인 된 것같이 한 사람이 순종하심으로 많은 사람이 의인이 되리라"(롬 5:19)라고 말했다. 아담의 죄로 인해 죄인이 된 것처럼 그리스도의 죽음을 통해 의인이 된다. 바울은 "하나님이 죄를 알지도 못하신 이를 우리를 대신하여 죄로 삼으신 것은 우리로 하여금 그 안에서 하나님의 의가 되게 하려 하심이라"(고후 5:21)라는 말로 이 진리를 분명하게 나타냈다.

하나님은 그리스도께서 마치 우리의 악한 삶을 사신 것처럼 그분을 대하셨고, 우리가 마치 그리스도의 의로운 삶을 산 것처럼 우리를 대하셨다. 그리스도 안에서 새로운 피조물이 된 우리는 그분의 의를 덧입는다. 이제 하나님은 우리에게서 자신의 거룩하고 완전한 아들의 모습을 보신다.

더럽혀진 옷은 성경을 관통하는 주제다. 타락한 피조물인 우리는 죄로 인해 철저하게 오염되었기 때문에 우리 자신의 의로운 행위로는 우리의 죄를 가릴 수 없다. "우리는 다 부정한 자 같아서 우리의 의는 다 더러운 옷 같다"(사 64:6). 우리의 가장 훌륭한 행위도 죄의 오염에서 자유롭지 못하다. 스스로의 선행으로 이루어진 옷을 입고 하나님 앞에 설 수 있다고 생각하는 것은 육신에 의해 오염된 옷을 의지하는 것이다.

하나님은 완전한 의를 요구하신다. 예수님은 "너희 의가 서기관과 바리새인보다 더 낫지 못하면 결코 천국에 들어가지 못하리라"(마 5:20)라고 말씀하셨다. 그 기준은 얼마나 높을까? "하늘에 계신 너희 아버지의 온전하심과 같이 너희도 온전하라"(48절)는 것이 그 기준이다.

이것은 도달할 수 없는 기준이다. 그러나 그리스도께서는 자기를 구주로 믿는 자들에게 자신의 온전한 의를 허락하신다. 하나님은 신자들이 행하는 선행과 상관없이 그들에게 의를 전가하신다(롬 4:6). 그리스도의 절대적인 의로 이루어진 밝고 흠 없는 흰 옷이 그들을 가려 준다.

이사야서 61장 10절은 "내가 여호와로 말미암아 크게 기뻐하며 내 영혼이 나의 하나님으로 말미암아 즐거워하리니 이는 그가 구원의 옷을 내게 입히시며 공의의 겉옷을 내게 더하심이 신랑이…단장함 같게 하셨음이라"라고 말씀한다. 바울도 그와 같은 의미로 빌립보서

3장 9절에서 "그 안에서 발견되려 함이니 내가 가진 의는 율법에서 난 것이 아니요 오직 그리스도를 믿음으로 말미암은 것이니 곧 믿음으로 하나님께로부터 난 의라"라고 증언했다.

의의 전가가 이루어지고 난 뒤부터는 성화가 전개된다. 성화는 신자를 정화시켜 그리스도를 점점 닮아가게 만드는 점진적인 과정이다. "우리가…그와 같은 형상으로 변화하여 영광에서 영광에 이르니 곧 주의 영으로 말미암음이니라"(고후 3:18).

그리고 언젠가는 우리가 죽어 그리스도와 함께 거하거나 그리스도께서 재림해 우리를 이 세상에서 데려가시면 우리의 영화가 즉각 이루어질 것이다. "사랑하는 자들아 우리가 지금은 하나님의 자녀라 장래에 어떻게 될지는 아직 나타나지 아니하였으나 그가 나타나시면 우리가 그와 같을 줄을 아는 것은 그의 참모습 그대로 볼 것이기 때문이니"(요일 3:2).

요한은 "우리가 즐거워하고 크게 기뻐하며 그에게 영광을 돌리세 어린 양의 혼인 기약이 이르렀고 그의 아내가 준비하였으므로 그에게 빛나고 깨끗한 세마포 옷을 입도록 허락하셨으니 이 세마포 옷은 성도들의 옳은 행실이로다"(계 19:7, 8)라는 말로 교회가 어린 양의 혼인 잔치에서 입게 될 예복에 관해 말했다.

사데 교회에 남아 있던 소수의 참 신자들은 부정한 이교주의에 물들지 않았다. 그들은 죄에 굴복하지 않았고, 죽은 교회 안에 있었지만 영적으로 살아 있었다. 그들은 믿음을 충실히 지켰기 때문에 구원자이신 주님과 더불어 영원히 거룩하게 살 것이었다.

하나님의 생명책과 영원한 안전

그리스도께서는 모든 신자를 염두에 두시고 계속해서 "이기는 자는 이와 같이 흰 옷을 입을 것이요"(계 3:5)라고 말씀하셨다. 그분은 끝까지 인내하는 충실한 신자들이 자기의 의로 옷 입고, 장차 실제로 의롭게 될 것이라고 약속하셨다. 여기에는 아무런 단서나 조건이 없다. 이것은 이기는 자 모두에게 주어지는 그리스도의 충실한 약속이다(요일 5:4, 5 참조).

이 점을 기억하는 것은 중요하다. 왜냐하면 그 뒤에 이어지는 그리스도의 말씀을 잘못 이해하는 사람들이 더러 있기 때문이다. 주님은 "내가 그 이름을 생명책에서 결코 지우지 아니하고 그 이름을 내 아버지 앞과 그의 천사들 앞에서 시인하리라"(계 3:5)라고 말씀하셨다. 주님은 자기 백성의 이름을 지우지 않겠다고 약속하셨지만 어떤 사람들은 그런 일이 일어날 수도 있다고 생각해 주님의 약속을 은근한 협박처럼 비치게 만든다. 이 잘못된 견해는 "여호와께서 모세에게 이르시되 누구든지 내게 범죄하면 내가 내 책에서 그를 지워 버리리라"(출 32:33)라는 말씀을 근거로 내세운다.

고대 세계의 통치자들은 인구 조사를 실시해 백성들의 이름을 모두 기록했다. 백성의 이름을 명부에서 지워 없애는 경우는 두 가지였다.

하나는 사망했을 경우고, 다른 하나는 국가를 상대로 중죄를 저질렀을 경우다. 하나님이 출애굽기에서 언급하신 책은 그런 경우에 해당한다. 그것은 영원한 단죄가 아닌 물리적인 죽음을 가리킨다.

그와는 달리 요한계시록에 언급된 생명책은 영생을 얻는 자들의 이름을 기록하는 책이다. 요한 사도는 "죽임을 당한 어린 양의 생명책에 창세 이후로 이름이 기록되지…"라는 말씀으로 생명책의 본질을 밝혔다(계 13:8, 17:8 참조). 하나님은 생명책에서 이름을 지우거나 더하지 않으신다. 충실한 신자들의 이름은 거기에 기록된 대로 영원히 남는다.

요한은 환상 중에 장차 크고 흰 보좌의 심판이 있을 것을 내다보았다. 그 환상에 보면 생명책에 기록된 신자들의 이름을 끝까지 안전하게 지킬 것이라는 주님의 약속이 가져올 결과를 분명하게 알 수 있다.

"또 내가 크고 흰 보좌와 그 위에 앉으신 이를 보니 땅과 하늘이 그 앞에서 피하여 간 데 없더라 또 내가 보니 죽은 자들이 큰 자나 작은 자나 그 보좌 앞에 서 있는데 책들이 펴 있고 또 다른 책이 펴졌으니 곧 생명책이라 죽은 자들이 자기 행위를 따라 책들에 기록된 대로 심판을 받으니 바다가 그 가운데에서 죽은 자들을 내주고 또 사망과 음부도 그 가운데에서 죽은 자들을 내주매 각 사람이 자기의 행위대로 심판을 받고 사망과 음부도 불못에 던져지니 이것은 둘째 사망 곧 불못이라 누구든지 생명책에 기록되지 못한 자는 불못에 던져지더라"(계 20:11-15).

그리스도께서는 충실한 승리자들에게 "내가…그 이름을 내 아버지 앞과 그의 천사들 앞에서 시인하리라"(3:5)라고 약속하셨다. 이 말씀은 그리스도께서 마태복음 10장 32절에서 제자들에게 하신 약속을 연상시킨다. "누구든지 사람 앞에서 나를 시인하면 나도 하늘에 계신 내 아버지 앞에서 그를 시인할 것이요." 구원받아 그리스도와 영원히 살게 될 것이라는 확신보다 더 큰 축복은 없다.

바울은 로마서 8장에서 우리의 구원을 이루고 우리의 안전을 보장하는 하나님의 사역이 절대 끊어지지 않는 사슬처럼 확실하다는 것을 분명하게 보여주었다.

"우리가 알거니와 하나님을 사랑하는 자 곧 그의 뜻대로 부르심을 입은 자들에게는 모든 것이 합력하여 선을 이루느니라 하나님이 미리 아신 자들을 또한 그 아들의 형상을 본받게 하기 위하여 미리 정하셨으니 이는 그로 많은 형제 중에서 맏아들이 되게 하려 하심이니라 또 미리 정하신 그들을 또한 부르시고 부르신 그들을 또한 의롭다 하시고 의롭다 하신 그들을 또한 영화롭게 하셨느니라 그런즉 이 일에 대하여 우리가 무슨 말 하리요 만일 하나님이 우리를 위하시면 누가 우리를 대적하리요 자기 아들을 아끼지 아니하시고 우리 모든 사람을 위하여 내주신 이가 어찌 그 아들과 함께 모든 것을 우리에게 주시지 아니하겠느냐 누가 능히 하나님께서 택하신 자들을 고발하리요 의롭다 하신 이는 하나님이시니 누가 정죄하리요 죽으실 뿐 아니라 다시 살아나신 이는 그리스도 예수시니 그는 하나님 우편에 계신 자요 우리를 위하여 간구하시는 자시니라 누가 우리를 그리스도의 사랑에서 끊으리요 환난이나 곤고나 박해나 기근이나 적신이나 위험이나 칼이랴 기록된 바 우리가 종일 주를 위하여 죽임을 당하게 되며 도살당할 양같이 여김을 받았나이다 함과 같으니라 그러나 이 모든 일에 우리를 사랑하시는 이로 말미암아 우리가 넉넉히 이기느니라 내가 확신하노니 사망이나 생명이나 천사들이나 권세자들이나 현재 일이나 장래 일이나 능력이나 높음이나 깊음이나 다른 어떤 피조물이라도 우리를 우리 주 그리스도 예수 안에 있는 하나님의 사랑에서 끊을 수 없으리라"(28-39절).

죽은 사데 교회에 보낸 그리스도의 편지에는 성도들을 위한 영광스런 희망이 가득하다. 주님은 그들에게 영생의 흰 옷을 입히고, 생명책에서 그들의 이름을 지우지 않고, 성부 하나님과 영원한 천사들 앞에서 그들의 이름을 시인할 것이라고 약속하셨다. 이 약속은 주님의 사랑스런 모든 백성에게 적용된다.

사데 교회에 보낸 주님의 편지는 나머지 교회들에게 주어진 것과 비슷한 명령으로 끝을 맺는다. "귀 있는 자는 성령이 교회들에게 하시는 말씀을 들을지어다"(계 3:6). 귀를 기울여 듣는 신자들은 놀라운 소식을 듣게 될 것이다.

역사를 돌아보면 사데 교회가 주님의 말씀에 귀를 기울였던 것을 알 수 있다. 2세기에 멜리토라는 이름의 충실한 목회자이자 변증가가 있었다. 어떤 사람들은 그가 최초의 요한계시록 주석을 저술했다고 말한다. 그가 사데의 감독으로 일한 사실은 죽었던 교회가 되살아났다고 생각할 수 있는 근거를 제공한다. 신자들이 깨어나 자기들이 받은 진리를 기억했던 것으로 보인다. 죽었던 자들 가운데 회개와 믿음을 통해 영적 생명을 회복한 사람들이 더러 있었을 것으로 추정된다.

오늘날에도 죽은 교회들을 더 많이 회복하고 살리고 개혁하는 주님의 사역이 이루어지기를 간절히 기도한다.

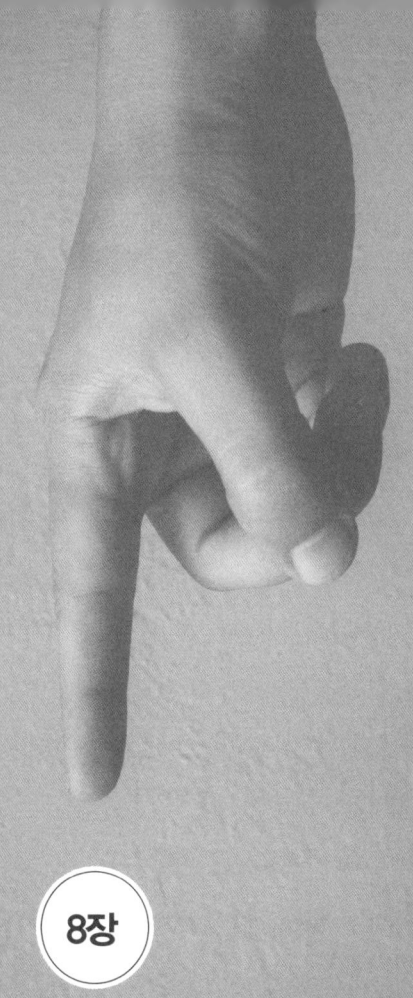

8장

충성스런 교회에 대한 예수님의 메시지

: 빌라델비아 교회

완전한 교회는 없다.

그리스도인들은 이런 사실에 놀라서는 안 되지만 그럴 때가 종종 있다. 사실 우리의 결점과 결함을 정직하게 인정한다면 우리 자신이 완전하지 않다는 것을 분명하게 알 수 있다. 어떤 신자도 완전할 수 없다. 우리 모두는 하나님의 완벽하고 절대적인 기준에 미치지 못한다. 교회도 불완전한 그리스도인들로 구성되어 있기 때문에 불완전할 수밖에 없다.

그와 동시에 그리스도인들은 항상 더 나은 교회가 있는 것도 아니라는 사실을 기억해야 할 필요가 있다. 마치 유목민처럼 교회를 바라보는 그리스도인들이 너무나 많다. 그들은 어디에 더 푸른 풀밭이 있는지 보려고 울타리 너머를 끊임없이 기웃거린다.

어떤 그리스도인들은 교회를 이리저리 옮겨 다니면서 찾을 수 없는 것을 찾으려고 애쓴다. 물론 예배의 형태가 다르고, 음악이 더 좋고, 위치가 더 편리하고, 재정이 더 넉넉하고, 분위기가 더 활기찬 교회가 있을 수는 있다. 그런 이유들이 모두 이기적이거나 비성경적인 것은 아니다. 또 어떤 그리스도인들은 단지 좀 더 성경적이고 능력이 뛰어난 설교자나 자녀들을 위해 주일학교 교육이 좀 더 나은 교회를 찾고 싶어 한다.

한 교회에 충실하게 머물러 있을 수 없거나 그렇게 하려고 하지 않는 그리스도인들이 너무 많은 탓에 상당한 폐해가 야기되고 있다. 양들이 가만히 머물러 있지 않는데 어떻게 목회자가 목양의 기술을 향상시킬 수 있겠는가? 교인들의 적성과 재능을 파악해 이미 이런저런 사역 활동에 투입할 계획을 세웠는데 그들이 다른 교회를 찾아 떠난다면 어떻게 교회가 예배나 프로그램이나 행정을 더 낫게 개선할 수 있겠는가? 자기가 다니는 교회에 기꺼이 헌신하고, 문제가 발생했을 때 도망치기보다 함께 해결책을 찾으려고 노력하고, 희생과 섬김의 방법을 찾으려고 애쓰는 그리스도인들이 더 많이 필요하다.

참으로 감사하게도 주님은 교회를 변덕스럽게 대하지 않으시기 때문에 어려운 상황에 처한 불완전한 교회들로부터 축복을 거두지 않으신다. 그분은 가장 세련되고 인기 있는 교회들에게만 관심을 집중하지 않으신다. 빌라델비아 교회에게 보내는 주님의 편지를 살펴보면 하나님은 충실함을 가장 중요하게 여기신다는 사실을 알 수 있다.

빌라델비아와 빌라델비아 교회

빌라델비아는 사데에서 남동쪽으로 약 48킬로미터 떨어진 코가미스 계곡에 위치해 있었다. BC 200년 무렵에 설립된 이 도시의 명칭은 자신의 선임자이자 형이었던 에우메네스 왕에게 충성을 바친 결과로 '형제애'를 뜻하는 '빌라델푸스'라는 별명을 얻은 버가모 왕 아탈루스 2세의 이름을 따라 명명되었다.

빌라델비아는 그 지역에 축적된 화산재 덕분에 농산물(특히 포도)이 풍부했다. 도시가 있던 곳은 '카타케카우메네(타버린 땅)'라고 알려진 지역의 가장자리였다. 토지는 비옥했지만 지진 발생 지역이었기 때문에 피해도 상당했다. 17년에 사데를 폐허로 만든 지진은 빌라델비아에도 큰 피해를 입혔다. 그곳은 진원지에 더 가까웠기 때문에 수년 동안 여진에 시달려야 했다.

윌리엄 램지 경은 그때의 경험이 그 지역 사람들에게 두려움과 공포심을 심어주었다고 설명했다.

> 주민들 가운데 많은 사람이 도시 밖, 계곡 위에 오두막을 짓고 거기에 머물렀고, (냉철한 사고력을 지닌) 좀 더 용기 있는 사람들은 도시에 그대로 머물면서 벽과 집을 튼튼하게 보강할 수 있는 다양한 장치를 마련해 거듭 되풀이되는 지진의 충격에 대비했다. 이 재난에 대한 기억은 오래 지속되었다. '카타케카우메네'라는 이름 자체가 영속적인 경고나 마찬가지였다. 사람들은 항상 새로운 재난을 두려워하며 끊임없는 위협을 느끼면서 살았다. 아마도 널따란 개활지로 나가는 습관은 일곱 교회에 보내는 편지가 기록될 당시에도 사라지지 않았을 것이다.[1]

---

1) William M. Ramsey, *The Letters to the Seven Churches of Asia* (London: Hodder & Stoughton,

주요 통상로에 건설된 빌라델비아는 소아시아 헬라 문화와 헬레니즘의 횃불과 같은 도시였다. 이 도시의 영향력은 19년에 이르러 헬라어가 리디아어를 대체할 정도로 막강했다. 빌라델비아는 또한 로마 제국에 대한 충성심이 강했다. 사데처럼 빌라델비아에도 티베리우스 황제를 기리는 신전이 건축되었다. 그것은 로마 제국이 지진 이후의 재건 사업을 도와준 데 대한 보답이었다. 그러나 빌라델비아의 충성심은 거기에 그치지 않고, 도시의 명칭을 '네오카이사레아(가이사의 새로운 도시)'로 개칭하는 데까지 나아갔다. 이 도시의 현재 이름은 터키의 알라세힐이다.

성경은 빌라델비아 교회에 대해 많은 정보를 제공하지 않는다. 소아시아의 다른 교회들처럼 이 교회도 바울이 에베소에서 사역하는 동안에 설립되었을 가능성이 높다(행 19:10 참조). 초기 교부인 이그나티우스는 로마에서 순교하기 전에 빌라델비아의 신자들을 잠시 방문한 적이 있었다.

그는 나중에 빌라델비아 교회를 격려하고 굳건하게 하기 위해 그곳의 신자들에게 편지를 써 보냈다. 전승에 따르면 빌라델비아 교회의 몇몇 신자들이 서머나에서 폴리캅과 함께 순교했다고 한다. 빌라델비아 교회는 이슬람이 그 지역을 지배한 이후에도 오랫동안 존재하다가 14세기에 사라진 것으로 알려져 있다.

1906), 397.

모든 권위를 지니신 그리스도

서머나 교회에 보낸 편지처럼 빌라델비아 교회에 보낸 주님의 편지에도 꾸짖거나 단죄하는 내용이 한마디도 담겨 있지 않다. 위협의 말씀이나 심판에 대한 경고도 없고, 어떤 식의 비판도 발견되지 않는다. 오직 이 충실한 작은 교회를 칭찬하는 말씀과 장래의 축복에 대한 약속뿐이다.

밧모 섬에 유배된 요한 사도는 주님의 영감을 받아 이 편지를 기록했다. 그리스도께서는 자신이 편지의 저자임을 밝히기 위해 스스로를 "거룩하고 진실하사 다윗의 열쇠를 가지신 이 곧 열면 닫을 사람이 없고 닫으면 열 사람이 없는 그"라고 묘사했다(계 3:7). 그리스도께서 요한이 처음에 본 환상(계 1:12-17)에서 표현을 빌려 말씀하지 않으신 것은 이번이 처음이다. 주님은 이 경우에는 구약 성경의 구절과 표현을 빌려 자신의 신성을 주장하셨고, 자신과 빌라델비아 교회의 관계를 묘사하셨다.

'거룩하고'는 하나님을 가리키는 표현이다. 거룩함은 죄와 하나님과의 온전한 분리, 곧 그분의 완전무결하심을 나타낸다. 성경은 하나님의 거룩하심을 일관되게 찬양하고 확증한다.

시편 저자는 "나의 하나님이여 내가 또 비파로 주를 찬양하며 주의 성실을 찬양하리이다 이스라엘의 거룩하신 주여 내가 수금으로 주를 찬양하리이다"(시 71:22)라고 말했다. 이사야 선지자의 환상 중에 나타난 천사들은 "거룩하다 거룩하다 거룩하다 만군의 여호와여 그의 영광이 온 땅에 충만하도다"(사 6:3)라고 외쳤다. 하나님의 보좌 주위에 있는 네 생물은 "거룩하다 거룩하다 거룩하다 주 하나님 곧 전능하신 이여 전에도 계셨고 이제도 계시고 장차 오실 이시라"(계 4:8)라고 영원히 소리 높여 찬양한다.

신약 성경에 언급된 그리스도의 거룩하심은 메시아이신 그분의 역할과 연관되어 나타날 때가 많다. 마리아에게 그리스도의 수태를 고지한 천사는 그분을 "거룩한 이"(눅 1:35)로 일컬었다. 그리스도의 사역 초기에 귀신 들린 한 사람은 그분 앞에서 크게 놀라며 "아 나사렛 예수여 우리가 당신과 무슨 상관이 있나이까 우리를 멸하러 왔나이까 나는 당신이 누구인 줄 아노니 하나님의 거룩한 자이니이다"(눅 4:34)라고 소리쳤다.

제자들도 그리스도의 거룩하심을 확증했다. 베드로는 "우리가 주는 하나님의 거룩하신 자이신 줄 믿고 알았사옵나이다"(요 6:69)라고 말했다. 또한 그는 그리스도를 십자가에 못 박으라고 외쳤던 자들을 향해 "너희가 거룩하고 의로운 이를 거부하고 도리어 살인한 사람을 놓아 주기를 구하여"(행 3:14)라고 말했다.

주님이 요한계시록 3장에서 자신의 거룩하심을 주장하신 이유는 하나님의 아들로서의 신성과 메시아로서의 인성을 둘 다 나타내시기 위해서였다. 거룩함은 성자이신 그리스도와 성부 하나님의 본질과 속성이 동일하다는 것을 보여주는 한편, 빌라델비아 교회의 신자들에게는 그분의 성육하신 구원자로서의 역할을 나타낸다.

이것은 참으로 두려운 인사말이 아닐 수 없다. 왜냐하면 거룩함은 죄를 조금도 용납하지 않기 때문이다. 거룩함은 불법이나 악을 간과할 수 없다. 베드로전서 1장 15절은 "오직 너희를 부르신 거룩한 이처럼 너희도 모든 행실에 거룩한 자가 되라"고 명령한다.

그러나 주님의 인사말은 심판에 대한 예고가 아니다. 주님이 그렇게 말씀하신 이유는 거룩하신 하나님으로서 빌라델비아 교회를 칭찬하기 위해서였다.

그리스도께서는 거룩함에 더하여 "진실하사"(계 3:7)라고 말씀하셨다. 헬라어 '알레디노스'는 진실한 말이 아니라 거짓된 사람과 반대되는 진실한 사람을 가리킨다. 이 말은 그리스도의 순수하심, 충실하심, 미쁘심, 참되심을 나타낸다.

그리스도께서는 거룩하고, 참되신 주님이시다. 그분의 의는 완전하고, 성품은 참되며, 언행은 모두 진실하다. 주님이 그렇게 자기를 소개하고 나서 꾸짖는 말씀을 전혀 하지 않으셨다는 것은 매우 놀랍다. 주님은 한 치의 오류나 거짓도 없는 참된 하나님이신데도 빌라델비아 교회를 한마디도 꾸짖지 않으셨다.

또한 그리스도께서는 7절에서 자신을 "다윗의 열쇠를 가지신 이 곧 열면 닫을 사람이 없고 닫으면 열 사람이 없는 그"로 소개하셨다. 성경에서 '열쇠'는 권위, 통제, 주권을 상징한다.

여기에 사용된 표현은 히스기야 왕의 궁내 대신 엘리아김에게 위탁

된 권위를 언급하는 이사야서 22장 22절("내가 또 다윗의 집의 열쇠를 그의 어깨에 두리니 그가 열면 닫을 자가 없겠고 닫으면 열 자가 없으리라")과 직접 관련된다.

궁내 대신 엘리아김은 왕을 알현할 수 있는 사람과 그럴 수 없는 사람을 결정하는 권한을 지녔다. 또한 그는 왕궁의 재물 창고를 통제했고, 그 재물을 나눠줄 수 있는 권한도 아울러 지녔다.

이것을 그리스도께 적용하면 메시아 왕국에 대한 그분의 절대적인 권위를 가리킨다. 베드로는 사도행전 4장 12절에서 "다른 이로써는 구원을 받을 수 없나니 천하 사람 중에 구원을 받을 만한 다른 이름을 우리에게 주신 일이 없음이라"라고 선언했다. 오직 그리스도만이 누가 자신의 영원한 왕국에 들어갈 수 있는지를 결정하신다. 그분은 천국의 온갖 축복을 통제하시며, 자신의 주권적인 뜻에 따라 그것을 나눠주신다.

주님은 요한계시록 1장 18절에서 "내가…사망과 음부의 열쇠를 가졌노니"라고 말씀하셨다. 이 말씀은 영원한 축복과 영원한 심판을 다스리는 그리스도의 주권적인 권위를 나타낸다. 그리스도께서는 제자들에게 "내가 곧 길이요 진리요 생명이니 나로 말미암지 않고는 아버지께로 올 자가 없느니라"(요 14:6)라고 말씀하셨다.

이렇듯 그리스도께서는 모든 권위를 지니고 계신다. 그분은 하나님과 동등하고, 거룩하고, 참되시다. 그분과 같은 존재는 어디에도 없다. 그분은 전지하고, 전능하며, 영원한 축복의 열쇠를 쥐고 있는 주권자이시다.

그런 주님이 빌라델비아 교회를 살피셨으나 단죄할 것이나 꾸짖을 것을 아무것도 발견하지 못하셨다. 그 이유는 그들이 완전했기 때문이 아니라(그들은 완전하지 않았다) 충실했기 때문이다. 이런 점에서 이 사실은 참으로 놀랍고 은혜로운 위로를 느끼게 한다.

충실한 교회의 네 가지 특징

그리스도께서는 빌라델비아 교회의 신자들에게 몇 가지 놀라운 약속을 허락하셨다. 그러나 그들의 충실함으로 인한 결과를 생각하기 전에 먼저 그들의 충실함이 지니는 특징을 몇 가지 살펴보자.

주님은 요한계시록 3장 8절에서 "내가 네 행위를 아노니 네가 작은 능력을 가지고서도 내 말을 지키며 내 이름을 배반하지 아니하였도다"라고 말씀하셨다. 거룩하고, 전능하고, 주권적이신 주님은 이 교회에 관한 것을 모두 알고 계셨다. 물론 주님은 그들의 행위를 구체적으로 밝히지 않으셨다.

그러나 교회를 축복하시는 말씀으로 미루어 볼 때 주님이 그들의 행위를 모두 인정하신 것을 알 수 있다. 주님은 그들의 충실함이 지니는 특징을 몇 가지 열거하셨다.

먼저 주님은 "네가 작은 능력을 가지고서도"라고 말씀하셨다. 이 말씀은 교회가 약했다는 뜻이 아니라 수적으로 적었다는 뜻이다. 그들의 능력은 죄나 영적 미숙함에 의해 방해받지 않았다. 그들의 능력이 작았던 이유는 신자들의 숫자가 적었기 때문이었다. 빌라델비아 교회를 구성하는 신자들이 노예나 빈민들이었을 가능성도 없지 않다. 이런 사실은 교회에 대한 하나님의 계획을 언급한 바울의 말과 일맥상통한다.

"형제들아 너희를 부르심을 보라 육체를 따라 지혜로운 자가 많지 아니하며 능한 자가 많지 아니하며 문벌 좋은 자가 많지 아니하도다 그러나 하나님께서 세상의 미련한 것들을 택하사 지혜 있는 자들을 부끄럽게 하려 하시고 세상의 약한 것들을 택하사 강한 것들을 부끄럽게 하려 하시며 하나님께서 세상의 천한 것들과 멸시받는 것들과 없는 것들을 택하사 있는 것들을 폐하려 하시나니 이는 아무 육체도 하나님 앞에서 자랑하지 못하게 하려 하심이라"(고전 1:26-29).

빌라델비아 교회는 바울과 함께 "내가 그리스도를 위하여 약한 것들과 능욕과 궁핍과 박해와 곤고를 기뻐하노니 이는 내가 약한 그때에 강함이라"(고후 12:10)라고 자신 있게 말할 수 있는 교회였다.

빌라델비아 교회는 비록 숫자는 적었지만 영적 능력은 결코 작지 않았다. 그들은 모두 그리스도를 진정으로 사랑하며 하나님의 말씀에 충실했던 참된 예배자였다. 이런 사실은 그들의 충실함이 지닌 두 번째 특징에 의해 더욱 분명하게 부각된다.

주님은 "네가…내 말을 지키며"(계 3:8)라고 말씀하셨다. 그들은 하나님의 계시를 굳게 붙잡았다. 그들은 주님께 대한 복종을 저버리지 않았고, "내가 그의 입술의 명령을 어기지 아니하고 정한 음식보다 그의 입의 말씀을 귀히 여겼도다"(욥 23:12)라고 말했던 욥의 본을 따랐다.

그리스도께서는 체포되시기 전에 제자들에게 충실한 복종을 거듭 강조하셨다. "나의 계명을 지키는 자라야 나를 사랑하는 자니…사람이 나를 사랑하면 내 말을 지키리니…나를 사랑하지 아니하는 자는 내 말을 지키지 아니하나니"(요 14:21, 23, 24). 그 날 밤, 그분은 "너희도 내 계명을 지키면 내 사랑 안에 거하리라"(요 15:10)라고 약속하셨다.

요한은 자신의 첫 번째 서신에서 구원 신앙을 판별하는 기준을 이렇게 제시했다. "우리가 그의 계명을 지키면 이로써 우리가 그를 아는 줄로 알 것이요 그를 아노라 하고 그의 계명을 지키지 아니하는 자는 거짓말하는 자요 진리가 그 속에 있지 아니하되 누구든지 그의 말씀을 지키는 자는 하나님의 사랑이 참으로 그 속에서 온전하게 되었나니 이로써 우리가 그의 안에 있는 줄을 아노라"(요일 2:3-5).

주님에 대한 빌라델비아 신자들의 사랑은 그분의 말씀에 대한 복종으로 입증되었다.

또한 그들은 충성심이 강했다. 그리스도께서는 빌라델비아 교회의 신자들에게 "네가…내 이름을 배반하지 아니하였도다"(계 3:8)라고 말씀하셨다. 이 말씀은 그들이 외부의 압력을 받는 상황에서도 주님을 부인하지 않았다는 의미를 담고 있다.

버가모 교회도 주님께 충성한 이유로 칭찬을 받았다. "네가 어디에 사는지를 내가 아노니 거기는 사탄의 권좌가 있는 데라 네가 내 이름을 굳게 잡아서 충성된 증인 안디바가 너희 가운데 곧 사탄이 사는 곳에서 죽임을 당할 때에도 나를 믿는 믿음을 저버리지 아니하였도다"(계 2:13).

두 교회 모두 박해의 위협에 직면했지만 주님의 이름을 부인하지 않았다. 그들은 모든 희생을 각오하고 끝까지 충성했다. 요한은 환란의 시기에 짐승의 표를 받기를 거부한 신자들을 묘사하면서 "성도들의 인내가 여기 있나니 그들은 하나님의 계명과 예수에 대한 믿음을 지키는 자니라"(계 14:12)라고 말했다. 빌라델비아 교회의 신자들은 박해에 굴하지 않았다. 그들은 어떤 희생도 두려워하지 않고 그리스도께 끝까지 충성했다.

마지막으로 주님은 빌라델비아 교회의 특징으로 인내를 손꼽으셨다. 주님은 "네가 나의 인내의 말씀을 지켰은즉"(계 3:10)이라고 말씀하셨다. 이 말씀은 빌라델비아 교회가 박해를 당했음을 암시한다. 물론 박해는 빌라델비아 교회만 당한 것이 아니었다. 그것은 모든 그리스도인이 직면한 현실이었다.

예수님은 마태복음 10장 22절에서 "또 너희가 내 이름으로 말미암아 모든 사람에게 미움을 받을 것이나 끝까지 견디는 자는 구원을 얻으리라"라고 말씀하셨다(마 24:13 참조). 그리스도께서는 자기 백성에게 세상의 혹독한 박해를 충실하게 견디라고 명령하신다.

바울은 "주께서 너희 마음을 인도하여 하나님의 사랑과 그리스도의 인내에 들어가게 하시기를 원하노라"(살후 3:5)라고 박해를 당하는 신자들을 격려했다. 그 충실한 그리스도인들은 박해와 시련 속에서 인내하며 그리스도께 대한 충성심을 포기하지 않았다.

이는 빌라델비아 교회의 충실한 신자들도 마찬가지였다. 성령의 능력이 그들 안에서 역사했다. 그들은 하나님의 말씀에 복종했고, 박해를 당하면서도 그리스도께 충성했다. 그들은 시련과 박해를 견딤으로써 그리스도에 대한 사랑을 입증했다. 이것이 빌라델비아 신자들의 충실함이 지닌 특징들이었다. 어떤 교회든 주님께 충실한 교회로 인정받기를 원한다면 이런 특징들을 갖추어야 한다.

주님의 약속

빌라델비아 교회는 능력과 복종과 충성심과 인내 때문에 몇 가지 놀라운 약속을 허락받았다.

첫 번째 약속은 요한계시록 3장 8절에서 발견된다. "볼지어다 내가 네 앞에 열린 문을 두었으되 능히 닫을 사람이 없으리라 내가 내 행위를 아노니 네가 작은 능력을 가지고서도 내 말을 지키며 내 이름을 배반하지 아니하였도다."

이 말씀은 주님이 7절에서 하신 말씀과 밀접하게 관련된다. 주님은 "다윗의 열쇠를 가지신 이 곧 열면 닫을 사람이 없고 닫으면 열 사람이 없는 그"이시다. 주님은 천국의 문을 주권적으로 통제하신다. 이것은 그들을 천국에서 쫓아낼 수 있는 사람이 아무도 없다는 것, 곧 그들의 구원이 그리스도 안에서 안전할 것이라는 약속이다.

모진 박해를 당하는 상황에서 전능하신 주님이 우리의 믿음을 아시고, 우리의 영원한 운명을 안전하게 보장하신다는 사실을 아는 것보다 더 큰 위로는 없다. 그리스도께서는 천국의 문을 활짝 열어 자기 백성이 하늘의 축복을 받아 누리게 하신다. 그 문을 닫을 수 있는 힘은 어디에도 없다.

이 약속에는 또 하나의 의미가 더 담겨 있다. 그리스도께서는 빌라델비아 교회의 충실한 신자들을 위해 천국의 문을 열어 놓으실 뿐 아니라 그들로 하여금 다른 사람들을 그 문 안으로 인도해 들이게 하신다. 이는 그들에게 전도의 기회를 허락하시겠다는 뜻이다.

바울 서신에서 열린 문은 종종 복음 전도의 기회를 가리킨다. 바울은 고린도 교회에 보내는 편지에서 이 표현을 사용했다. "내가 오순절까지 에베소에 머물려 함은 내게 광대하고 유효한 문이 열렸으나 대적하는 자가 많음이라"(고전 16:8, 9). "내가 그리스도의 복음을 위하여 드로아에 이르매 주 안에서 문이 내게 열렸으되"(고후 2:12).

그는 골로새서 4장 2, 3절에서도 이 표현을 또다시 사용했다. "기도를 계속하고 기도에 감사함으로 깨어 있으라 또한 우리를 위하여 기도하되 하나님이 전도할 문을 우리에게 열어 주사 그리스도의 비밀을 말하게 하시기를 구하라."

빌라델비아 교회는 열린 문을 허락받았다. 사람들이 고대의 통상로를 따라 빌라델비아를 끊임없이 오갔다. 빌라델비아는 이미 헬라어와 헬라 문화로 그 지역에 크게 영향을 미쳤다. 빌라델비아 교회도 그런 식으로 소아시아에 복음을 전할 수 있는 전략적인 기회를 가질 수 있었다. 그들의 충실함 때문에 불신자들에게 복음을 전할 수 있는 기회가 주어졌다. 그들은 하나님의 도구가 되어 다른 사람들을 그리스도의 왕국으로 인도하는 축복을 누렸다.

주님은 요한계시록 3장 9절에서 그들에게 두 번째 약속을 허락하셨다. "보라 사탄의 회당 곧 자칭 유대인이라 하나 그렇지 아니하고 거짓말 하는 자들 중에서 몇을 네게 주어 그들로 와서 네 발 앞에 절하게 하고 내가 너를 사랑하는 줄을 알게 하리라."

그리스도께서는 앞서 서머나 교회에 보내는 편지에서도 사탄의 회당을 언급하셨다(계 2:9). 서머나 교회처럼 빌라델비아 교회도 지역 유대인들의 강한 반발에 부딪쳤다. 신약 성경에서 이스라엘의 종교 지도자들은 줄곧 복음의 전파를 가로막으려고 애썼다.

그들은 그리스도와 그분을 메시아로 믿는 사람들을 미워했다. 그들은 복음을 반대함으로써 사탄의 사역에 동참했다. 그리스도께서는 요한복음에서 "너희는 너희 아비가 행한 일들을 하는도다…너희는 너희 아비 마귀에게서 났으니"(8:41, 44)라고 하시며 그 사실을 분명하게 지적하셨다. 그들은 처음부터 사도들을 억압하고 방해했다. 그들의 태도는 1세기가 다 지나갈 무렵까지도 조금도 바뀌지 않았다.

그리스도께서는 박해자들이 "자칭 유대인이라 하나 그렇지 아니하고 거짓말한다"고 말씀하셨다. 바울도 로마서에서 이와 비슷하게 말했다. "무릇 표면적 유대인이 유대인이 아니요 표면적 육신의 할례가 할례가 아니니라 오직 이면적 유대인이 유대인이며 할례는 마음에 할지니 영에 있고 율법 조문에 있지 아니한 것이라 그 칭찬이 사람에게서가 아니요 다만 하나님에게서니라"(롬 2:28, 29).

　복음의 반대자들은 인종과 문화의 측면에서는 유대인이었지만 그 사실이 그들의 구원을 보장하는 것은 아니었다. 율법의 의식을 행한다고 해도 그들이 그리스도를 거부한 사실을 바꿀 수는 없었다. 그들은 혈통으로는 아브라함의 후손이었지만 하나님의 백성이 아니었다. 바울은 "이스라엘에게서 난 그들이 다 이스라엘이 아니요"(롬 9:6)라는 말로 이 점을 분명하게 밝혔다.

　놀랍게도 그리스도께서는 빌라델비아 교회에게 "몇을 네게 주어 그들로 와서 네 발 앞에 절하게 하고 내가 너를 사랑하는 줄을 알게 하리라"(계 3:9)고 약속하셨다. '발 앞에 절하는' 것은 패배한 적이 취하는 굴욕적인 자세를 가리킨다. 주님의 약속은 정확히 그런 의미를 담고 있다. 이사야는 하나님의 원수들이 장차 메시아의 왕국에서 그런 굴욕적인 자세를 취하게 될 것이라고 여러 차례 예언했다.

"여호와께서 이같이 말씀하시되 애굽의 소득과 구스가 무역한 것과 스바의 장대한 남자들이 네게로 건너와서 네게 속할 것이요 그들이 너를 따를 것이라 사슬에 매여 건너와서 네게 굴복하고 간구하기를 하나님이 과연 네게 계시고 그 외에는 다른 하나님이 없다 하리라 하시니라"(사 45:14).

"왕들이 네 양부가 되며 왕비들은 네 유모가 될 것이며 그들이 얼굴을 땅에 대고 네게 절하고 네 발의 티끌을 핥을 것이니 네가 나를 여호와인 줄을 알리라 나를 바라는 자는 수치를 당하지 아니하리라"(사 49:23).

"너를 괴롭히던 자의 자손이 몸을 굽혀 네게 나아오며 너를 멸시하던 모든 자가 네 발 아래에 엎드려 너를 일컬어 여호와의 성읍이라, 이스라엘의 거룩한 이의 시온이라 하리라"(사 60:14).

이것은 단지 빌라델비아 교회가 박해자들을 이길 것이라는 약속이 아니다. 이것은 박해자들 가운데 일부가 한때 자기들이 거부했던 그리스도를 믿고 구원을 얻을 것이라는 약속이다. 그들은 하나님의 사랑이 이스라엘에게만 국한되지 않는다는 사실을 깨닫고 교회 앞에 겸손히 머리를 숙일 것이다. 그들은 구원받을 만한 다른 이름이 없다는 것을 알고, 오직 그리스도만을 의지할 것이다.

장차 "온 이스라엘이 구원을 받는" 날이 그들의 구원에서부터 시작될 것이다(롬 11:26). 스가랴는 "(하나님이) 다윗의 집과 예루살렘 주민에게 은총과 간구하는 심령을 부어 주시리니 그들이 그 찌른 바 그를 바라보고 그를 위하여 애통하기를 독자를 위하여 애통하듯 하며 그를 위하여 통곡하기를 장자를 위하여 통곡하듯 하리로다"(슥 12:10)라고 예언했다.

빌라델비아 교회의 신자들은 박해자들 가운데 일부가 머지않아 주님을 믿을 것을 알았기에 유대인들의 비웃음을 잘 견딜 수 있었다.

온 교회를 위한 구원

그리스도께서는 빌라델비아 교회에 보내는 편지에서 세 번째 약속을 허락하셨다. 그분은 "네가 나의 인내의 말씀을 지켰은즉 내가 또한 너를 지켜 시험의 때를 면하게 하리니 이는 장차 온 세상에 임하여 땅에 거하는 자들을 시험할 때라 내가 속히 오리니 네가 가진 것을 굳게 잡아 아무도 네 면류관을 빼앗지 못하게 하라"(계 3:10, 11)라고 말씀하셨다.

이 약속은 역사적인 실제 사건을 가리키지만 그것이 무엇인지는 정확히 알 길이 없다. 아마도 박해나 자연 재해와 같은 큰 재난이 그 지역을 한 차례 휩쓸고 지나갔다면 주님이 그때 빌라델비아 교회를 안전하게 지켜주셨을 것이다. 그러나 빌라델비아 교회가 언제, 어떤 시험을 당했는지는 확실하게 알기 어렵다.

그리스도께서 여기에서 사용하신 표현은 단지 빌라델비아 교회의 신자들에게만 국한되지 않고, 그것을 넘어서는 포괄적이고 광범위한 의미를 지닌다. 이것이 구원사의 막바지에 나타날 혹독한 환난의 때에 있을 휴거를 가리킨다고 이해하는 사람들이 많다.

바울은 고린도전서 15장 51-53절에서 그리스도께서 자기 교회를 세상에서 하늘로 데려가실 때에 일어날 미래의 사건을 묘사했다. "보라 내가 너희에게 비밀을 말하노니 우리가 다 잠 잘 것이 아니요 마지막 나팔에 순식간에 홀연히 다 변화되리니 나팔 소리가 나매 죽은 자들이 썩지 아니할 것으로 다시 살아나고 우리도 변화되리라 이 썩을 것이 반드시 썩지 아니할 것을 입겠고 이 죽을 것이 죽지 아니함을 입으리로다."

그리스도께서도 다락방에서 제자들에게 "너희는 마음에 근심하지 말라 하나님을 믿으니 또 나를 믿으라 내 아버지 집에 거할 곳이 많도다 그렇지 않으면 너희에게 일렀으리라 내가 너희를 위하여 거처를 예비하러 가노니 가서 너희를 위하여 거처를 예비하면 내가 다시 와서 너희를 내게로 영접하여 나 있는 곳에 너희도 있게 하리라 내가 어디로 가는지 그 길을 너희가 아느니라"(요 14:1-4)라고 말씀하셨다.

이 두 본문은 심판이 아니라 그리스도께서 자기 백성을 세상에서 영광스런 하늘로 끌어올리시는 것을 묘사한다. 바울은 데살로니가전서 4장 13-18절에서 다른 신자들의 죽음을 슬퍼하는 자들을 위로하기 위해 이 사건을 아래와 같이 묘사했다.

"형제들아 자는 자들에 관하여는 너희가 알지 못함을 우리가 원하지 아니하노니 이는 소망 없는 다른 이와 같이 슬퍼하지 않게 하려 함이라 우리가 예수께서 죽으셨다가 다시 살아나심을 믿을진대 이와 같이 예수 안에서 자는 자들도 하나님이 그와 함께 데리고 오시리라 우리가 주의 말씀으로 너희에게 이것을 말하노니 주께서 강림하실 때까지 우리 살아남아 있는 자도 자는 자보다 결코 앞서지 못하리라 주께서 호령과 천사장의 소리와 하나님의 나팔 소리로 친히 하늘로부터 강림하시리니 그리스도 안에서 죽은 자들이 먼저 일어나고 그 후에 우리 살아남은 자들도 그들과 함께 구름 속으로 끌어 올려 공중에서 주를 영접하게 하시리니 그리하여 우리가 항상 주와 함께 있으리라 그러므로 이러한 말로 서로 위로하라."

성경은 휴거를 분명하게 가르치지만, 다른 종말론적 사건들과의 관계 속에서 휴거가 일어날 시점, 특히 대환난의 때에 대해서는 신자들의 견해가 서로 엇갈린다. 예수님은 마태복음 24장 21절에서 제자들에게 "이는 그때에 큰 환난이 있겠음이라 창세로부터 지금까지 이런 환난이 없었고 후에도 없으리라"라고 경고하셨다.

대환난은 7년 동안 지속된다. 그 시기에 적그리스도가 나타나고, 하나님의 엄청난 심판(일곱 봉인 심판, 곧 나팔 심판, 일곱 대접 심판)이 연속해서 일어난다(계 6-16장). 대환난은 그리스도께서 재림해 죽음과 지옥으로 죄인들을 심판하고, 세상에 천년 왕국을 건설하시기 직전에 있을 종말론적인 역사의 시기다.

대환난과 관련된 휴거의 시기에 관해서는 오래된 견해들이 몇 가지 있다. 어떤 사람들은 '환난 후 휴거론(교회가 대환난을 겪고 나서 주님이 재림해 세상을 심판하고, 살아 있는 신자들과 더불어 지상 왕국을 건설하시기 직전에 휴거된다는 견해)'을 믿는다. 또 어떤 사람들은 '환난 중 휴거론(하나님이 후 삼년 반 동안 진노를 남김없이 쏟아 부으시기 전에 교회가 환난 도중에 휴거된다는 견해)'을 믿는다. 이 밖에도 '진노 전 휴거론(대환난이 중반을 훨씬 지난 시점, 곧 환난의 끝 무렵에 하나님이 진노를 마지막으로 쏟아 부으시기 직전에 휴거된다는 견해)'도 있고, 요한계시록 3장 10절을 근거로 삼는 '환난 전 휴거론'도 있다.

'환난 전 휴거론'은 10절을 주님이 "장차 온 세상에 임하여 땅에 거하는 자들을 시험할 때(대환난)"에 온 교회를 구원하실 것이라고 말한다. 여기에서 중심이 되는 말은 '면하게 하리니'로 번역된 헬라어 '테레오 에크'다.

환난 전 휴거론자들은 이 말을 하나님이 교회를 진노로부터 온전히 보호하실 것을 약속하는 의미로 이해한다(살전 1:9, 10 참조). 그와는 다른 견해를 주장하는 사람들은 이를 하나님이 휴거를 통해 교회를(또는 최소한 그 일부를) 보존하실 것을 약속하는 의미로 이해한다. 요한계시록 3장 10절을 '환난 전 휴거론'의 관점에서 이해하는 것이 좀 더 설득력을 지니는 이유가 몇 가지 있다.

우선 헬라어 '테레오 에크'가 성경에서 사용된 또 다른 사례는 요한복음 17장 15절뿐이다. 주님은 대제사장의 기도를 드리면서 "내가 비옵는 것은 그들을 세상에서 데려가시기를 위함이 아니요 다만 악에 빠지지 않게 보전하시기를 위함이니이다"라고 기도하셨다. 그리스도께서는 자기 백성이 사탄의 권세 아래에서 인내할 수 있게 해달라고 기도하지 않으셨다. 그분은 그들이 그 권세로부터 온전히 보호받게 해달라고 기도하셨다. 두 경우 모두 요한이 그리스도의 말씀을 직접 듣고 기록한 것이다. 따라서 이 표현을 서로 다른 두 가지 의미로 이해해야 할 이유는 없다.

이것을 온전한 보호(보전)가 아닌 보존의 약속으로 이해하면 복잡한 문제가 발생한다. 성경은 환난을 겪는 신자들의 경우에는 믿음 때문에 고난과 죽임을 당하게 될 것이라고 말씀한다(계 6:9-11, 7:9-14 참조). 만일 신자들이 환난의 시기에 죽임을 당하거나 그 공포를 겪어야 한다면 시험의 때를 면하게 해주겠다는 말씀이 과연 무슨 의미를 지닐 수 있을지 궁금하다.

또한 하나님의 진노에서만 보호하고, 사탄과 지옥의 귀신들과 적그리스도와 회개하지 않은 세상 체제들의 분노로부터 보호하지 않는다면 그런 말씀은 조금도 위로가 될 수 없을 것이다.

더욱이 이 말씀이 단지 환난 중에 교회를 보존하시겠다는 뜻이라면 환난의 때가 시작되기 오래 전에 죽은 빌라델비아 교회의 신자들에게는 이 말씀을 어떻게 적용할 수 있을지도 의문이다.

따라서 요한계시록 3장 10절은 충실한 교회를 향한 주님의 은혜로운 약속(즉 끝까지 견디며 주님께 복종했기 때문에 환난 중에 세상에 임할 하나님의 일시적인 심판의 맹렬함을 모면하게 하시겠다는 약속)으로 이해하는 것이 가장 바람직하다.

그런 맥락에서 "내가 속히 오리니"(11절)라는 말씀도 다른 교회들의 경우와는 달리(계 2:5, 16, 25, 3:3) 심판을 경고하는 의미가 아니라 주님이 세상에서 자기 백성을 구원하실 때를 기대하라는 희망적인 의미를 담고 있다.

우리는 그런 영광스런 희망에 대해 요한이 요한계시록의 마지막 부분에서 말한 것처럼 "아멘 주 예수여 오시옵소서"(계 22:20)라고 반응해야 한다.

면류관과 기둥

그리스도께서는 자기 백성에게 "네가 가진 것을 굳게 잡아 아무도 네 면류관을 빼앗지 못하게 하라"(계 3:11)고 명령하셨다. '네가 가진 것을 굳게 잡아'라는 것은 인내하라는 의미다. 앞서 말한 대로 인내는 참된 믿음과 구원의 증거다(마 24:13 ; 요일 2:19 참조). 그러나 인내는 수동적이지 않다.

바울은 골로새 교회에 보내는 편지에서 주님이 자기 백성을 영원히 보전하기 위해 그들의 믿음을 통해 어떻게 역사하시는지를 설명했다. 그는 "이제는 그의 육체의 죽음으로 말미암아 화목하게 하사 너희를 거룩하고 흠 없고 책망할 것이 없는 자로 그 앞에 세우고자 하셨으니 만일 너희가 믿음에 거하고 터 위에 굳게 서서 너희 들은 바 복음의 소망에서 흔들리지 아니하면 그리하리라"(골 1:22, 23)라고 말했다. 그리스도께서 우리를 굳게 붙들고 계시는 것처럼 우리도 그분을 굳게 붙잡아야 한다.

'아무도 네 면류관을 빼앗지 못하게 하라'는 말씀은 누군가가 신자의 구원을 빼앗을 수 있다는 의미가 아니다. 베드로는 신자의 영원한 기업이 "썩지 않고 더럽지 않고 쇠하지 않는다"(벧전 1:4)고 말했다. 그리스도께서도 "내가 그들에게 영생을 주노니 영원히 멸망하지 아니할 것이요 또 그들을 내 손에서 빼앗을 자가 없느니라 그들을 주신 내 아버지는 만물보다 크시매 아무도 아버지 손에서 빼앗을 수 없느니라"(요 10:28, 29)라고 말씀하셨다.

이것이 주님이 서머나 교회에게 약속한 생명의 면류관을 가리킨다면 그 누구도 그것을 빼앗을 수 없다. 이 면류관은 오직 신자가 끝까지 인내하지 못함으로써 참된 구원 신앙을 갖지 못했다는 사실이 드러났을 때만 잃을 수 있다(요일 2:19 참조).

한편 이 말씀은 다른 사람들이 신자의 영원한 상급을 훼손하거나 감소시키지 못하게 하라는 경고일 수도 있다. 요한은 자신의 두 번째 서신에서 "너희는 스스로 삼가 우리가 일한 것을 잃지 말고 오직 온전한 상을 받으라"(요이 8절)고 말했다. 이것은 일시적인 관심사 때문에 충실함에 대한 영원한 상급을 잃는 일이 없게 하라는 의미인 듯하다.

그리스도께서는 영원한 상급을 염두에 두시고, 이기는 자들에게 몇 가지를 약속하셨다(요일 5:4, 5 참조). 그분은 "이기는 자는 내 하나님 성전에 기둥이 되게 하리니 그가 결코 다시 나가지 아니하리라 내가 하나님의 이름과 하나님의 성 곧 하늘에서 내 하나님께로부터 내려오는 새 예루살렘의 이름과 나의 새 이름을 그이 위에 기록하리라"(계 3:12)라고 말씀하셨다.

'내 하나님 성전에 기둥'은 무슨 의미일까? 기둥은 영원성과 안정성을 나타낸다. 이 약속은 지진으로 집과 삶이 자주 황폐해졌던 빌라델비아 신자들에게 주님의 영원한 성소 안에 흔들리지 않고 파괴될 수 없는 거처, 곧 '결코 다시 나가지 않을' 거처를 약속했다. 그들은 그곳에서 영원히 하나님을 경배하며 살게 될 것이었다.

또한 그리스도께서는 "내가 하나님의…이름을 그이 위에 기록하리라"(계 3:12)고 말씀하셨다. 이것은 소유권을 나타낸다. 신자는 영원히 주님의 이름을 갖게 될 것이다. 그것으로 신자가 하나님의 보배로운 자녀라는 것이 입증된다. 그리스도께서는 거기에 "하늘에서 내 하나님께로부터 내려오는 새 예루살렘의 이름"(계 3:12)을 기록하겠다고 덧붙이셨다. 신자는 하나님의 소유일 뿐 아니라 새 예루살렘의 영원한 시민이다(계 21장 참조). 신자는 하나님의 영원한 나라의 시민으로서 그 모든 권리와 특권을 향유하게 될 것이다.

마지막으로 그리스도께서는 '나의 새 이름을' 기록하겠다고 말씀하셨다. 빌립보서 2장 9절은 "하나님이 그를 지극히 높여 모든 이름 위에 뛰어난 이름을 주사"라고 말씀한다. 그리스도의 새 이름은 장차 우리가 영화롭게 되어 그분과 완전한 관계를 맺게 될 것을 나타낸다. 그때가 되면 "그의 참 모습 그대로 볼 것이다"(요일 3:2).

주님은 앞의 편지들과 비슷하게 "귀 있는 자는 성령이 교회들에게 하시는 말씀을 들을지어다"(계 3:13)라는 말씀으로 편지를 마무리하셨다. 빌라델비아 교회에 보내는 편지에 언급된 영원한 축복과 하늘의 특권들은 완전한 자들이 아니라 그리스도의 능력으로 끝까지 충실하게 견디는 자들에게 주어진다.

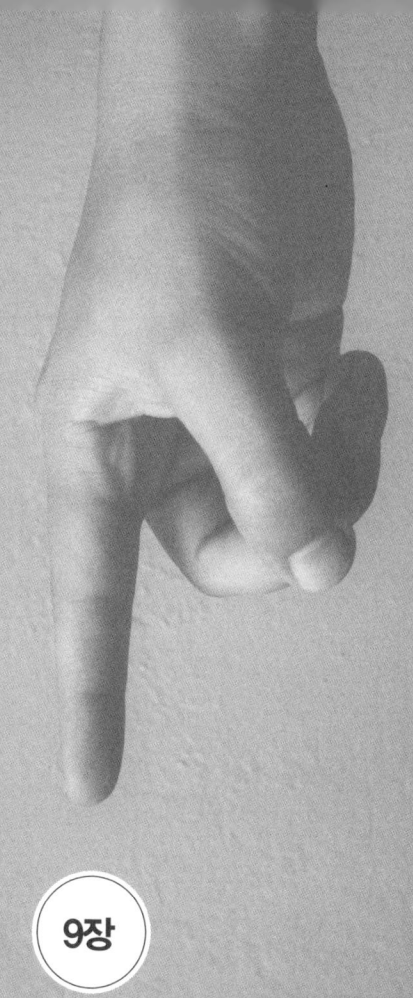

9장

미온적인 교회에 대한 예수님의 경고

: 라오디게아 교회

복음을 전하기가 가장 어려운 사람은 누구일까?

무신론자일까? 하나님의 존재를 부인하는 사람에게 복음이나 하나님의 도덕법이나 피조 세계에 대한 그분의 주권이나 죄를 징벌하는 그분의 권위를 납득시키기는 결코 쉽지 않다. 무신론자에게 하나님이 존재하며, 그분의 율법이 그에게 적용된다는 사실을 깨닫게 하기는 상당히 어렵다.

혹은 열정적인 종교인일까? 그릇된 종교에 깊이 심취한 사람들은 자신의 신앙을 잘 옹호하도록 훈련을 받고, 복음의 진리를 논박할 만반의 준비가 되어 있는 상태다. 수십 년 동안 신봉해 온 그릇된 종교의 벽을 뚫고, 영적 어둠에 익숙해진 마음에 하나님의 진리의 빛을 비추는 일은 극도로 어렵다.

아니면 포스트모더니즘의 불가지론자에게 복음을 전하기가 가장 어려울까? 확고하고, 객관적이고, 권위 있는 지식의 개념을 거부하는 왜곡된 세계관을 가진 사람에게서 대화를 시작할 수 있는 공통된 철학적 근거를 찾기는 그리 쉽지 않다. 절대적인 진리를 완강하게 거부하는 그런 사람에게 복음을 전할 기회를 갖기는 매우 어렵다.

그러나 이 모든 사람들보다 복음을 전하기가 더 어려운 부류에 속하는 불신자들이 존재한다. 노골적으로 하나님의 말씀을 거부하는 사람보다는 복음이 필요하지 않다고 생각하며 스스로를 의롭게 여기는 위선자들이 훨씬 더 어렵다. 그들은 자신의 종교나 도덕성으로 하나님의 환심을 살 수 있다고 믿는다. 그릇된 구원의 확신보다 영적으로 더 치명적인 것은 없다. 자신의 죄가 이미 용서받았다는 착각보다 양심을 일깨우는 성령의 사역에 더 둔감하게 만드는 것은 없다.

오늘날의 교회에는 회개한 적도 없고, 구원 신앙을 갖지도 못했으면서 하나님과 올바른 관계를 맺고 있기 때문에 심판을 받지 않을 것이라고 생각하는 사람들이 가득 차고 넘친다. 그들은 매주 성경의 가르침을 들으면서도 그 진리를 깨닫지도 못하고, 자기 마음의 참된 상태를 의식하지도 못한다. 그들은 자신이 구원받지 못한 죄인이라고 생각하지 않는다. 어떤 말이나 행동도 그들에게 구원자의 필요성을 깨우쳐 주기가 어렵다.

앞으로 살펴보겠지만, 라오디게아 교회가 바로 그런 상태였다. 존 스토트는 요한계시록에 기록된 주님의 마지막 편지에 관해 "일곱 교회의 편지 가운데 이 편지보다 20세기의 교회에 더 적절한 편지는 없다. 이 편지는 오늘날의 사람들 가운데 만연되어 있는 형식적이고, 피상적이고, 감정적이고, 겉만 번지르르한 종교성을 생생하게 묘사하고 있다. 우리의 기독교는 활력이 없고, 무기력하다."라고 말했다.[1]

---

1) John R. W. stott, *What Christ Thinks of the Church* (Grand Rapids: Eerdmans, 1980), 116.

우리는 날마다 라오디게아 교회와 같은 교회들, 곧 참 신자들은 없고, 하나님의 심판을 전혀 의식하지 않는 자기기만적인 죄인들로만 가득한 교회들을 도처에서 목격한다. 그들은 천국에 대한 소망이 없고, 그들의 종교 활동은 헛된 위선일 뿐이다. 그들을 향해 회개와 믿음을 촉구해야 할 필요가 있다. 그리스도의 마지막 편지는 어려운 선교 현장이 교인석 한복판에 보란 듯이 광대하게 펼쳐져 있다는 것을 새롭게 일깨워준다.

그 물을 마시지 말라

BC 250년 전에 건설된 라오디게아는 고대 소아시아의 우편 경로에 있는 마지막 도시였다. 히에라폴리스(북쪽으로 약 9.6킬로미터 떨어진 곳)와 골로새(동쪽으로 16킬로미터 떨어진 곳)와 더불어 리쿠스 계곡에 위치한 세 도시 가운데 하나인 라오디게아는 빌라델비아와는 남동쪽으로 약 74킬로미터 떨어져 있었다. 안티오코스 2세가 건설해 자기 아내의 이름을 따라 명명한(그는 나중에 그녀와 이혼했다) 라오디게아는 두 개의 주요 통상로가 교차하는 지점에 위치했다. 남북을 잇는 도로는 버가모와 지중해 지역을 연결했고, 동서를 잇는 도로는 에베소에서 시작해서 소아시아 내륙 지역으로 뻗어 있었다.

그런 이유로 라오디게아는 상업과 무역의 중심지가 되었다. 라오디게아는 사치스런 옷과 양탄자를 만드는 데 사용되는 부드러운 검정색 양모의 생산지였다. 역사가들은 라오디게아가 부유하고 번창하는 도시였으며, 소아시아 금융 산업의 중심지였다고 말한다. 인접한 다른 많은 도시들과는 달리 라오디게아는 60년의 지진 발생 이후에 재건을 돕겠다는 로마 제국의 제안을 거부하고, 스스로 막대한 재건 비용을 감당했다. 로마의 역사가 타키투스는 "소아시아의 유명한 도시들 가운데 하나인 라오디게아는 지진으로 황폐해진 해에 우리의 원조 없이 스스로의 힘으로 도시를 재건했다."라고 말했다.[2]

라오디게아는 또한 고대 의학을 선도하는 도시였다. 그곳의 한 의료학교가 개발한 안연고는 그리스-로마 세계 전역에서 널리 판매되었다. 이런 유명한 세 가지 산업이 라오디게아 교회에 보내는 그리스도의 편지에 간략하게 언급되어 나타난다.

라오디게아는 그 큰 명성과 부가 무색하게도 물 공급이 매우 좋지 못했다. 인근의 히에라폴리스는 천연 온천수로 유명했다. 그곳은 오늘날까지도 관광객의 관심을 끌고 있다. 골로새도 차갑고 신선한 물이 연중 내내 흘렀다. 그러나 라오디게아의 가장 가까운 수원지는 오염되었거나 수량이 일정하지가 못했다. 그들은 그 문제를 해결하기 위해 지하 수로를 만들어 물을 도시로 끌어들였다.

그러나 돌과 진흙으로 만든 관을 따라 최소한 8킬로미터를 흘러와야 했기 때문에 물이 불결하고 신선하지가 않았다. 도시의 중앙 저수

---

[2] Alfred John Church and William Jackson Brodribb, trans., *Annals of Tacitus*, xiv:27 (New York: Macmillan, 1895), 268.

탑에 도착한 물은 미지근하고, 더러웠으며, 맛이 고약했고, 구정물 냄새가 났다. 남아 있는 유적을 살펴보면 물에 탄산칼슘을 비롯해 다른 여러 가지 불순물이 상당량 포함되어 있었던 것을 분명하게 알 수 있다(터키의 데니즐리 근처에 있는 에스키히사르에 가면 라오디게아의 유적을 볼 수 있다).

한편 라오디게아에는 유대인들이 많이 살았다. BC 62년, 플라쿠스 총독은 도시에서 금이 외부로 반출되는 것을 전면 금지시켰다. 그러나 유대인들은 항상 예루살렘 성전세를 금으로 지불했다. 그들은 도시 전역에서 금을 모아 한꺼번에 예루살렘으로 보냈다. 그들이 명령을 어기고 금을 몰래 반출하려고 하자 총독은 그것을 모두 몰수했다. 그때 몰수된 금의 양을 보면 그곳에 수천 가구의 유대인들이 살았던 것을 짐작할 수 있다.

(플라쿠스는) 라오디게아 지역에서만 밀반출되는 금을 약 9킬로그램이나 몰수했다. 그것을 성인 남자 한 사람 당 반 세겔의 가치로 계산하면 그 숫자만 11,000명에 달한다. 이것은 여성들과 아이들과 노예들을 제외한 숫자다. 한 가지 더 기억해야 할 사실은 로마 관리들이 발견해 몰수한 금의 양만 그 정도였다는 것이다. 따라서 전체 유대인 인구는 부분적으로 계산한 숫자보다 훨씬 더 많았을 것으로 추정된다.[3]

---

3) J. B. Lightfoot, *Saint Paul's Epistles to the Colossians and to Philemon* (London: Macmillan, 1879), 20–21.

성경은 라오디게아 교회가 설립된 시기를 정확히 말씀하지 않는다. 바울이 에베소에서 사역할 즈음이었을 가능성도 있고(행 19:10), 근처에 있던 골로새의 신자들에 의해 설립되었을 가능성도 있다. 바울이 이 교회를 직접 설립하지 않은 것은 분명하다. 왜냐하면 골로새서 2장 1절에 보면 "내 육신의 얼굴을 보지 못한 자들"과 나란히 라오디게아 신자들이 언급되어 나타나기 때문이다. 성경을 살펴보면, 에바브라(골 1:7)와 아킵보(4:17)가 한때 그 교회의 지도자로 일했던 것을 알 수 있다.

또한 바울이 골로새서 마지막 부분에서 "라오디게아에 있는 형제들과 눔바와 그 여자의 집에 있는 교회에 문안하고 이 편지를 너희에게서 읽은 후에 라오디게아인의 교회에서도 읽게 하고 또 라오디게아로부터 오는 편지를 너희도 읽으라"(4:15, 16)라고 말한 것으로 보아 골로새 교회와 라오디게아 교회가 서로 연관을 맺고 있었던 것이 분명해 보인다. 바울이 골로새서에서 다룬 거짓 가르침이 라오디게아 교회에도 심각한 영향을 미쳤을 가능성이 높다.

주님이 라오디게아 교회에 보낸 편지에서 자기를 소개하신 내용을 보더라도 그럴 가능성이 충분해 보인다.

이단적인 기독론

주님은 요한계시록 3장 14절에서 "아멘이시요 충성되고 참된 증인

이시요 하나님의 창조의 근본이신 이"로 자신을 소개하셨다. 주님은 이번에도 요한이 처음 본 환상의 표현을 빌려 말씀하지 않았다(계 1:9-20). 사실 여기에서는 비유적인 표현이 전혀 사용되지 않았다. 주님은 간단하게 '아멘이시요'라고 자신의 신분을 밝히셨다. '아멘'은 성경에서 말의 진실성을 확증하는 의미로 종종 사용된다. 이 말은 입에서 나온 말이 모두 사실이라는 것을 보증하는 기능을 한다. 이 말은 그리스도의 말씀이 시작되기 전에 종종 나오는 '진실로, 진실로'라는 말과 본질적으로 그 의미가 동일하다. 문장의 앞에 나오는 '진실로'는 앞으로 할 말의 진실성을 확증하고, 문장의 마지막에 나오는 '아멘'은 그때까지 말한 말의 진실성과 확실성을 확증한다.

성경에서 이 말이 그리스도를 가리키는 칭호로 사용된 경우는 오직 여기 한 곳뿐이다. 이것은 '진리의 하나님'이라는 표현을 두 번이나 사용한 이사야 65장 16절과 관련이 있을 수 있다. 이 말을 주님께 적용하는 것은 지극히 합당하다. 왜냐하면 주님은 견실하고, 신실하고, 변치 않으시는 '아멘'이시기 때문이다.

물론 이 말은 단지 주님과 그분이 하신 약속의 진실성만을 나타내는 데 그치지 않는다. 바울은 고린도후서 1장 20절에서 "하나님의 약속은 얼마든지 그리스도 안에서 예가 되니 그런즉 그로 말미암아 우리가 아멘 하여 하나님께 영광을 돌리게 되느니라"라고 말했다. 그리스도께서는 하나님의 모든 약속을 이루셨다.

은혜와 축복의 약속, 평화와 용서의 언약이 모두 예수 그리스도의 인격과 사역을 통해 완성되었다. 구약 성경이 모두 그리스도를 가리킨다. 그분은 하나님이 자기 백성과 맺으신 모든 언약을 이루시고 보증하신다. 그리스도께서는 하나님의 아멘, 곧 하나님의 모든 약속을 확증하는 분이시다.

또한 그리스도께서는 자신을 "충성되고 참된 증인"(계 3:14)으로 소개하셨다. 주님은 하나님의 모든 말씀과 약속을 확증하실 뿐 아니라 그 말씀하는 모든 것이 진실하시다. 그분의 말씀은 항상 참되고, 진실하며, 온전히 믿을 만하고, 한 치의 틀림도 없이 정확하다. 그분은 "길이요 진리요 생명"(요 14:6)이시다.

하나님을 대신해 말씀하시는 그리스도의 증언은 항상 참되다. 예수님은 하나님의 아멘이시며, 하나님이 하신 모든 약속과 그분이 세우신 모든 계획과 언약을 확증하고, 입증하고, 실증하는 산 증인이시다. 그리스도께서는 라오디게아 교회에 보내는 편지의 서두에서 진리 자체가 중요하며, 자신이 절대적인 정확성과 명료성을 가지고 그들의 영적 상태에 관해 말씀하실 것을 분명하게 강조하셨다.

그리스도께서 자신을 소개하신 세 번째 문구는 "하나님의 창조의 근본이신 이"(계 3:14)이다. 영어 성경은 '근본' 대신 '시작'이라는 표현을 사용하는데 이는 자칫 주님의 말씀에 담긴 진의를 모호하게 만드는 잘못을 저지를 수 있다. 사실 이 구절을 근거로 삼아 그리스도의 신성을 부인하는 거짓 교사들이 많았다. 그들은 그리스도께서 우리와 마찬가지로 창조된 피조물이라고 주장했다.

오늘날의 이단들과 거짓 종교들은 이 왜곡된 기독론을 신봉하고 있다. 이 거짓 교리의 기원은 멀리 초대 교회 당시까지 거슬러 올라간다. 바울은 당시의 신자들이 이와 유사한 이단 사상에 미혹되지 않게 할 목적으로 골로새서를 기록했다. 그는 그리스도의 신성에 관해 아래와 같이 증언했다.

"그는 보이지 아니하는 하나님의 형상이시요 모든 피조물보다 먼저 나신 이시니 만물이 그에게서 창조되되 하늘과 땅에서 보이는 것들과 보이지 않는 것들과 혹은 왕권들이나 주권들이나 통치자들이나 권세들이나 만물이 다 그로 말미암고 그를 위하여 창조되었고 또한 그가 만물보다 먼저 계시고 만물이 그 안에 함께 섰느니라 그는 몸인 교회의 머리시라 그가 근본이시요 죽은 자들 가운데서 먼저 나신 이시니 이는 친히 만물의 으뜸이 되려 하심이요 아버지께서는 모든 충만으로 예수 안에 거하게 하시고"(골 1:15-19).

골로새서 1장 15절의 '먼저 나신 이'는 헬라어 '프로토코스'를 번역한 것이다. 이 말은 단순한 시간적 순서가 아니라 탁월성과 우월성을 나타낸다. 그와 마찬가지로 요한계시록 3장 14절에서 '근본'으로 번역된 헬라어(아르케)도 그리스도께서 피조물의 일부가 아닌 그 근원임을 나타낸다.

요한은 자신의 복음서에서 이 진리를 분명하게 언급했다. "만물이 그로 말미암아 지은 바 되었으니 지은 것이 하나도 그가 없이는 된 것이 없느니라"(요 1:3 ; 히 1:2 참조). 그리스도께서는 피조물 가운데 하나가 아닌 영적인 세계와 물리적인 세계의 근원자요 창조주이시다.

골로새 교회를 위협했던 거짓 교리가 라오디게아 교회에도 영향을 미쳤을 가능성이 높다. 이 이단적인 기독론이 라오디게아 교회의 배교와 영적 쇠퇴의 원인이었다. 라오디게아 교회는 그리스도께서 생명과 존재하는 모든 것의 근원, 곧 그 창시자요 기원자이시라는 사실을 믿지 않았다. 그들은 주님이 창조되지 않은 창조의 근원이시며, "알파와 오메가"(계 1:8)이자, 만물의 주권적인 창조자요 완성자라는 사실을 부인했다.

라오디게아 교회의 신자들은 거듭나지 못한 불신자들처럼 그리스도를 왜곡된 시각으로 바라보았다. 그들의 이단 사상은 모르몬교와 여호와의 증인을 비롯해 성경과 그리스도의 신성을 부인하는 자유주의 교회들의 이단 사상과 조금도 다르지 않았다.

라오디게아 교회에게 보내는 그리스도의 편지는 처음부터 그 교회가 잘못된 기독론을 믿고 있었다는 것을 분명하게 보여준다. 그들의 신성모독적인 신념은 주님에 대한 심각한 범죄였다. 주님은 그런 잘못된 사상을 들춰내 없애기 위해 거듭나지 못한 상태로 배교로 치우친 그들을 향해 자신의 신성과 권위를 확증하는 강력한 신학적 진리를 선언하셨다. 주님은 자신이 만물의 창조주요 하나님의 말씀에 충실한 참된 증인이며, 하나님의 영적인 약속을 온전히 성취하는 자라고 말씀하심으로써 자신이 경배받아야 할 하나님이심을 분명하게 나타내셨다.

라오디게아 교회에게 보내는 편지는 그리스도의 인격과 사역에 관한 진리를 왜곡하는 데서 비롯하는 두렵고 끔찍한 영적 결과들을 강력하게 예시한다.

"내 입에서 너를 토하여 버리리라"

주님이 좋은 말씀은 단 한마디도 하지 않은 교회는 라오디게아 교회가 유일하다. 라오디게아 교회 안에 칭찬받을 만한 신자는 단 한 사람도 없었다. 알곡은 없고 온통 가라지뿐이었다. 주님은 거듭나지 못한 라오디게아 교회를 사정없이 꾸짖으셨다. 그분은 "내가 네 행위를 아노니 네가 차지도 아니하고 뜨겁지도 아니하도다 네가 차든지 뜨겁든지 하기를 원하노라 네가 이같이 미지근하여 뜨겁지도 아니하고 차지도 아니하니 내 입에서 너를 토하여 버리리라"(계 3:15, 16)라고 말씀하셨다.

표현이 매우 생생한 엄한 경책이다. 주님의 말씀에는 "나는 너를 안다. 나는 네 실상을 잘 안다. 너는 미온적이다. 너는 나를 구역질나게 만든다."라는 의미가 담겨 있다.

이 말씀은 라오디게아 신자들에게는 특별히 생동감 있게 들리는 꾸짖음이었을 것이 분명하다. 그들이 사는 곳의 물은 히에라폴리스의 물만큼 뜨겁지도 않았고, 골로새의 물만큼 맑고 차갑지도 않았다. 라오디게아의 물은 더럽고, 불결하고, 미지근했다.

돌과 진흙으로 만든 더러운 관을 타고 긴 거리를 흐르는 동안 물은 오염되고 더러워져 전혀 갈증을 식혀주거나 원기를 회복시켜 줄 수가 없었다. 주님은 라오디게아의 모든 시민에게 익숙한 상황을 이용해 "너는 나를 구역질나게 만든다."는 말씀으로 그곳의 교회를 크게 꾸짖으셨다.

그리스도께서는 "네가 차든지 뜨겁든지 하기를 원하노라"(15절)라고 말씀하셨다. 영적으로 뜨거운 사람들은 그리스도를 사랑하는 열정이 강하고, 생명력이 있다. 그들은 삶을 변화시키는 성령의 사역을 나타내 보이며, 불신자들에게 복음을 전하려는 열정이 강하다. 한편 영적으로 차가운 사람들은 하나님의 말씀과 그분의 아들을 통한 구원을 대놓고 거부한다. 그들은 영적으로 죽어 둔감해진 탓에 그리스도나 교회에 대해 아무런 관심이 없다.

미온적인 라오디게아 신자들의 상태는 그 중간이었다. 그들은 거듭나지 못했기 때문에 뜨겁지도 않았고, 진리를 대놓고 거부하지 않았기 때문에 차갑지도 않았다. 그들은 실제로는 거짓 그리스도와 거짓 복음을 믿고 있으면서도 겉으로는 경건한 척하며 주님을 사랑한다고 주장했던 위선자들이었다.

그들은 겉으로는 주님을 믿고, 그분께 헌신하는 척했지만 바리새인들처럼 자기만족에 빠져 스스로를 의롭다고 생각했다. 바울은 디모데에게 보낸 두 번째 편지에서 미온적인 사람들을 "경건의 모양은 있으나 경건의 능력은 부인하는"(딤후 3:5) 자로 묘사했다.

주님은 제자들에게 그런 영적인 위선자들이 장차 두려운 운명에 처하게 될 것이라고 말씀하셨다. "그 날에 많은 사람이 나더러 이르되 주여 주여 우리가 주의 이름으로 선지자 노릇 하며 주의 이름으로 귀신을 쫓아내며 주의 이름으로 많은 권능을 행하지 아니하였나이까 하리니 그때에 내가 그들에게 밝히 말하되 내가 너희를 도무지 알지 못하니 불법을 행하는 자들아 내게서 떠나가라 하리라"(마 7:22, 23).

그런 위선적인 교회들이 역사적으로 항상 존재했다. 그런 교회들은 회심과 거듭남이 없는 사람들이 가득하고, 온갖 종류의 거짓된 교리와 그리스도에 관한 그릇된 견해를 주장한다. 그들은 주님을 역겹게 만든다. 그리스도께서는 소아시아의 다른 교회들을 꾸짖으실 때보다 더 큰 역겨움을 느끼셨다.

그분은 첫 사랑을 버린 에베소 교회에 대해서는 실망을 느끼셨고, 세상과 타협해 부패해진 교회들에 대해서는 분노를 표출하셨지만, 미온적인 라오디게아 교회에 대해서는 큰 혐오감을 드러내셨다. 그리스도께서는 그들을 입에서 토하여 내버리고 싶은 심정을 느끼셨다. 뜨겁지도 않고 차지도 않는 그들의 상태는 하늘의 주님을 역겹게 만들었다.

주님은 미온적인 것보다는 뜨겁거나 찬 것을 더 낫게 여기셨다. 차가운 마음을 노골적으로 드러내는 것이 오히려 스스로의 영적 상태를 정직하게 나타내는 것이다. 그런 마음은 죄책감을 느낄 수 있는 여지라도 남기지만 영적인 자기만족에 사로잡혀 스스로의 이단적인 사상과 위선을 의식하지 못하는 마음은 자신의 영적 상태를 정확하게 평가할 능력이 없다.

그리스도께서는 그들의 자기기만이 얼마나 심각한지를 여실히 보여 주셨다. 그분은 "네가 말하기를 나는 부자라 부요하여 부족한 것이 없다 하나 네 곤고한 것과 가련한 것과 가난한 것과 눈 먼 것과 벌거벗은 것을 알지 못하는도다"(계 3:17)라고 말씀하셨다. 주님은 그들이 스스로의 참된 영적 상태를 전혀 의식하지 못하고 있다고 말씀하셨다. '교회' 안에 모여 있는 불신자들의 경우도 마찬가지다. 그들은 스스로의 심령 상태를 올바로 평가할 능력이 없다. 그들은 마음의 눈이 멀어 영적 현실을 전혀 보지 못한다.

라오디게아 교회는 물질적으로 풍요하기로 유명했다. 그들은 물질적인 부를 풍성하게 누렸기 때문에 영적으로도 부요한 줄로 생각했다. 그러나 그것은 근거 없는 착각이었다. 그들이 그런 영적인 자기 확신을 가졌다는 사실은 또 다른 형태의 거짓 교리가 라오디게아 교회에 해로운 영향을 미쳤음을 암시한다.

그들은 그리스도에 대한 왜곡된 교리를 신봉했을 뿐 아니라 골로새 교회의 일부 신자들처럼 초기 형태의 영지주의에 영향을 받은 것으로 보인다. 영지주의자들은 자신들이 한 차원 높은 비밀스런 지식을 알고 있다고 믿었다. 그들은 자신들이 초월적인 지식을 알고 있기 때문에 다른 무식한 신자들과는 확연하게 구별된다고 자부했다. 주님은 라오디게아 교회에 보내는 편지에서 "네가 말하기를 나는 부자라 부요하여 부족한 것이 없다 하나"(계 3:17)라는 말씀으로 그런 영적 교만을 지적하셨다.

영적으로 볼 때 그것은 사람이 빠질 수 있는 가장 심각한 상태에 해당한다. 그런 사람보다는 무신론자나 교회와 복음에 대해 전혀 무지한 사람이 훨씬 더 낫다. 솔직히 말해 라오디게아 교회처럼 스스로를 의롭다고 생각하는 위선보다 더 나쁜 것은 없다. 그들의 배교 행위는 말로 다할 수 없이 심각했다.

그들은 그리스도에 관한 진리를 알면서도 그분의 신성을 부인했고, 하나님에 관한 진리를 알면서도 자기들이 생각하는 신을 숭배했다. 그런 독선적인 영적 자신감이 오늘날의 모든 기독교 교단 안에 만연하다.

기독교 단체들과 대학들과 신학교들도 예외가 아니다. 그들은 스스로가 영적으로 부요하다고 믿으며, 자기들이 일반 대중보다 더 뛰어난 지식을 알고 있다고 자부한다. 그러나 그들은 그런 태도가 주님을 얼마나 역겹게 만들고 있는지 알지 못한다.

자기기만에 빠진 불신자들이 지배하는 교회나 단체는 모두 그럴 수밖에 없다. 실제로는 영적으로 파산했는데도 부요하다고 생각하거나 영적으로 추한데도 아름답다고 생각하거나 영적으로 더 할 나위 없이 가련한데도 남들의 부러움을 받고 있다고 생각하거나 영적으로 눈 먼 상태인데도 모든 것을 명확하게 알고 있다고 생각하거나 영적으로 벌거벗은 더러운 상태인데도 예쁘고 세련되게 꾸미고 있다고 생각하는 것은 심한 혐오감을 불러일으킬 수밖에 없다.

이것이 라오디게아 교회의 상태였다. 주님은 "네 곤고한 것과 가련한 것과 가난한 것과 눈 먼 것과 벌거벗은 것을 알지 못하는도다"(17절)라는 말씀으로 그런 그들의 실상을 적나라하게 지적하셨다.

신자들은 불신 세계를 불쌍히 여겨 때와 장소를 막론하고 기회가 날 때마다 최선을 다해 복음의 진리를 전해야 한다. 그러나 교회 안에도 자기기만과 위선에 빠진 사람들이 많다. 우리는 그런 사람들에게도 열심히 복음을 전해야 한다. 그들은 자신이 구원자를 절실히 필요로 하는 상태인 줄 알지 못하기 때문에 말씀의 진리와 주 예수 그리스도의 은혜의 복음을 수시로 상기시켜 주어야 할 필요가 있다. 우리는 하나님이 그들에게 은혜와 긍휼을 베푸시어 그들이 회개하고 믿음을 갖게 해달라고 간절히 기도해야 한다.

이것이 참된 믿음을 저버린 라오디게아 교회를 향한 주님의 메시지였다.

믿음을 저버린 교회를 위한 은혜의 권고

그리스도께서는 라오디게아 교회의 비참한 영적 상태를 치유하기 위해 "내가 너를 권하노니 내게서 불로 연단한 금을 사서 부요하게 하고 흰 옷을 사서 입어 벌거벗은 수치를 보이지 않게 하고 안약을 사서 눈에 발라 보게 하라"(계 3:18)라고 말씀하셨다. 그리스도께서는 위선자들을 은혜롭게 권고하셨다. 그분은 그들을 당장에 심판할 수도 있었지만 그렇게 하지 않고, 회개를 촉구하셨다.

주님은 라오디게아 교회가 스스로 믿었던 부요함의 허상과 자신이 제공하는 구원을 대조함으로써 그들의 그릇된 안전 의식을 일깨우셨다. 앞서 말한 대로 라오디게아는 경제적인 번영, 양모 산업, 안연고 생산을 자랑거리로 삼았다. 주님은 이 한 구절의 말씀으로 그들의 지역적인 자부심을 무너뜨리셨을 뿐 아니라 영적으로 가난하고, 눈멀고, 벌거벗은 그들의 상태를 적나라하게 드러내셨다.

그들이 가진 재물로는 그들 자신이 주님으로부터 필요로 하는 것을 살 수 없었다. 아무리 많은 재물도 그들의 영혼을 속량하거나 구원할 수 없었다. 그리스도의 말씀은 물질적인 부의 허무함을 강조한다. 그들의 부가 아무리 커도 그들을 영적으로 유익하게 할 수 없었다. "내게서…금을…흰 옷을…안약을 사서"라는 주님의 말씀은 하나님이 이사야 선지자를 통해 하신 말씀("오호라 너희 모든 목마른 자들아 물로 나아오라 돈 없는 자도 오라 너희는 와서 사 먹되 돈 없이, 값 없이 와서 포도주와 젖을 사라"-사 55:1)을 생각나게 한다. 그리스도의 의는 죄인들에게 판매되는 것이 아니다. 그 대가는 이미 모두 지불되었다.

주님은 구원받지 못한 라오디게아 교회를 향해 그들에게 절실히 필요한 구원을 상징하는 세 가지 물건을 사라고 권고하셨다.

첫 번째 물건은 그들을 진정으로 부요하게 해 줄 "불로 연단한 금"(계 3:18)이었다. 라오디게아 신자들은 금에 익숙했기 때문에 그리스도께서 제안하신 것이 얼마나 큰 가치를 지닌 것인지를 쉽게 이해했을 것이다. 이 영적인 금은 모든 불순물을 제거한 정금이다. 그것은 그들이 매우 귀하게 여겼던 물리적인 금과 비교조차 할 수 없을 만큼 완전하고 값진 금이었다.

베드로는 구원 신앙이 "불로 연단하여도 없어질 금보다 더 귀하다"고 말했다(벧전 1:7). 라오디게아 신자들은 자신들의 막대한 부를 의지했다. 그리스도께서는 그런 그들에게 자기와의 올바른 관계와 참된 영적인 부를 제안하셨다.

주님이 그들에게 사라고 권고하신 두 번째 물건은 벌거벗은 수치를 가려줄 "흰 옷"(계 3:18)이었다. 그리스도께서는 소아시아의 교회들에게 보내는 편지에서 흰 옷을 여러 차례 언급하셨다.

이 표현은 나중에 요한계시록에 또다시 나타난다. 앞서 설명한 대로, 영화롭게 된 성도들이 입는 흰 옷은 그들의 깨끗하고 정결한 복종의 행위를 가리킨다(계 3:4, 5, 19:8). 아울러 여기에서는 신자들에게 전가되는 그리스도의 의를 나타낸다(계 7:13, 14 참조). 라오디게아에서 생산되는 유명한 검정색 양모는 라오디게아 교회의 위선자들의 수치를 드러내는 죄를 상징했다.

그들에게는 이사야 선지자가 묘사한 옷이 필요했다. "내가 여호와로 말미암아 크게 기뻐하며 내 영혼이 나의 하나님으로 말미암아 즐거워하리니 이는 그가 구원의 옷을 내게 입히시며 공의의 겉옷을 내게 더하심이…같게 하셨음이라"(사 61:10). 그들의 자기 의는 더러운 옷에 지나지 않았다(사 64:6). 그들은 그리스도의 의를 덧입어야 했다(고후 5:21).

주님이 라오디게아 신자들에게 사라고 권유한 마지막 물건은 눈을 보게 할 수 있는 "안약"(계 3:18)이었다. 라오디게아에서 생산해 판매한 안연고는 기적의 묘약이 아니었다. 그것은 단지 눈의 염증을 완화시킬 뿐이었다. 이것은 그리스도께서 회개하지 않은 죄인들에게 제안하신 안약과는 극명하게 대조된다.

주님의 안약은 영적인 눈을 열어 진리를 보게 만든다. 바울은 고린도후서 4장 4절에서 "이 세상의 신이 믿지 아니하는 자들의 마음을 혼미하게 하여 그리스도의 영광의 복음의 광채가 비치지 못하게 함이니 그리스도는 하나님의 형상이니라"라고 말했다. 구원받지 못한 죄인들은 영적으로 눈이 먼 상태이기 때문에 자신들이 사탄에게 속박되어 있다는 것을 알 수 없고, 복음의 빛을 의식할 수 없다. 그들은 '그 눈을 뜨게 하여 어둠에서 빛으로, 사탄의 권세에서 하나님께로 돌아오게' 만드는 그리스도의 사역이 절실히 필요한 상태다.

라오디게아 교회는 이단 사상과 위선에 눈이 멀었기 때문에 그리스도께서 그 눈을 열어 진리의 빛을 그들의 마음속에 비추어 주셔야만 했다.

그리스도의 말씀은 불신자들을 겨냥한 것이지만 참 신자들에게도 몇 가지 진리를 강력하게 일깨운다. 구원은 우리를 믿음 안에서 영적으로 부요하게 만드는 금과 같다. 흰 옷은 죄로 인해 벌거벗은 우리의 수치를 그리스도를 통한 하나님의 의로 가려준다. 안약은 진리를 깨닫고 이해하게 함으로써 하나님을 알게 해준다. 이 세 가지는 구원의 삼중 축복, 곧 그분이 자기 백성에게 값없이 부어주시는 은혜를 장엄하게 드러낸다.

불신자들을 향한 하나님의 사랑

어떤 사람들은 요한계시록 3장 19절에 기록된 그리스도의 말씀을 근거로 라오디게아 교회의 신자들이 모두 다 배교한 것이 아니라 그 가운데 구원받은 이들이 더러 있었다고 주장하기도 한다. 주님은 "무릇 내가 사랑하는 자를 책망하여 징계하노니 그러므로 네가 열심을 내라 회개하라"고 말씀하셨다.

이 말씀은 언뜻 그리스도인들을 향해 하시는 말씀처럼 들리지만, 전후 문맥을 고려하면 그런 의미로 이해하기가 어렵다는 것을 알 수 있다. 18절과 20절은 거듭나지 못한 사람들의 영적 상태를 분명하게 묘사한다.

하나님의 사랑을 선택받은 신자들에게만 국한시키지 않도록 주의해야 한다. 시편 145편 8, 9절, 마태복음 5장 44-48절, 마가복음 10장 21절과 같은 성경 구절들은 주님이 회개하지 않은, 유기된 죄인들에게도 참된 긍휼과 사랑을 베푸신다는 것을 확실하게 보여준다. 이 사랑은 요한일서 4장 9-11절이나 로마서 5장 8절처럼 구원을 목표로 하는 하나님의 주권적인 사랑과는 무관하다.

라오디게아 교회에 보내는 그리스도의 편지에 언급된 하나님의 사랑 안에는 죄에 대한 하나님의 책망과 징계가 포함되어 있다. '책망'은 그들의 죄를 드러내어 꾸짖는다는 의미를 지닌다. 그리스도께서는 죄인들의 양심을 통해 역사하시는 성령의 사역을 묘사하면서 "그가 와서 죄에 대하여, 의에 대하여, 심판에 대하여 세상을 책망하시리라"(요 16:8)라고 말씀하셨다. 요한계시록 3장 19절에서 '징계'로 번역된 용어도 누가복음 23장에 두 차례 사용되었는데 그곳에서는 '때리다(그리스도께서 빌라도에 의해 고문을 당하신 것)'라는 의미로 번역되었다.

또한 디모데후서 2장 25절에서는 불신자들에 대한 하나님의 훈계를 뜻하는 의미로 사용되었다. 여기에서의 요점은 죄인들을 향한 하나님의 사랑이 그들의 비참한 상태를 드러내는 것에서부터 시작한다는 것이다. 우리가 그리스도를 믿는 믿음을 통해 은혜로 구원받았다면 그것은 주님이 먼저 하나님의 무서운 진노와 우리의 죄를 깨우쳐 주셨기 때문이다. 죄인들을 향한 하나님의 사랑은 책망과 징계에서부터 시작한다.

편지의 전반적인 어조처럼 이 말씀에도 부드러움이 배어난다. 주님은 라오디게아 교회의 이단 사상과 위선에도 불구하고 부드러운 사랑으로 그들을 대하셨다. 물론 이 사랑은 '아가페'가 아닌 '필레오', 곧 올바른 영적 관계와는 무관한 신적 자애로움의 발로였다. 하나님은 거듭나지 않은 라오디게아 교회의 교인들을 불쌍히 여겨 자신의 진노를 피할 수 있도록 구원 신앙을 가지라고 촉구하셨다.

주님은 에스겔서 33장 11절에서 이스라엘 백성에게도 이와 비슷하게 말씀하셨다. "나의 삶을 두고 맹세하노니 나는 악인이 죽는 것을 기뻐하지 아니하고 악인이 그의 길에서 돌이켜 떠나 사는 것을 기뻐하노라 이스라엘 족속아 돌이키고 돌이키라 너희 악한 길에서 떠나라 어찌 죽고자 하느냐."

또한 주님은 자기와 올바른 관계를 맺게 하기 위해 "열심을 내라 회개하라"(계 3:19)라고 말씀하셨다. 그리스도께서 전하신 복음의 메시지에는 항상 회개가 포함되었다(마 4:17). 죄인들은 죄를 슬피 뉘우치며 오직 그리스도께서만이 주실 수 있는 의를 갈망해야 한다.

바울은 고린도후서 7장 10절에서 단순한 후회와 참된 회개를 구별했다. "하나님의 뜻대로 하는 근심은 후회할 것이 없는 구원에 이르게 하는 회개를 이루는 것이요 세상 근심은 사망을 이루는 것이니라."

회개가 공로가 아니라는 점을 이해하는 것이 매우 중요하다. 회개는 하나님의 구원 사역을 구성하는 중요한 단계 가운데 하나다. 그런 이유로 사도행전 11장 18절은 회개를 "생명 얻는(생명에 이르는) 회개"로 일컫는다.

로이드 존스 박사는 『산상 설교』에서 참된 회개의 본질을 정확하게 설명했다.

회개란 스스로가 하나님의 진노와 징벌을 받기에 합당하며, 지옥에 갈 수밖에 없는 사악한 죄인이라는 사실을 깨닫는 것을 의미한다. 바꾸어 말해 회개란 내 안에 죄가 있다는 것을 알고, 그것을 제거하기를 간절히 바라며, 죄는 그 어떤 모양과 형태라도 모두 버리는 것을 의미한다. 따라서 어떤 대가가 뒤따르더라도 세상을 버리고, 세상의 생각과 외관과 행위를 좇지 말고, 나를 부인하고, 십자가를 지고 그리스도를 따라야 한다.[4]

바울은 "알지 못하던 시대에는 하나님이 간과하셨거니와 이제는 어디든지 사람에게 다 명하사 회개하라 하셨으니 이는 정하신 사람으로 하여금 천하를 공의로 심판할 날을 작정하시고 이에 그를 죽은 자 가운데서 다시 살리신 것으로 모든 사람에게 믿을 만한 증거를 주셨음이니라"(행 17:30, 31)라는 말로 하나님이 명하신 회개의 긴박성을 묘사했다.

믿지 않는 세상을 향한 그리스도의 사랑은 그분의 인내와 오래 참음을 통해 분명하게 나타난다. 그리스도께서는 은혜롭게도 죄인들에게 회개하고, 믿음을 가질 시간을 허락하셨다.

배교한 라오디게아 교회에 대한 주님의 온화한 사랑은 단지 회개를 촉구하는 것에 그치지 않았다. 주님은 또한 매우 인격적인 약속까지

---

4) D. Martyn Lloyd-Jones, *Studies in the Sermon on the Mount* (Grand Rapids: Eerdmans, 1974), 2:248.

허락하셨다.

그분은 20절에서 "볼지어다 내가 문 밖에 서서 두드리노니 누구든지 내 음성을 듣고 문을 열면 내가 그에게로 들어가 그와 더불어 먹고 그는 나와 더불어 먹으리라"라고 말씀하셨다. 이것은 성경에 기록된 가장 익숙한 구원 초청의 하나이자 가장 많은 오해를 불러일으키는 구절 가운데 하나다.

복음전도자들과 설교자들은 요한계시록 3장 20절을 주님의 긴급하고 인격적인 호소로 제시할 때가 많다. 대부분 그리스도께서 모든 죄인의 마음 밖에서 안으로 들어가게 해주기를 간절히 바라며 기다리기만 하시는 것으로 설명한다. 이것은 '그리스도를 마음에 영접하라.'라는 또 하나의 비성경적인 개념과 종종 연결되어 나타난다.

두 경우 모두 구원을 인간 중심적인 관점에서 생각하는 오류를 범하고 있다. 바울이 에베소서 2장에서 전한 말씀과 날카롭게 대조되는 이런 견해로 인해 오늘날 많은 교회에 혼란과 왜곡이 빚어지고 있다. 바울은 이렇게 말했다.

"그는 허물과 죄로 죽었던 너희를 살리셨도다 그때에 너희는 그 가운데서 행하여 이 세상 풍조를 따르고 공중의 권세 잡은 자를 따랐으니 곧 지금 불순종의 아들들 가운데서 역사하는 영이라 전에는 우리도 다 그 가운데서 우리 육체의 욕심을 따라 지내며 육체와 마음의 원하는 것을 하여 다른 이들과 같이 본질상 진노의 자녀이었더니 긍휼이 풍성하신 하나님이 우리를 사랑하신 그 큰 사랑을 인하여 허물로 죽은 우리를 그리스도와 함께 살리셨고 (너희는 은혜로 구원을 받은 것이라) 또 함께 일으키사 그리스도 예수 안에서 함께 하늘에 앉히시니 이는 그리스도 예수 안에서 우리에게 자비하심으로써 그 은혜의 지극히 풍성함을 오는 여러 세대에 나타내려 하심이라 너희는 그 은혜에 의하여 믿음으로 말미암아 구원을 받았으니 이것은 너희에게서 난 것이 아니요 하나님의 선물이라 행위에서 난 것이 아니니 이는 누구든지 자랑하지 못하게 함이라"(1-9절).

요한계시록 3장 20절을 잘못 적용할 때가 많다. 이 구절은 죄인들의 마음의 문을 두드리고 계시는 그리스도를 묘사하지 않는다. 그런 이해는 회개하라는 그리스도의 명령이 지니는 의미를 옳게 드러내지 못한다. 사실 그리스도께서 여기에서 언급하신 문은 모든 인간의 마음을 빗댄 비유적인 문이 아니라 구체적인 문을 가리킨다.

즉 이것은 라오디게아 교회는 물론, 그와 똑같은 다른 교회들을 향한 구체적인 초청이다. 그리스도께서는 그 교회 안에 계시지 않았다. 사데 교회와는 달리 라오디게아 교회 안에는 신자가 단 한 사람도 없었다. 그리스도께서는 20절에서 배교한 라오디게아 교회의 교인들 가운데 일부라도 회개하고 믿으라는 자신의 명령에 따른다면 참된 구원의 현실을 경험할 수 있게 해주겠다고 약속하셨다.

오늘날에도 주님의 이름을 내세우지만 그분을 욕되게 하는 교회들이 허다하다. 주님은 그런 교회들 밖에 계신다. 생명이 없는 자유주의 교회나 거짓 복음을 전하는 교회를 비롯한 사이비 교회들은 성경적인 그리스도나 그분이 전하는 구원에는 아무런 관심이 없다. 그런 교회들은 라오디게아 교회처럼 회개와 믿음을 통해 그리스도께서 들어와 영향력을 행사하시도록 문을 열어야 한다.

아울러 주님의 약속은 단지 교회 안에 들어가겠다는 최소한의 축복에만 국한되지 않았다. 주님은 "내가 그에게로 들어가 그와 더불어 먹고 그는 나와 더불어 먹으리라"(20절)고 말씀하셨다. 음식을 같이 먹는다는 것은 연합, 교제, 친밀함을 상징한다. 앞서 살펴본 대로 신자들은 장차 그리스도와 함께 어린 양의 혼인 잔치를 즐기게 될 것이다(계 19:9). 우리는 구원자이신 주님과 하늘에서 영원히 친밀하게 지낼 날을 고대한다. 우리는 성령의 내주하심을 통해 이곳 세상에서 이미 그런 교제를 미리 맛보고 있다. 그리스도께서는 라오디게아 교인들 가운데서 회개하고 믿는 사람이면 누구에게나 그런 복된 교제를 약속하셨다.

'먹고'로 번역된 헬라어는 하루의 마지막 행사인 저녁 식사를 가리킨다. 이것은 라오디게아 교회를 향한 주님의 마지막 초청이다. 그분은 심판의 어두운 밤이 임해 기회가 영원히 사라지기 전에 라오디게아 교회가 회개하기를 바라며 밖에서 기다리고 계셨다.

다시 말하지만 죄인들에 대한 주님의 인내는 무한히 은혜롭다. 주님은 충실하게 죄인들의 회개를 촉구하신다. 그분은 은혜를 베푸시며 악한 세상에 대한 진노를 억누르고 계신다. 라오디게아 교회에 보내는 그리스도의 편지는 이단 사상과 위선의 대가가 얼마나 심각한지를 명확하게 일깨워 줌과 동시에 죄인들을 향한 주님의 사랑과 그들이 구원받기를 원하는 그분의 간절한 바람을 생생하게 보여주고 있다.

주님은 모든 신자에게 주는 말씀으로 라오디게아 교회에 보내는 편지를 끝맺으셨다. 그분은 이기는 자에게(요일 5:4, 5 참조) "내가 내 보좌에 함께 앉게 하여 주기를 내가 이기고 아버지 보좌에 함께 앉은 것과 같이 하리라"고 약속하셨다(계 3:21).

이것은 그리스도께서 믿음을 충실하게 지킨 신자들에게 약속하신 축복 가운데 가장 큰 축복이다. 이 축복은 우리의 이해를 초월한다. 바울도 디모데후서 2장 12절("참으면 또한 함께 왕 노릇 할 것이요")에서 이와 비슷한 약속을 언급했다. 그리스도께서는 신자들에게 즉각적인 교제만이 아니라 장차 그들을 자기 곁에 두고 영원히 다스리게 할 것이라고 약속하셨다. 이것은 영광스런 권위와 함께 완전하고 친밀한 관계가 이루어질 것을 나타낸다.

구원받은 인간은 장차 그렇게까지 높은 위치에 오르게 될 것이다. 신자는 그리스도 안에서 구원을 얻는 데 그치지 않고, 하나님의 가족이 되어 그분의 영원한 나라에서 자녀의 특권을 남김없이 누릴 것이다.

주님은 다른 편지들과 비슷한 말씀으로 편지를 마무리하셨다. "귀 있는 자는 성령이 교회들에게 하시는 말씀을 들을지어다"(계 3:22). 라오디게아 교회에 보내는 그리스도의 편지는 배교자들, 그리스도를 부인하는 자들, 자유주의자들, 스스로 학문적으로 고상하고 성경의 증언보다 더 깊은 깨달음을 얻었다고 자랑하는 사이비 종교인들에 대한 경고다.

그리스도께서는 그들의 영적인 어둠과 빈곤을 일깨우며, 자신의 신성과 권위를 온전히 드러내신다. 그분은 스스로 의로운 척하는 그들의 허식을 깨부수고, 그들의 배교와 이단 사상이 얼마나 큰 죄인지를 깨닫도록 촉구하신다. 또한 주님은 회개하고 자기를 구주로 믿는 자들에게 은혜를 베푸신다.

모두들 아직 시간이 남아 있을 때 서둘러 회개하고, 믿어야 한다.

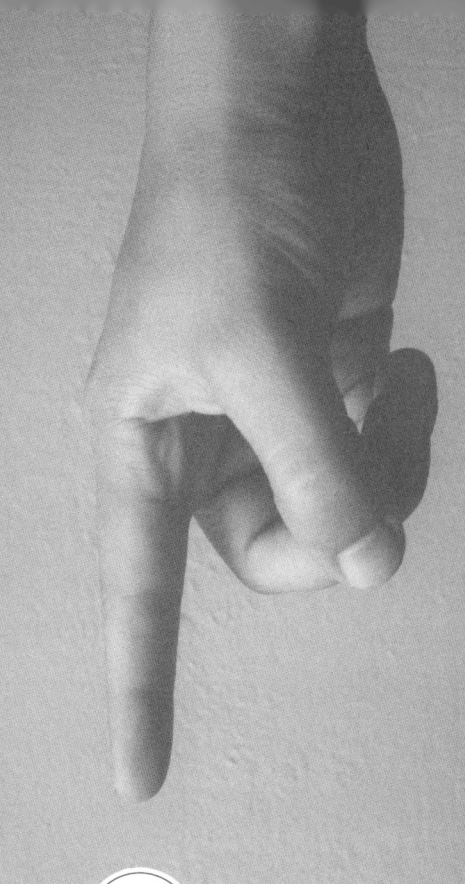

10장

교회여, 새롭게 되라

그리스도인들은 종종 교회에서 개혁의 필요성을 언급한다. 그렇다면 어떤 개혁이 성경에 부합하는 진정한 교회 개혁일까? 국지적인 차원에서 잠시 그리스도인들의 마음을 고무하는 데 그치지 않고, 세계적인 차원에서 온 교회의 영적 부흥이 일어나는 것을 의미할까? 오늘날 새로운 개혁이란 또 무엇을 의미할까? 무엇이 변화되어야 할까? 그런 부흥이 일어나게 하려면 어떻게 해야 할까?

다른 무엇보다도 교회는 "내가 거룩하니 너희도 거룩할지어다"(벧전 1:16)는 주님의 명령에 복종하려고 노력해야 한다. 하나님의 백성은 세상과 어울리려는 어리석은 행위를 중단하고, 자신들의 죄를 처리하는 데 진지한 관심을 기울여야 마땅하다. 그것이 주님이 원하시는 개혁이다. 교회는 세상과의 타협을 배제하고, 죄를 일관되게 꾸짖으며, 건전한 신학과 개인적인 경건을 촉구하고, 그리스도에 대한 헌신적인 사랑을 추구해야 한다.

교회가 절실히 필요로 하는 개혁은 새로운 전략이나 방침을 세우는 것에서 비롯하지 않는다. 교회를 21세기의 관점에 부합하게 만들기 위해 혁신적인 방법론을 개발하거나 멋진 비전을 제시하려고 애쓸 필요는 없다.

사실 교회는 새롭고 기발한 해결책을 요하는 특별한 문제에 직면해 있지 않다. 사탄의 전략은 바뀌지 않았다. 우리는 사탄의 계책을 모르지 않는다(고후 2:11). 사탄은 오늘날에도 1세기와 똑같은 방법으로 교회를 공격한다. 바뀐 것이 있다면 교회가 세상과의 타협을 일삼고, 거짓 가르침을 받아들이기를 좋아하게 되었다는 것이다. 사탄의 거짓말과 반기독교적인 이데올로기에 맞서 싸우기보다는(고후 10:4 참조). 세상과 휴전 협정을 맺고 하나님의 진리를 위해 싸우는 일을 중단한 교회들이 너무나도 많다.

새로운 교회 모델이나 비정통적인 복음 전도 전략으로는 당면한 문제를 해결할 수 없다. 성경적인 지혜에 부합하지 않거나 거룩함을 추구하지 않는 방법들은 해결책이 아니라 우리를 지금과 같은 상태로 몰아넣은 원인이다. 그런 것들로는 문제를 해결할 수 없다.

오히려 하나님의 백성은 변화의 능력을 지닌 역사적이고 신학적인 원리들을 회복하고, 새롭게 확증하는 것을 진정한 개혁의 첫 단계로 삼아야 한다. 16세기 종교개혁의 다섯 가지 원리를 다시금 힘써 강조하면 교회를 훼손하고 병들게 만드는 문제들을 해결할 수 있다.

오직 성경으로(Sola Scriptura)!

1장에서 언급한 대로 오직 성경만을 교회의 충분하고 궁극적인 권위로 받아들이는 것은 종교개혁의 형식적인 원리로 알려져 있다. 이것은 종교개혁의 다른 모든 교리의 근간이자 가톨릭 교회의 부패한 영향에서 벗어나기 위한 첫 단계였다. 마르틴 루터 이전에도 로마가톨릭 교회의 온갖 부정과 거짓 교리를 불평하는 목소리들이 있었지만 종교개혁은 성경의 권위를 절대적으로 강조한 루터를 통해 본격적으로 개시되었다.

역사적으로 영적 부흥은 항상 그런 식으로 이루어졌다. 위대한 신앙 운동은 모두 성경의 권위를 회복함으로써 시작되었다. 포로기 이후에 이스라엘 백성 사이에서 커다란 영적 각성이 이루어졌을 때도 원인은 똑같았다.

에스라는 율법 책을 펼쳐 들고, 백성들 앞에서 율법을 낭독했다. 그 결과 예루살렘 전역에서 회개와 극적인 영적 부흥이 일어났다(느 8장 참조). 이스라엘의 역사는 반역과 회복의 연속이었고, 회개는 항상 하나님의 말씀을 기억하고, 죄에서 돌이키는 데서 비롯했다.

종교개혁도 그와 비슷하게 성경의 유일한 권위를 교회 안에서 다시 회복한 데서 비롯한 결과였다. 성경의 권위를 인정하는 것은 그 충족성을 확증하는 의미를 지녔다. 성경은 하나님의 영감으로 기록된 권위 있는 말씀일 뿐 아니라 신자들의 필요를 충족시키기에 충분하다. "모든 성경은 하나님의 감동으로 된 것으로 교훈과 책망과 바르게 함과 의로 교육하기에 유익하니 이는 하나님의 사람으로 온전하게 하며 모든 선한 일을 행할 능력을 갖추게 하려 함이라"(딤후 3:16, 17).

성경은 선택받은 사람들의 구원과 구원받은 사람들의 성화를 이루기에 충족하며, 성도들을 굳세게 하고, 영원을 소망하게 하며, 교훈과 바르게 함과 격려와 확신을 풍성하게 제공한다.

성경은 요한계시록 22장 18, 19절에서 말씀에 무엇을 가감하는 행위를 엄히 금지함으로써 스스로의 권위와 충족성을 분명하게 증언한다.

"내가 이 두루마리의 예언의 말씀을 듣는 모든 사람에게 증언하노니 만일 누구든지 이것들 외에 더하면 하나님이 이 두루마리에 기록된 재앙들을 그에게 더하실 것이요 만일 누구든지 이 두루마리의 예언의 말씀에서 제하여 버리면 하나님이 이 두루마리에 기록된 생명나무와 및 거룩한 성에 참여함을 제하여 버리시리라."

교회의 유일하고, 충족하고, 궁극적인 권위인 성경에 무엇을 더하거나 빼거나 편집해서 개정하는 행위는 절대로 용납될 수 없다.

성경의 권위와 충족성에 새롭게 관심을 기울인다면 오늘날의 교회에 어떤 변화가 일어날지 상상해 보라. 높은 학식을 자랑하며 비평적인 학문의 거짓을 믿는 이단들이 큰 타격을 입을 것이고, 스스로 하나님의 말씀을 판단하는 자리에 올라 앉아 성경을 문학, 동화, 우화에 지나지 않는 것으로 간주해 말씀을 개인적인 취향과 사회적 관심에 따라 제멋대로 해석하는 사람들이 입을 다물게 될 것이며, 기발하고, 기괴한 신학 사상에 관심을 기울이는 풍조가 교회에서 사라지고, 성경적인 충실성과 건전한 교리와 충실한 성경 해석에 대한 관심이 새롭게 고조될 것이다.

또한 '오직 성경으로!'를 강조하면 주님으로부터 새로운 계시와 인상을 받았다면서 사람들을 속이는 사기꾼들이 요절날 것이다. 하나님으로부터 사적인 메시지를 받을 수 있다는 미신은 교회 역사상 대대로 교회에 많은 영향을 미쳐왔다.

사이비 기독교 단체들은 거의 모두 하나님으로부터 직접 계시를 받았노라고 주장하는 사람들에 의해 설립되었다. 이보다 더 큰 폐해를 남기는 것은 거의 없다. 그런데도 계시가 계속된다는 믿음은 은사주의 운동의 특징으로 굳어졌고, 그 영향이 교회에 광범위하게 미쳐 전 세계 그리스도인들 사이에 성경만으로는 충분하지 않다는 신념이 확산되고, 하나님의 새로운 계시를 갈망하는 그릇된 관행이 생겨났다.

나는 이따금 텔레비전에서 기복 신앙을 전하는 설교자와 신앙 치유자들을 지켜보곤 한다. 그들의 가르침에는 하나의 일관된 흐름이 있다. 그들은 대부분 1인칭 대명사를 즐겨 사용하는 경향이 있다. 그들은 연단 위를 힘주어 오가면서 "주님이 이것을 내게 말씀하셨다.", "주님이 저것을 내게 보여주셨다."라고 말한다. 성경은 강대상 위에 가만히 놓여 있다가 그들이 '하늘로부터 받은 새로운 말씀'을 뒷받침하는 증거로만 간간히 사용된다. 그런 식의 가르침은 비성경적이다. 따라서 개인적인 직관과 주관적인 생각에 근거한 거짓 기독교를 만들어낼 뿐이다.

아마도 교회의 관심을 사로잡은 가장 최근의 사례들은 하나님으로부터 받았다고 주장하는 메시지와 개인적인 생각을 모아 만든 신앙 도서들일 것이다. 이 도서들은 그동안 수천만 부나 팔린 베스트셀러가 되었다.

이런 인기 높은 책들이 모두 은사 운동을 옹호하는 것은 아니지만 최악의 교리적인 오류를 저지르고 있는 것은 사실이다. 이런 책들과 그와 비슷한 장르의 책들은 터무니없는 치유와 번영을 약속하는 것보다 더 사기성이 강할 뿐 아니라, 아무런 의미도 없는 방언을 지껄이는 것보다 더 심각하게 은사주의의 거짓말(하나님이 누구에게나 성경 이외의 새로운 계시를 허락하기 위해 기다리고 계신다는 주장)을 확산시키는 데 톡톡히 기여하고 있다.

하나님이 꿈과 정신적인 인상과 육감과 들을 수 있는 소리로 여전히 사람들에게 말씀하신다는 생각은 성경의 궁극적인 권위와 충족성을 부인하는 것이나 다름없다.

이런 경향은 은사 운동이나 신비적인 난센스의 영향 아래 있는 사람들에게만 국한되지 않는다. 그리스도인들에게 마음속이나 성경 외에 다른 곳에서 하나님의 음성을 듣도록 독려하는 '영성 계발' 방식은 하나님의 감동으로 기록된 성경의 권위와 충족성과 독특성을 훼손한다. 성숙한 참된 영성의 본질은 "기록된 말씀 밖으로 넘어가지"(고전 4:6) 않는 것에 있다. 하나님의 말씀이 아니라 개인의 내면에서 해결책을 찾도록 독려하는 것은 동양의 신비주의를 주님께 대한 헌신으로 재포장해 내놓는 것에 지나지 않는다. 그런 방법은 겉으로는 성경의 표현을 사용하지만 실제로는 성경의 진리를 주관적인 인상과 개인적인 감정으로 대체한다.

다른 신자들은 좀 더 우회적인 방식으로 성경의 권위와 충족성을 훼손한다. 그들은 성경의 진리와 세상의 지혜를 혼합하려고 시도한다. 1980년대와 90년대에 심리학이 교회에서 큰 영향력을 행사했다. 목회자들과 교회 지도자들이 목회 상담의 의무를 포기하고, 성경적인 훈련을 거의 받지 못한 전문가들에게 그 일을 양보했다.

내가 『그리스도 안에서 누리는 충족성』이라는 책에서 설명한 대로 "지혜의 보고가 예수 그리스도와의 관계 및 성경 밖에 존재하며, 성경 외적인 개념이나 방법 안에 사람들의 어려운 문제를 해결할 수 있는 비결이 들어 있다는 거짓말을 퍼뜨리는 사람들이 너무나도 많다."[1] 이런 경향은 조금도 줄어들지 않고 여전히 계속되고 있다.

창세기의 창조 기사를 둘러싼 논쟁에서도 성경의 권위에 대한 공격이 이루어지고 있다. 교회 안에 있는 많은 사람들이 창세기 1장을 문자대로 이해하지 않고, 우주의 기원에 관한 세상의 결론을 수용하기 위해 온갖 종류의 해석학적인 곡예를 시도한다.

그들은 창조라는 엄청난 기적을 설명할 방법이 없는 과학의 영향 아래 간단명료한 성경의 증언을 거부하고, 회의주의와 불신앙에 근거한 이론들을 선호한다. 그들은 성경의 첫 장에 기록된 내용이 신화나 문

---

1) John MacArthur, *OurSufficiency in Christ* (Dallas: Word Publishing, 1991), 8.

학적 장치일 뿐이라고 주장하며 성경의 권위와 충족성을 훼손한다. 창세기를 믿지 않는데 어떻게 성경의 다른 내용을 절대적으로 신뢰할 수 있겠는가?

오늘날 교회 안에 만연된 거짓 교리들과 잘못된 수단들 가운데 성경의 권위와 충족성을 타협한 데서 직접 비롯한 것들이 얼마나 많은가를 생각하면 참으로 놀라움을 금할 수 없다. '오직 성경으로!'라는 원리를 새롭게 회복하면 하나님을 대변한다고 주장하지만 실제로는 그분의 말씀을 판단하는 사람들의 입을 다물게 만들 수 있고, 꿈 이야기를 기록한 책들이나 허구적인 이야기를 하나님의 계시라고 주장하는 것들을 척결할 수 있으며, 성경적인 진리를 세상의 오류와 혼합시키려는 자들의 영향으로부터 교회를 보호할 수 있다.

성경의 권위와 충족성과 명확성을 다시금 굳게 확신하는 것이 교회로부터 해로운 불순물을 제거하고, 사탄의 부패한 영향으로부터 보호를 제공하기 위한 출발점이다.

오직 믿음으로(Sola Fide)!

오직 믿음으로 의롭다 하심을 받는다는 교리는 복음의 핵심이다. 의식적으로든 무의식적으로든 '오직 믿음으로!'를 거부하면 은혜로 구원받는다는 것을 부인하고, 행위를 앞세우는 결과를 낳게 된다. 선행은 죄인이 받아야 할 징벌을 없애는 데 아무런 역할도 하지 않는다. 바울 사도는 칭의의 본질을 논하면서 죄인이 구원받을 수 있는 희망은 자기 자신의 의로운 행위가 아니라 오직 믿음으로 얻는 의를 통해서만 발견될 수 있다고 설명했다.

"일을 아니할지라도 경건하지 아니한 자를 의롭다 하시는 이를 믿는 자에게는 그의 믿음을 의로 여기시나니 일한 것이 없이 하나님께 의로 여기심을 받는 사람의 복에 대하여 다윗이 말한 바 불법이 사함을 받고 죄가 가리어짐을 받는 사람들은 복이 있고 주께서 그 죄를 인정하지 아니하실 사람은 복이 있도다"(롬 4:5-8).

믿음만이 하나님과 올바른 관계를 맺게 해주는 수단이다. 이스라엘의 희생 제도는 죄인들을 구원할 수 없었다. 하나님은 이사야 선지자를 통해 "나는 황소와 양과 염소의 피를 기뻐하지 않는다."라고 말씀하셨다. 믿음은 항상 하나님의 구원 계획의 토대였다. 성경은 이스라엘의 족장 아브라함이 그의 경건한 행위 때문에 구원받았다고 말씀하지 않는다. 성경은 "아브람이 여호와를 믿으니 여호와께서 이를 그의 의로 여기시고"(창 15:6)라고 말씀한다.

신약 성경의 저자들은 종종 이 구절을 인용해 이신칭의의 교리를 옹호했다(롬 4:9 ; 갈 3:6 ; 약 2:23 참조). 아브라함은 선행으로 구원받지 않았다. 그 누구도 선행으로 구원받을 수 없다. 바울은 갈라디아 신자들에게 "만일 누구든지 너희가 받은 것 외에 다른 복음을 전하면 저주를 받을지어다"(갈 1:9)라고 말했다. 바울이 말한 저주받을 이단 사상은 다름 아닌 행위로 구원받는다는 거짓 복음이었다.

로마가톨릭 교회는 입으로만 믿음의 중요성을 강조할 뿐, 실제로는 행위의 의와 의식의 공로에 근거한 교리를 주장한다. 사실 역사상의 모든 거짓 종교들이 지니는 공통점은 인간의 업적이 의롭다 함을 받는 공로가 될 수 있다고 주장한 데 있다. 그러나 바울은 "만일 은혜로 된 것이면 행위로 말미암지 않음이니 그렇지 않으면 은혜가 은혜 되지 못하느니라"(롬 11:6)라고 말했다. 오직 성경적인 기독교만이 죄인의 칭의가 믿음을 통해 전적으로 하나님의 사역에 의해서만 이루어진다고 가르친다.

그러나 1장에서 말한 대로 오늘날 미국 개신교 신자들 가운데 믿음으로 구원받는다고 믿는 사람이 절반도 채 안 된다. 그들은 다양한 형태의 거짓 복음과 거짓 개념에 현혹되어 있다. '오직 믿음으로!'의 교리를 굳게 붙잡지 않으면 교회를 오염시키는 두 가지 오류(에큐메니즘과 값싼 신앙주의)를 부추기는 결과를 낳는다.

신자들은 너무 오랫동안 복음주의 교회와 부패한 거짓 복음의 옹호자들 사이에서 영적인 공통점을 찾으려고 시도했다. 가톨릭 교회와 모르몬교를 비롯해 다른 여러 종교들과 협력해 도덕적인 개혁을 이루거나 정치적인 이권을 취하려는 헛된 희망은 그런 종교들이 성경의 복음을 전하지 않는다는 사실을 도외시한다.

또 어떤 사람들은 사회 정의를 추구하고, 유대-기독교적인 가치관을 보존하기 위해 불신자들과 제휴한다. 그런 식의 에큐메니즘은 그 자체만으로는 복음의 오염이나 타협을 초래하지는 않는다. 그러나 그런 일에 종사하는 사람들은 협력 관계를 맺은 사람들이 기만적이고 거짓된 가르침을 전할 경우에는 그것을 기꺼이 지적할 수 있어야 한다.

침묵을 지키는 것은 참된 교회와 거짓 교회를 구분하는 중요한 교리적 입장을 모호하게 만드는 결과를 낳는다. 안타깝게도 정치적인 영향력을 확보하기 위해 에큐메니즘에 동참하는 복음주의자들은 협력 관계를 깨뜨릴 것을 우려해 복음의 중요한 진리들을 강조하기를 꺼려 한다. 그런 침묵은 곧 죄다.

하나님의 백성은 바울이 고린도후서 6장 14-16절에서 한 말을 명심해야 한다. 그는 "너희는 믿지 않는 자와 멍에를 함께 메지 말라 의와 불법이 어찌 함께 하며 빛과 어둠이 어찌 사귀며 그리스도와 벨리알이 어찌 조화되며 믿는 자와 믿지 않는 자가 어찌 상관하며 하나님의 성전과 우상이 어찌 일치가 되리요"라고 말했다. 그 대답은 당연히 '그럴 수 없다.'이다.

복음의 명확성을 밝히 드러내려면 거짓 종교와 연합함으로써 성경의 교리들을 모호하게 만드는 일을 절대 해서는 안 된다. 그리스도인들은 참된 복음과 사탄의 거짓말을 더 이상 조화시키려고 해서는 안 된다. 교회는 다른 종교들 안에서 진리의 요소들을 찾으려고 애쓰기보다는 행위를 강조하는 거짓 복음이 사람들을 지옥으로 이끌고 있다는 사실을 담대하게 드러내 보여야 한다.

바울은 갈라디아서 5장에서 믿음에 행위를 더해야만 구원을 받을 수 있다고 주장하는 자들을 용납함으로써 복음을 타협하는 사람을 "그리스도에게서 끊어지고 은혜에서 떨어진 자"라고 일컬었다(4절).

'오직 믿음으로!'의 원리를 다시금 굳게 붙잡으면 성경적인 복음의 독특성을 확증할 수 있을 뿐 아니라 행위로 의로워진다는 거짓 복음으로부터 교회를 보호할 수 있다.

또한 이신칭의의 교리를 굳게 붙잡지 않은 탓에 값싼 신앙주의(easy believism)가 교회 안에서 활개를 치는 결과가 초래되었다. 성경의 가르침에 따르면 선행은 칭의에 아무런 기여도 하지 않는다. 그러나 의로운 행위는 구원의 결과로써 나타나는 본질적인 현실에 해당한다. 바울은 에베소서에서 "너희는 그 은혜에 의하여 믿음으로 말미암아 구원을 받았으니 이것은 너희에게서 난 것이 아니요 하나님의 선물이라 행위에서 난 것이 아니니 이는 누구든지 자랑하지 못하게 함이라 우리는 그가 만드신 바라 그리스도 예수 안에서 선한 일을 위하여 지으심을 받은 자니 이 일은 하나님이 전에 예비하사 우리로 그 가운데서 행하게 하려 하심이니라"(2:8-10)라고 말했다.

구원은 순전히 믿음으로 받지만 그로 인한 즉각적인 변화는 의로운 태도와 행위를 통해 입증된다.

값싼 신앙주의라는 거짓 복음은 삶을 변화시키는 성령의 사역을 입증하는 증거를 요구하지 않는다. 그것은 믿음을 단지 하나의 행위로 간주할 뿐, 회개나 변화를 입증하는 그 이상의 증거가 필요하다고 생각하지 않는다. 결국 값싼 신앙주의는 중생이 인간의 결단에 의해 이루어진다는 주장에 지나지 않는다. 이것은 행위로 의롭다 함을 받는다는 주장만큼이나 치명적이다. 나는 몇 년 전에 『주님 없는 복음』에서 이렇게 말했다.

> 현대 복음주의는 결신, 통계, 강단의 부름, 속임수, 미리 짜인 각본에 따른 연출, 설득, 감정의 조종은 물론 심지어는 위협까지도 서슴지 않는다. 현대 복음주의의 메시지는 값싼 신앙주의와 지나치게 단순화한 호소들로 이루어진 불협화음을 내고 있다. 불신자들은 마음속으로 예수님을 받아들이고, 그분을 구주로 영접하거나 복음의 사실들을 믿기만 하면 된다는 말을 듣는다. 물론 예수님을 믿는다고 고백했지만 그 믿음이 행위에 아무런 영향도 미치지 못한 수많은 사람들의 삶에서 확인할 수 있는 대로 그 결국은 처참한 실패뿐이다. 얼마나 많은 사람이 구원받지 못했는데도 구원받았다고 착각하고 있는지를 그 누가 짐작이나 할 수 있겠는가?[2]

값싼 신앙주의는 양심의 소리를 묵살하고, 거짓 확신을 부추긴다. 오늘날 한때 감정적으로 그리스도를 영접하기로 결심했거나 영접의

---

[2] John MacArthur, *The Gospel According to Jesus*, rev. ed. (Grand Rapids: Zondervan, 2008), 91.

기도를 드렸다는 이유로 천국에서 영원히 살 것이라고 기대하는 사람들이 너무나도 많다. 그들도 스스로의 경건한 행위를 믿는 사람들과 더불어 장차 주님으로부터 "내가 너희를 도무지 알지 못하니 불법을 행하는 자들아 내게서 떠나가라"(마 7:23)라는 두려운 말씀을 듣게 될 것이다.

야고보는 "행함이 없는 믿음은 죽은 것이니라"(약 2:26)라고 분명하게 말씀한다. 그는 값싼 신앙주의의 생명 없는 공허한 믿음이 하나님의 존재 앞에서 두려워 떨지만 심판을 받을 수밖에 없는 귀신들의 믿음과 조금도 다르지 않다고 말했다(19절). 야고보에 따르면 그런 믿음은 '헛되다'(20절).

'오직 믿음으로!'의 원리를 다시금 굳게 붙잡고, 죄인을 의롭게 하는 참된 믿음, 곧 그리스도께서 이루신 사역을 믿을 뿐 아니라 변화된 삶의 증거를 통해 확실하게 입증된 믿음을 올바로 이해한다면 값싼 신앙주의라는 거짓 복음과 그것을 통해 교회 안에 뿌려진 그릇된 확신이 설 자리를 잃게 될 것이다.

오직 은혜로(Sola Gratia)!

성경은 인간이 믿음을 죄인의 행위에 의한 공로로 왜곡시킬 것을 예상하고, 오직 믿음과 하나님의 은혜로만 의롭다 하심을 받을 수 있다고 가르쳤다. 가톨릭 신자들은 자신들의 종교 의식을 구원의 수단으로 간주하고, 교만한 사람들은 하나님을 믿어 구원받는 것을 자신의 공로로 치부한다. 그러나 '오직 은혜로!'라는 원리는 하나님의 영광스런 은혜 외에 다른 무엇을 구원의 근거로 삼으려는 시도를 모두 거부한다. 바울은 에베소서 2장 8, 9절에서 "너희는 그 은혜에 의하여 믿음으로 말미암아 구원을 받았으니 이것은 너희에게서 난 것이 아니요 하나님의 선물이라 행위에서 난 것이 아니니 이는 누구든지 자랑하지 못하게 함이라"라고 말했다.

인간은 구원받으려는 의지도 없고, 그럴 능력도 없다. 이것이 오직 은혜라는 성경적인 교리가 필요한 이유이다. 이 교리는 그런 인간의 상황에 온전히 부합한다.

죄인은 항상 고집스럽게 반역을 일삼을 뿐이기 때문에 하나님의 진노를 받아야 마땅할 뿐이다. "모든 사람이 죄를 범하였으매 하나님의 영광에 이르지 못하더니"(롬 3:23)라는 말씀대로 하나님 앞에서 죄인이 아닌 사람은 아무도 없다.

바울은 갈라디아서 3장 10절에서 "무릇 율법 행위에 속한 자들은 저주 아래에 있나니 기록된 바 누구든지 율법 책에 기록된 대로 모든 일을 항상 행하지 아니하는 자는 저주 아래에 있는 자라 하였음이라"라고 말했다. 인간은 전적으로 부패했기 때문에 어떤 식으로든 하나님의 은혜를 받을 만한 공로를 세울 수 없다.

우리의 구원은 "원하는 자로 말미암음도 아니요 달음박질하는 자로 말미암음도 아니요 오직 긍휼히 여기시는 하나님으로 말미암는다"(롬

9:16). 하나님은 "우리가 행한 바 의로운 행위로 말미암지 아니하고 오직 그의 긍휼하심을 따라 중생의 씻음과 성령의 새롭게 하심으로" 우리를 구원하신다(딛 3:5).

하나님의 구원 은혜가 그토록 놀라운 이유는 우리의 무가치함 때문이다. 하나님은 우리의 부패함과 사악함에도 불구하고 은혜롭게도 우리에게 믿음을 주시고, 자기 아들의 피로 우리를 씻으시며, 그리스도의 흠 없는 의를 우리에게 덧입히신다. 바울은 "하나님이 죄를 알지도 못하신 이를 우리를 대신하여 죄로 삼으신 것은 우리로 하여금 그 안에서 하나님의 의가 되게 하려 하심이라"(고후 5:21)라고 말했다.

하나님은 우리의 죄를 모두 그리스도께 전가하셨다. 성부 하나님은 그리스도께서 우리의 죄를 모두 짊어지고 십자가에서 죽게 하셨다. 그로 인해 우리의 죗값이 남김없이 지불되었다. 이제 하나님은 그리스도의 무한히 완전한 의를 죄인들에게 전가하신다. 이 모든 것이 순전히 그분의 은혜로 이루어진다.

그러나 오늘날의 대다수 교회들은 메시지나 복음 전도를 위한 전략 안에 은혜를 가장 우선적인 요소로 포함시키지 않는다. 오직 하나님의 강력한 은혜만이 인간의 무능력함과 부패함을 극복할 수 있는데도 현대의 복음 전도 방법은 은혜가 아니라 문화적 적절성을 강조하고, 불신자들의 필요 욕구를 충족시키는 일에만 초점을 맞춘다. 즉 교회의 사역을 불신자들의 이목을 끌 수 있게 짜 맞추고, 그들의 취향과 관심사를 자극해 그들을 교회 안으로 불러들여 그리스도를 믿게 만들겠다는 생각이다.

그런 면에서 소위 구도자 중심의 복음 전도 전략은 그다지 바람직하지 않다. 그런 전략을 옹호하는 것은 곧 말씀의 진리와 성령의 능력을 의지하지 않는다는 증거다. 그것은 하나님의 은혜가 아닌 설교자의 재치 있고, 설득력 있는 말이 죄인의 마음을 움직일 수 있다는 신념에서 비롯한 것이다.

오늘날의 교회들은 어리석게도 일시적인 문화적 적절성만을 추구하려고 애쓰면서 목표로 삼은 청중의 이목을 끌기 위해서라면 어떤 일도 마다하지 않는다. 기괴하게도 특정한 소집단의 문화에만 관심을 기울이며 그것을 모방하려고 애쓰는 극단에 치우친 교회들도 더러 있지만 위와 같은 전략을 구사하는 대다수 교회들은 점차 요즘에 흔히 볼 수 있는 유형을 따라 변모해 가고 있다.

구체적으로 말해 예배 인도자들은 대중 음악가로 바뀌고, 설교자는 희극배우나 동기 부여자로 바뀌고, 신학적 진리에 근거한 예배는 생각을 배제한 채 단지 감정만을 자극하는 예배로 대체되고 있다. 죄, 심판, 거룩함, 경건, 세상과의 구별, 겸손, 희생, 순결, 회개의 필요성과 같은 주제들을 더 이상 언급하지 않는다. 밝고, 재밌고, 긍정적이고, 비위를 거스르지 않는 분위기를 조성해 방문자들이 또다시 찾아오게 만드는 것이 목표다.

현대 복음주의자들은 효과적인 복음 전도가 이루어지려면 우리가 전하는 메시지를 문화적으로 적절하고 구도자 중심적인 방향으로 조정해야 한다고 믿는다.

그러나 그런 생각에 근거한 방법론은 복음(그리스도께서 이루신 사역에 대한 좋은 소식)을 모호하게 만들거나 죄인이 해야 하는 행위에 초점을 맞춘 인간 중심적인 메시지로 대체하는 결과를 낳을 수밖에 없다. 그런 방법론은 조명과 연기와 자극적인 요란한 음악으로 그리스도 예수의 영광을 가린다. 더욱이 새로운 복음 전도 전략은 순전히 실용적인 관점에서 보더라도 크게 효과적이지 못하다. 즉 많은 사람을 교회 건물 안으로 끌어들일 수는 있을지 몰라도 그들을 그리스도께로 인도하지는 못한다. 구도자 중심적인 전도 전략은 자긍심, 자기 가치, 자기 안락을 비롯한 인간 중심적인 주제들을 강조함으로써 죄인이 주님이 아닌 스스로의 내면에 관심을 기울이게 만드는 경향이 있다.

참된 '구도자들', 곧 스스로가 먼저 나서서 진정으로 하나님을 찾고자 하는 사람은 사실 아무도 없다. 바울은 로마서 3장 11절에서 "하나님을 찾는 자도 없고"라고 분명하게 말했다. 기발한 마케팅 전략과 고도의 생산 가치만으로는 죄인들을 진리로 이끌 수 없다. 그리스도께서도 "나를 보내신 아버지께서 이끌지 아니하시면 아무도 내게 올 수 없으니"(요 6:44)라고 말씀하셨다.

오직 믿음이라는 하나님의 은혜로운 선물을 통해서만 구원받을 수 있다. 죄인들을 찾아 끌고 오는 하나님의 능력은 설교자의 재치나 음악가의 재능에 의존하지 않는다. 교회가 어쭙잖게 속된 대중문화의 유행을 흉내내려고 애쓸 때는 하나님의 능력이 나타나지 않는다. 예수 그리스도의 복음을 개조하거나 각색한다고 해서 복음의 메시지가 더 설득력을 지니거나 하나님의 은혜가 더 강력하게 나타나는 것은 아니다.

'오직 은혜로!'의 원리를 굳게 붙잡으면 교회가 세상에 자기를 선전하는 방법을 찾기보다 참된 믿음과 회개의 수단(즉 성령의 사역을 통해 나타나는 복음의 능력)만을 의지할 수 있게 만들 수 있다.

오직 하나님의 영광을 위하여(Soli Deo Gloria)!

가장 평범한 활동을 통해서도 주님을 영화롭게 해야 한다는 바울의 가르침은 조금도 과장이 아니다. 그는 "너희가 먹든지 마시든지 무엇을 하든지 다 하나님의 영광을 위하여 하라"(고전 10:31)고 가르쳤다. 하나님을 영화롭게 하는 것이 우리의 가장 중요한 목표이자 가장 주된 동기가 되어야 한다. 우리의 생각과 행위와 말은 모두 하나님의 영광을 염두에 두고 이루어져야 한다.

그러나 최근에 하나님의 영광에 관해 말하는 소리를 얼마나 자주 들어보았는가? 교회에서 주로 하는 말을 들어보면 하나님이 자신의 영광보다 인간의 행복과 만족과 충만함에 관심을 더 많이 기울이신다는 느낌을 받을 수 있다. 요즘 설교들이 전하는 하나님은 인간의 문제를 해결하고, 꿈을 이루어주는 호리병 요정에 지나지 않는다. 인간의 만족과 기쁨보다 더 큰 삶의 목적은 없는 듯하고, 주님은 인간을 돕고 보조하는 역할을 하시는 분으로 묘사된다. 사탄이 즐겨 쓰는 가장 효과적인 방법 가운데 하나는 겉만 경건한 척 번지르르하게 꾸며 이기적인 욕망을 감추게 하는 것이다. 그런 눈속임은 상당한 효과가 있다. 많은 교회가 하나님이 원하시는 것이 아니라 타락한 인간의 본성에 걸맞은 것(욕망의 충족)을 제공한다. 설교자들이 건강, 부, 만족 따위를 제공하면 죄인이 주권자가 된다. 죄인의 뜻이 이루어지지 않으면 더 이상 교회에 나오려고 하지 않을 것이다.

그런 이유로 오늘날 교회 전체에 인간의 교만과 이기심이 난무하게 되었다. 교인들은 하나님이 자신들이 바라는 것을 허락하고, 자신들의 욕망을 이루어주실 것이라고 기대한다. 그들은 하나님이 자기들을 무조건적으로 사랑하시기 때문에 축복과 은혜를 무한히 베풀어주실 것이라고 믿는다. 목회자와 교회 지도자들의 사치스런 삶은 문제를 더욱 심각하게 만들지만 그들은 오히려 그것을 하나님이 자신들의 사역을 마음으로부터 기꺼이 인정하신다는 증거로 내세운다.

더 큰 문제는 영성도 없고, 성경적인 근거도 없는 설교가 강단을 통해 전파되어 하나님의 영광은 도외시한 채 물질주의, 탐욕, 욕심, 교만, 세상의 것에 대한 사랑을 비롯해 수많은 육신적인 욕망을 부추긴다는 것이다. 그런 사기꾼들을 "나는 내 영광을 다른 자에게…주지 아니하리라"(사 42:8)는 하나님의 말씀을 두렵게 여겨야 마땅하다.

이런 음험한 경향은 번영의 복음을 외치는 거짓 선지자들에게만 국한되지 않는다. 오늘날 모든 교단과 종파의 목회자들이 교회를 건설하고 자기 백성을 거룩하게 하시는 하나님의 사역이 아니라, 문제를 해결하고 육신적인 욕망을 만족시키는 우상을 전하고 있다. 그 결과 구원과 영적 성장에 지장이 초래되고, 하나님 나라의 참된 사역이 방해를 받는다.

교회가 이기적인 욕망에 사로잡히면 세상의 빛이 될 수 없다. 그리스도인들이 이기심과 자기 도취에 사로잡히면 불신자들에게 아무것도 제공할 수 없다. 하나님의 백성은 자기에게서 눈을 돌려 하나님을 바라보고, 그분의 완전한 속성들과 지극한 거룩하심과 인간의 거듭된 실패에도 불구하고 결코 멈추지 않는 그분의 은혜로운 사랑을 생각해야 한다. 하나님의 백성은 바울처럼 "이는 만물이 주에게서 나오고 주로 말미암고 주에게로 돌아감이라 그에게 영광이 세세에 있을지어다 아멘"(롬 11:36)이라고 외쳐야 한다.

하나님의 영광은 모든 신자의 삶을 지배하는 원리다. 그리스도인들은 "이 결정, 이 행동, 이 대화, 내가 오늘 하고 있는 모든 일이 하나님을 영화롭게 하는가?"라고 묻는 습관을 길러야 한다. 무엇을 하든지 그렇게 묻고 답한다면 우리 자신의 이기적인 욕망에 초점을 맞추려는 유혹을 피할 수 있다. 삶의 모든 측면이 하나님의 영광을 목표로 한다면 이기적인 욕망을 채우려는 마음이 사라질 것이다.

하나님의 영광은 그분이 하시는 모든 일의 궁극적인 목적이다. 그것은 또한 나를 비롯한 모든 신자가 지향해야 할 삶의 목적이기도 하다. 하나님의 백성은 자기 자신의 업적에 관심을 기울여서는 안 된다. 하나님의 백성은 하나님이 자기를 통해 모든 것을 이루셨기 때문에 오직 그분만이 영광과 존귀와 찬양을 받으셔야 한다고 생각해야 한다.

다섯 가지 원리의 대부분은 '하나님께 영광!'으로 귀결된다. 그래야 마땅하다. 왜냐하면 하나님의 영광을 드높이는 것이 개혁 신학의 나머지 원리들을 떠받치는 토대이기 때문이다. 그러나 나는 우리의 눈을 교회 안에 계시는 그리스도께 고정한 채로 처음 시작한 곳에서 마치고 싶다.

오직 그리스도를 위하여(Solus Christus)!

구원은 그리스도 안에서만 가능하다.

그러나 오늘날에는 이 진리가 인기가 없다. 포스트모던의 상대주의가 활개를 치고 있는 세상에서 예수 그리스도의 복음의 배타성을 강조하는 말을 듣고 싶어 할 사람은 아무도 없다. 복음주의 개신교 신자를 자처하는 사람들조차도 이 진리가 논란의 여지가 많다고 생각한다.

오늘날의 교회 안에는 복음이 죄인들의 비위를 거스르는 것을 원치 않는 사람들이 많다. 그들은 '사람들이 복음을 잘못 생각하게 만들어서는 안 돼. 사람들에게 지옥에 갈 것이라고 말해서는 안 돼.'라고 생각한다. 그들은 하나님의 말씀이 오류가 있을 수 있고, 다양하고 광범위한 해석을 요구한다고 믿는다. 그들은 다른 종교를 진지하게 믿는 사람들도 구원의 계획 속에 살며시 끼어들게 만들 수 있는 여지를 찾고 싶어 한다. 그들은 좁은 문에 머물기를 원하지 않고, 천국에 가는 길이 그렇게 어렵거나 엄격하지 않다고 말하기를 좋아한다.

그런 모호한 태도는 다원주의 철학의 노리개가 되기 쉽다. 관용을 외치는 시대에 예수 그리스도의 인격과 사역을 통해서만 구원을 받을 수 있다는 말을 듣고 싶어 할 사람은 아무도 없다. 그런 배타적인 주장은 절대적인 것을 믿지 않는 세상, 곧 내가 '내 자신의 진리'를 결정할 권리가 있다는 유치한 생각에 지배되고 있는 세상과 정면으로 상충된다.

그러나 교회가 그리스도에 관한 진리("하나님과 사람 사이에 중보자도 한 분이시니 곧 사람이신 그리스도 예수라"-딤전 2:5. "다른 이로써는 구원을 받을 수 없나니 천하 사람 중에 구원을 받을 만한 다른 이름을 우리에게 주신 일이 없음이라"-행 4:12)를 굳게 붙잡지 않으면 죄로 눈이 먼 세상을 밝히는 빛이 될 수 없다. 간단히 말해 예수 그리스도를 믿는 믿음만이 구원의 유일한 길이라고 말하지 않으면 복음을 전하는 것이 아니다.

교회는 주님에 관한 이런 성경적인 진리들, 곧 "내가 곧 길이요 진리요 생명이니 나로 말미암지 않고는 아버지께로 올 자가 없느니라"(요 14:6)라는 주님의 말씀을 충실하게 전함으로써 하나님을 거역하는 이 세상의 지성적인 교만과 종교적인 다원주의에 맞서야 한다.

또한 교회는 그리스도께 온전히 헌신해야 한다. 베드로는 "너희 믿음의 확실함은 불로 연단하여도 없어질 금보다 더 귀하여…예수를 너희가 보지 못하였으나 사랑하는도다 이제도 보지 못하나 믿고 말할 수 없는 영광스러운 즐거움으로 기뻐하니"(벧전 1:7, 8)라고 말했다. 하나님의 백성은 첫 사랑을 버려서는 안 된다. 교회들에 보낸 주님의 편지에서 살펴본 대로, 그것이 라오디게아 교회가 쇠락의 길로 처참하게 곤두박질치게 된 이유였다. 간단히 말해 영적 무기력과 타협과 부패와 배교에 치우치지 않을 수 있는 가장 효과적인 방법은 그리스도에 대한 사랑의 불길을 활활 타오르게 하는 것이다.

이것이 그리스도를 전하는 것이 선택이 아닌 필수인 이유다. 그리스도를 전하지 않는 목회자들은 염소들은 멸망하게 만들고, 양떼는 굶주리게 만든다. 나는 그레이스커뮤니티 교회에서 거의 50년 동안 목회를 하면서 대략 그 절반의 시간을 복음서를 전하는 데 할애했다. 서신서와 구약 성경을 통해 예수님을 전한 것까지 합치면 한 주도 빼놓지 않고 영광스런 주님의 인격과 본성을 다루었다고 말할 수 있다. 그리스도를 진정으로 사랑하려면 그분에 관한 계시를 온전히 알아야 한다. 그리스도를 뜨겁게 사랑해야만 교회의 생명이 유지되고, 하나님 나라의 사역이 왕성하게 이루어질 수 있다.

나는 이 모든 것을 염두에 두고 그리스도를 성경에 계시된 대로 깊이 사랑하기 위해 짧은 진술문을 하나 만들었다. 이따금 그 내용을 읽으면 그분에 대한 사랑이 다시 뜨거워진다. 다른 사람들도 이 글을 읽으면 그분에 대한 사랑을 다시 불타오르게 만들 수 있을 것이라고 믿는다.

우리는 그리스도를 사랑한다.

우리는 영원하신 성부와 영원하신 성령과 본질이 같으신 영원한 성자이신 그리스도를 사랑한다.

우리는 우주와 그 안에 사는 모든 것의 유지자이자 생명을 주는 창조주이신 그리스도를 사랑한다.

우리는 동정녀에게서 나신 하나님의 아들이자 사람의 아들, 곧 온전한 신성과 인성을 지니신 그리스도를 사랑한다.

우리는 세상에 계실 때 하나님을 온전히 기쁘게 하셨고, 믿음을 통해 은혜로 자기와 하나가 된 모든 사람에게 의를 덧입혀 주시는 그리스도를 사랑한다.

우리는 하나님이 기뻐 받으신 유일한 희생 제물이자 하나님의 심판을 받아 죽음으로 자기 백성의 죗값을 모두 치르시고, 그들에게 용서와 영생을 허락하신 그리스도를 사랑한다.

우리는 성부에 의해 죽은 자 가운데서 다시 살아나 속죄의 사역을 인정받고, 부활을 통해 선택받은 백성의 성화와 영화를 가능하게 만들어 그들을 하늘의 처소로 안전하게 인도하시는 그리스도를 사랑한다.

우리는 성부의 보좌 앞에서 모든 신자들을 위해 중보 기도를 드리시는 그리스도를 사랑한다.

 우리는 하나님이 택하신 선지자요 제사장이요 왕으로서 진리를 전하시고, 자기 교회를 위해 중보 사역을 행하시며, 자신의 왕국을 영원히 다스리시는 그리스도를 사랑한다.

우리는 장차 하늘에서 홀연히 재림해 교회를 공중으로 끌어 올리시고, 악인들에게 심판을 베푸시며, 유대인들과 민족들에게 약속하신 구원을 허락하시고, 세상에 천년 왕국을 건설하실 그리스도를 사랑한다.

우리는 천년 왕국의 통치 이후에 우주를 없애고, 마지막으로 모든 죄인들을 심판해 지옥에 보내고 나서 새 하늘과 새 땅을 창조해 성도들과 함께 영원히 영광과 기쁨과 사랑을 나누실 그리스도를 사랑한다.

우리는 그런 그리스도를 사랑하고, 전파한다. 우리가 그분을 사랑하는 이유는 그분이 먼저 우리를 사랑하셨기 때문이다.

교회가 성경의 권위와 충족성을 굳게 믿으며, 믿음을 통해 은혜로 의롭다 하심을 받는다는 메시지를 충실하게 전하고, 하나님의 백성이 범사에 하나님을 영화롭게 하며, 구주이신 예수 그리스도를 깊이 사랑하고, 그분의 복음을 굳게 붙잡아야만 새로운 개혁과 부흥의 희망이 싹틀 수 있다.

사명선언문

너희가 흠이 없고 순전하여……세상에서 그들 가운데 빛들로
나타내며 생명의 말씀을 밝혀 _ 빌 2:15-16

1. 생명을 담겠습니다
만드는 책에 주님 주신 생명을 담겠습니다.
그 책으로 복음을 선포하겠습니다.

2. 말씀을 밝히겠습니다
생명의 근본은 말씀입니다.
말씀을 밝혀 성도와 교회의 성장을 돕겠습니다.

3. 빛이 되겠습니다
시대와 영혼의 어두움을 밝혀 주님 앞으로 이끄는
빛이 되는 책을 만들겠습니다.

4. 순전히 행하겠습니다
책을 만들고 전하는 일과 경영하는 일에 부끄러움이 없는
정직함으로 행하겠습니다.

5. 끝까지 전파하겠습니다
모든 사람에게, 땅 끝까지, 주님 오시는 그날까지
복음을 전하는 사명을 다하겠습니다.

서점 안내

광화문점   서울시 종로구 새문안로 69 구세군회관 1층
02)737-2288 / 02)737-4623(F)

강남점   서울시 서초구 신반포로 177 반포쇼핑타운 3동 2층
02)595-1211 / 02)595-3549(F)

구로점   서울시 동작구 시흥대로 602, 3층 302호
02)858-8744 / 02)838-0653(F)

노원점   서울시 노원구 동일로 1366 삼봉빌딩 지하 1층
02)938-7979 / 02)3391-6169(F)

분당점   경기도 성남시 분당구 황새울로 315 대현빌딩 3층
031)707-5466 / 031)707-4999(F)

일산점   경기도 고양시 일산서구 중앙로 1391 레이크타운 지하 1층
031)916-8787 / 031)916-8788(F)

의정부점   경기도 의정부시 청사로47번길 12 성산타워 3층
031)845-0600 / 031)852-6930(F)

인터넷서점   www.lifebook.co.kr